古时兵法今时用

·曹胜高 著·

江苏人民出版社

图书在版编目(CIP)数据

古时兵法今时用/曹胜高著.—南京:江苏人民
出版社,2012.10
ISBN 978-7-214-08752-2

Ⅰ.①古… Ⅱ.①曹… Ⅲ.①成功心理-通俗读物
Ⅳ.①B848.4-49

中国版本图书馆CIP数据核字(2012)第211307号

书　　　名	古时兵法今时用
著　　　者	曹胜高
责 任 编 辑	刘　焱
策 划 编 辑	汪毓楠
特 约 编 辑	尹岚麒
文 字 校 对	陈晓丹
装 帧 设 计	门乃婷工作室
出 版 发 行	凤凰出版传媒集团
	凤凰出版传媒股份有限公司
	江苏人民出版社
集 团 地 址	南京湖南路1号A楼　邮编:210009
集 团 网 址	http://www.ppm.cn
出版社地址	南京湖南路1号A楼　邮编:210009
出版社网址	http://www.book-wind.com
经　　　销	凤凰出版传媒股份有限公司
印　　　刷	三河市杨庄双菱印刷厂
开　　　本	700毫米×1000毫米　1/16
印　　　张	17.25
字　　　数	281千字
版　　　次	2012年10月第1版　2012年10月第1次印刷
标 准 书 号	ISBN 978-7-214-08752-2
定　　　价	32.00元

(江苏人民出版社图书凡印装错误可向本社调换)

目录

军事组织是人类历史上效率最高的组织体系，中国古代兵法是事关存亡的高智商者的较量，是历经生死考验的凯旋者的经验总结。

相对于儒家注重德行，以人本立意；道家讲究无为，主张因循而化；墨家追求兼爱，渴望尚贤尚同；法家强调法术势，试图建章立制。兵家学说更具有综合性、实践性、包容性，充分吸收了各家学说的优长，提出了谋略之道、行动之法、攻守之宜、选将之理，关注到中国古代的政治形态、行政效率、组织原则和行动策略。

阅读兵法，不仅有助于政府的管理、企业的组织和商场的竞争，还有助于提高个人洞晓世事，练达人生的能力，体悟经营之道，为自己开启一扇崭新的事业之门。

这本小书，兼顾兵学理论体系与经典兵学著作的合一，注重元典解读与现代管理的融通，试图从导游者的眼光，帮助读者初步了解中国兵法最为基础的一些概念和阐释。

第一章中的兵权谋是以战略管理立意，追求用于众人之所不能知，用于众人之所不能见，讲究潜谋于无形。这些学说，大而言之，可用于指导外交活动的战略战术，关系国家的安危；中而言之，可用于生意谈判与企业竞争，关系到企业的成败；小而言之，可用于日常生活的言谈技巧，关系为人处世的得失。

第二章中的兵形势是以战术管理为用。老子说：以正治国，以奇用兵。孙子说：战势不过奇正。在竞争的环境中，要取得胜利，不仅要有勇气，还要有智慧，更要遵循法则。阅读本章，能够明白逆取之道、剑走偏锋、出奇制胜的妙处，增加执行力，在艰难中突围，在胜利中辉煌。

第三章中的博弈方法可以作为危机管理的参照。古兵法按照胜战、敌战、攻战、混战、并战、败战六种情形分析博弈策略、博弈方法，由此总结出三十六计，分析其中体现出来的哲理和用法，可以增强察敌料机的睿智、进退得宜的谋略、转败为胜的机智。

用间是获取情报基本手段，也是伐交制胜的有效策略，如何利用乡间、内间、反间等手法掌握敌情，知己知彼；如何使用间本、间密、间君、间亲、间能、间助、间邻、间左右、间纵横等手法，不劳师动众而瓦解对手，不废一枪一弹而决胜千里，不动声色而胜敌于无形，可读第四章。

看透别人、看穿别人容易，看透看穿之后，仍要适得其所地使用，可以用其长，也可以用其短，如何掌握这一技巧，洞悉识才、择才、任才、育才、御才之道？古人不仅做了榜样，诸葛亮的"七观"，曾国藩的"冰鉴"，都是经验，第五章讲的就是其中奥妙。

能够领导比自己强的人，才能成就大事业，如刘邦、李世民、朱元璋；只能够领导不如自己的，自然一事无成，如项羽、陈士诚。问题是怎么领导能力比自己强的人呢？如何带出一支能协作、能团结、有勇气、有能力的团队，第六章就讲了其中的诀窍和方法，可资参照。

中国兵法以不战屈人作为战略管理的目标，以奇正相生作为战术行动的基础，以批亢捣虚作为危机博弈的法则，以间人无形作为情报使用的纲领，以选将任实作为组织体系的根本，以教戒练士作为团队建构的手段。

了解兵学和兵法，不仅可以熟悉中国的历史，更能涵养气质，拓展气度，扩大自己的人生格局。学习那些成功者的大思路、大手笔、大智慧，不仅能洞悉人性，通晓世事，更能练达人情，服务于自己事业的发展。

第一章
中国兵法的战略智慧

　　一支军队只有肃穆庄严，才能气势如虹。治军，与其治其外，不如治其内，内庄重则外凛然；与其治其兵，不如治其将，将庄重而兵容肃。如果将帅吃喝玩乐，即便部属旗帜鲜明、衣甲光鲜，也不能形成真刀实枪的战斗力，只能是锦绣满身的仪仗队。

军事活动取得胜利的关键，究竟在哪里？

有人会认为，"兵马未动，粮草先行"，粮草辎重是作战较量的关键。物质条件如果无法保障，军事活动就无法进行。

有人会认为，军事活动是政治外交的延续。因为很多军事活动，本身就是政治外交的最终解决方式，既辅助了政治外交，也需要政治外交的辅助。可以说，政治外交上的努力，不仅会对军事活动起到促进或延缓作用，甚至有时会起到决定性的作用。

也有人会认为，作战较量的是将帅的战术和士兵的气力，披坚执锐、驰骋疆场、排兵布阵、奋勇杀敌，这些才是赢得战争胜利的关键。

其实，军事活动的最终胜利，表面上看取决于战场上的角逐，实际上，完全是一军一国综合实力的较量。即某方在战略层面不断累积优势，技高一筹，不用动手，便可威慑对方，取得压倒性的优势，最终控制局面。

这种根本上的较量，成书于战国时期的兵书《尉缭子》称之为"兵胜于朝廷"：

夫土广而任则国富，民众而治则国治。富治者，民不发轫，车不暴出，而威制天下。故曰兵胜于朝廷。（《尉缭子·兵谈》）

通过综合国力的提高，消解对方进攻意图，不用战场较量，而获得最终的和平。

这种不用战争而抑制战争的高明做法,《孙子兵法》中称之为"庙算"。其《始计》就讲:在战争开始前,将帅要对敌我双方的优劣利弊进行比较分析,来预计此战能否取胜。如果己方能够取胜的条件多,就可以与对方交战。相反,如果战争还没开始,就已经预计到战争不能取胜,则不与对方交战。能够取胜的条件多,就会胜利;能取胜的条件少,就会失败,所以说,我们坚决不打无准备之仗。

在战前对敌我双方力量作综合分析,以此决定作战与否,并制定总体的作战策略,我们今天称为"战略管理"。战略上获得主动,是军事活动能否取得胜利的前提,也是国家备战的关键。

一、国之强,决胜千里之外

《尉缭子·兵谈》强调国家富庶而国力强盛,人民众多并能自觉遵守法令,以此作为威慑天下、抵御外患的基础,国家就会安定。这种将国家整体实力的提升作为备战的前提,我们可以称为"固国为本"。即努力发展、壮大国家的综合国力,这是国家长远发展、抵御外辱的基础,也是国家战略上的取胜之道,要比依靠将领、军阵杀敌取胜高明得多,稳固得多,长远得多。

恤民为德。几乎所有朝代都逃脱不了一个怪圈:立国之初行"无为"之政,发展生产;强盛之后逞"有为"之能,穷兵黩武;衰落时期不得不"强为",横征暴敛;败亡之时则"乱为",拆东墙补西墙,最终土崩瓦解。这是中国历史的死角。

"恤"的本义是同情、怜悯、救济。"恤民"就是爱护一方百姓,忧虑民众疾苦。国家尊重人民,政府保护百姓,百姓方能为生活在这个国家而自豪,以为国家工作、奋斗为光荣。国之富强,民能享受其富足;民之富强,国能护佑其发展。家国一体,荣辱与共,和平时能社会和谐,临战时能同仇敌忾。

这是中国治道里被顶礼膜拜的固国秘诀，即获得百姓的拥护，就获得强大的资本。如何获得百姓的拥护？那就是"顺民心"。

《史记·管晏列传》记载齐国在管仲治理下，走向繁荣富强。齐国土地狭小，不能丰足；远在海边，交通不便。管仲因地制宜，一改其他国家重农轻商的习惯，大力发展工商业，通过货物流通获得资金；又借助资金储存物资，由此国库充足。财税充盈，政府便富足；经济发展，百姓便富庶；有经费有人头，招兵买马自然不愁。国富与民强相辅相成，齐国很快摆脱了积弱积贫的局面，不仅能够自立，还能够左右天下局势。

为了获得百姓的拥护，管仲修订了齐国的法令条文，采用了"因俗为制"的做法，尽量满足百姓的需求，并做到法律简便易行，不扰民、不严苛。凡是百姓所需求的，就给予帮助；凡是百姓不愿意接受的，就暂不实行。

凡是"顺民心"的改革，自然能得到百姓的拥护，政策便容易推广。凡是"逆民心"的改革，无论行政措施如何严苛峻急，常常是有始无终，或者是决策出不了皇宫，或者是下级阳奉阴违，总之会不了了之。此时若行政强悍，来自民间的阻力会变成推翻政府的反动力，秦国的急剧覆亡，新莽的急转直下，皆是政府不顾民心向背，严刑峻法，强力推行，不知顺民心、承民意。若政府软弱无能，效率低下，其推行的政策逐级递减，最终消解，改革就只是形式上的调整，最多成为官吏谋私的新手段，如唐朝的两税法、北宋王安石变法、明朝的一条鞭法，虽意图改革弊政，最终却在官场杯葛中无疾而终。

顺民心，是恤民为德的前提。具体的做法，几乎都接近于儒家所谓的"仁政"。

孔子提出政府行政应该把握的一个准则："其养民也惠，其使民也义。"（《论语·公冶长》）政府的首要责任，是通过各种合适的政策去生养百姓，使他们能够活得滋润，能够分享到社会发展所带来的便利。其次，要保护百姓的基本权利，政策制定得合情合理，不至于劳民伤财。政府只有平日关爱百姓，取得百姓的信任与支持，一旦政府遇到困难，国家遭遇不幸，百姓才会全力以赴。

孔子的说法不是凭空设想，而是继承了"周政"的基本观念。

"周政"是由周文王、周武王等一脉相承的周代治国秘籍，其基本内涵保存在《周易》、《尚书》等典籍中。战国时期的《六韬》中以周文王、周武王向姜太公请教的口气，讨论了如何治国用兵。虽然不一定是文王、武王和太公的真实记录，但书中的确反映是周代以来，治国安邦的心得体会。其中，卷一《文韬》分析了如何从国家制度、行政策略等方面取得压倒性的优势，获得天下诸侯的支持，蓄积实力，待到力量足够强大时，轻轻一推，便使看似强大的殷商土崩瓦解。

《六韬·文韬·国务》记载文王咨询太公："愿闻为国之大务，欲使主尊人安，为之奈何？"意思是让太公讲讲定国安邦的秘诀：要想使君主尊贵，民众安定，应该怎么做呢？太公回答说：

我们要使百姓获得真正的利益，不去轻易伤害他们；我们要能够成就百姓，不要总让他们失望；我们要使百姓能够生存，不能总是折腾他们；我们要给百姓带去越来越多的实惠，不要总想掠夺他们；我们要使百姓生活快乐，不要烦扰他们。我们要使百姓真心喜欢政府，就不要引起他们的愤怒。

道理看似很简单，而且也说了几千年。但很多朝代在立国初期，君主兢兢业业，不敢玩忽职守，可一旦承平日久，就把开国之君的教训忘得干干净净。不仅不再保护百姓，而且视百姓为仇寇，想尽办法横征暴敛，最终把百姓逼到反抗的死角。

这也是中国历史的死角，几乎所有的朝代都逃脱不了一个怪圈：立国之初行"无为"之政，发展生产；强盛之后逞"有为"之能，穷兵黩武；衰落时期不得不"强为"，横征暴敛，头痛医头，脚痛医脚；败亡之时则"乱为"，拆东墙补西墙，有私无公，有家无国，最终土崩瓦解。

看似循环的历史，恰恰揭示了历代政府与百姓之间的利益博弈。即政府只要给予百姓足够多的生存空间，彼此相安无事，国家便能得以稳定。《六韬·文韬·国务》里姜太公谆谆告诫文王，详细阐释爱民之道：

要让百姓不失本务，就是给予他们真正的好处。不违农时，就是让百姓有了收获；减轻刑罚，保障守法者的利益，就是让百姓生存；轻徭薄赋，就是给百姓财富；少建楼台馆阁，就会让百姓生活安乐；官吏清廉，不行苛政，不骚扰百姓，就会让百姓欢喜。

反之，百姓无法劳作，就是随意损害他们的利益。耽误农时，就是减少百姓收入；没有罪过却处罚百姓，就是在残害他们；加重赋税，就是掠夺他们；多建楼台宫室，就会使百姓疲惫，这是在磨难他们；官吏腐败又严苛，就会激怒百姓。

善于治理国家、管理百姓的人，会像父母爱护子女、兄长呵护幼弟那样，看到百姓饥饿寒冷，为他们忧心发愁；看到他们劳累痛苦，内心为他们悲伤；赏罚百姓就像是赏罚自己一样；征收百姓的赋税，就像是索取自己的财物一样。

这就是儒家望眼欲穿的"仁政"，可惜历史并没有给予太多的机会，使其得到实践。这也是兵法津津乐道的固国之本、强国之法，可惜很少有政府勇于坚持、敢于坚持、长于坚持。就连那些梦想称霸的国君，也极不情愿去做。

《孟子·梁惠王上》记载梁惠王询问孟子，天下怎样才能安定？

孟子回答说：只有统一，天下才能安定。

梁惠王继续问道：谁能统一天下呢？

孟子回答说：只有不好杀戮的国君，方能统一天下。拥有地方百里的土地就可以称王，但是，国君只有对百姓施仁政，减省刑罚、薄敛赋税，才能够使百姓提着木棒，齐心协力，与他同仇敌忾，去抵御秦楚的坚甲利兵。

君臣一心、上下同志果真能以弱敌强、以小敌大、以寡敌众吗？

孟子便分析秦国和楚国的情形：秦国和楚国无时无刻不在征兵募丁，剥夺百姓的农时劳动，使得他们不能够耕种田地，无法赡养父母。百姓的父母受冻挨饿，兄弟和妻子儿女四处逃难，陷入水深火热的痛苦之中苦不堪言。如果梁惠王以仁义之师，带领军队前去讨伐他们，百姓自然响应，谁能抵抗得住这仁义之师呢？这就是"仁者无敌"！

仁者无敌，不是说仁厚的人没有敌人，而是说行仁政的国家没有谁能抵挡得了。因为仁政之国，以恤民为德；推行王道，以强国为本。

在这方面，"三千越甲可吞吴"的勾践是个极好的例子。越王勾践，是一个很阴鸷的人。阴鸷者，心思缜密且深藏不露。在越国为吴国所灭之后，勾践沦为阶下之囚。勾践要兴复越国，靠武力吧，已被打败；用霸道吧，却没有兵，这条途径已被证明不行了。那该怎么办呢？

勾践卧薪尝胆，提醒自己不忘旧仇。亡国之民，亡国之君，自然不能有福同享，那就有难同当吧。勾践在走投无路中，找到的是复兴之路，即儒家所推崇的"王道"。

勾践学会了与百姓一起分享，凡是杯中的酒，碗中的肉，篮中的饭，没有不与身边的臣民兵士一起分享的。凡是生病的百姓，勾践一定亲自慰问；凡是有丧事的人家，勾践一定协助安葬。他深入阡陌街巷，敬重老人，疼爱幼童，抚养孤儿成长，询问百姓疾苦。用忠信恩惠帮助百姓，用淳朴宽厚对待百姓。凡是富人，能让他们安心；凡是穷人，能让他们生存。制定政策，也努力做到补充不足，调节有余。贫能安乐，富能好礼，越国之内阶层相安，百姓相合，君臣相得。

没有想不到的，只有做不到的。输光了资本的勾践，只剩下自己的雄心和一群跟着自己的百姓，于是勾践就体恤他们，抚慰他们，同甘共苦。国可亡，民犹在，终能复兴；君可败，政不败，终能重振。

经过了数年的励精图治，越国国力大增，趁着夫差参加黄池会盟之机，起兵攻吴。越国百姓互相激励，父亲勉励儿子，兄长鼓励弟弟，妻子激励丈夫。百姓都说：我们有这样的国君，为他去死又有何畏惧呢？正应了那句话：得民心者得天下，不久，勾践率领臣民一举灭吴，复国雪耻。

以齐国之弱，越国之亡，能转危为安，败中取胜，靠的正是体恤百姓，仁政爱民。小国、危国、亡国皆能因百姓支持而强大，更何况那些大国、强国和存国呢？所以说，国家之所以危亡，在于上下不能同仇敌忾；政府之所以衰败，在于官民关系分崩离析；百姓之所以瓦解，在于社会共识四分五裂。

中国兵法的战略观念，以民心向背作为一个衡量指标，理论上是这样表述的：

> 人心向背之机，间不容发，一或失之，噬脐无及。
>
> （《元兄·燕铁木儿传》）

说的是国家用兵，君主举事，一定要考察民心。如果民心厌恶，万万不可强行，勉强为之必然大失民心，非但不能成功，反而会直接危及社会稳定，成为国家兴衰转化的枢机。一旦败局已定，只能追悔莫及。

这种例子太多了，最具代表性的莫过于"闯王"李自成了。

崇祯初年，陕西发生饥荒，多数百姓为了生存，沦为盗贼强盗。李继贞上书朝廷，请求拨款救灾，崇祯心有余力不足，低估了百姓的爆发力，也高估了政权的稳定性和官吏的能力。而此时最有实力的闹事队伍，首领是李自成，他听取谋士李岩的建议：要想夺得天下，就一定要顺民心，不要轻易涂炭百姓，要想办法赢得天下百姓拥护。他们打击土豪乡绅，救助饥民。民间便流传着"迎闯王，不纳粮"的歌谣，百姓儿童交口传唱，追随李自成的饥民越来越多。

李自成把这些饥民组织起来，编成起义军，制定了严明的军纪：军中将士不能私藏金银，不允许扰民害民、骚扰妇女。对马匹闯入市集扰乱百姓，或者军士践踏稻田等恶意破坏的行为，严加管束，重者还可能予以处斩。李自成以身作则，带兵作战，不近酒色，与将士同甘苦、共患难。由此，义军深得百姓拥护，最终抓住了战机，攻入北京城内，逼得崇祯煤山自缢。

然此一时，彼一时，李自成在建立大顺政权后，斗志皆无，忘记了信守此前爱民、护民、恤民的宗旨。他先是对明朝旧官吏敲诈勒索，要求缴纳金银财宝，还列出具体的数目，中堂十万，部院京堂锦衣七万，道科吏部五万三万，翰林三万二万一万，部属而下则各以千计。起义军真是造反出身，不懂会计，也不想想晚明官吏有这么多家产吗？

拿不出来，是态度问题。不愿献纳，更是态度问题。大将刘宗敏专门负责此事，直接上刑拷打百官，半个月不到，致死者一千六百多人。上梁不正下梁歪，李自成手下士兵也是"杀人无虚日"，掠抢民财，让北京的百姓彻底遭了殃。

一场屠戮抢夺，就让李自成在北京待不下去了。明朝旧吏面对不讲理的杀戮和没有理由的拷打，看清了新政权的本质。投降的开始后悔，不投降的便坚决不投降。吴三桂更是下了死心与李自成为敌，外地的明朝残余力量也不再观望，更不指望李自成来收编，干脆拥护建立了晚明政权。当李自成败退离开北京后，再也没有当年攻打北京时的一呼百应，而是将帅离心离德，最终军心涣散，走投无路，一败涂地。

孟子所谓的"得道多助，失道寡助"，这个"道"即是正道。坚守正道需要付出代价，虽艰辛，但总能走向光明。李自成攻下北京后，若能一如既往地体恤百姓，如历代开国之君那样警惕戒惧，则不至于那么快重蹈覆辙。民间常用"打了十八年天下，坐了十八天皇帝"来形容李闯王不识时务，白忙活一场。李自成因恤民而成功，又因虐民而失败，成也如此，败也如此，着实让豪杰扼腕而警惕，让史家嘲讽而叹息。

积储为富。藏富于国与藏富于民的根本差别，不在于钱财所处之地，而在于由此造成的民心变化。有国而无民，最终必然打破国与家、官与民的平衡点，导致人心思变，期待革故鼎新。

积储为富，说的是要积蓄财货充实国力，保证国家的稳定，为即将发生的战争和灾患，提供物质保障。俗话说：炮弹一响，黄金万两。战争双方消耗财力、人力、物力，为的就是要对手说个"服"字，这道理兵家清楚得很。《孙子兵法·作战篇》中算了一笔账：

用兵打仗，需要动用战车千辆，辎重车千辆，以及穿着铠甲的十万军人，还要向千里之外运送物资，才能满足在外征伐大军的作战需要。军队在外作战，必须保证粮草供给、作战物资供应，内外所需费用很高。作战期间，还要派遣使者与相关诸侯国沟通，接待来访各国使者，聘请各种军事人才，治疗大量的伤残将士等，每天要花费千金，才能够解决随战争而来的诸多问题。

孙武说的日费千金，只是在冷兵器时代，步兵骑兵作战是体力活，战争成本还能节省些。现代战争，几乎是日费千万。2008 年，诺贝尔经济学奖得主、美国哥伦比亚大学经济学家约瑟夫·斯蒂格利茨，在与哈佛大学教授琳达·比尔米斯合著的新书《三万亿美元的战争》中，给伊拉克战争算了一笔账，称美军驻军伊拉克每月花费将近 120 亿美元。美国国会下属无党派研究机构国会预算办公室也保守估计，要是坚持到 2017 年，伊拉克战争与阿富汗战争将花费美国 1.2 万亿美元至 1.7 万亿美元。

这样一算，美国不是打不动，而是耗不起。奥巴马 2008 年竞选时强调从伊拉克和阿富汗撤军，不是因为不想打，是真的不能打了。因而 2011 年奥巴马宣布伊拉克作战任务结束时，根据美国国会研究机构的数字称，伊战耗资约 8060 亿美元（由此计算，美国伊战日均费用最少约合 16.12 亿人民币），奥巴马总统也承认将超过 1 万亿美元。两者相比，就知道现代战争打的不是武器，也不是志气，而是经济实力。

幸运的是，中国兵法早就意识到这一点，《孙子兵法》就算着经济账去计划作战。几乎所有的古代学者都知道，长时间、大规模的战争，必然会导致国内的供应不足，财物匮乏。他们认识到，战争不仅是攻退进守、生杀掠夺，更多的是两国经济抗衡的你死我活。

培养出理论家韩非子和实践家李斯的荀子，就明确说："不富不厚之不足以管下也，不威不强之不足以禁暴胜悍也。"（《荀子·富国篇》）富是国力，威是军力，国力是第一位的，军力是第二位的。一个国家要想维持长久和平，两者缺一不可。荀子用"禁暴胜悍"描述国家和军队的使命，也符合现代的宗旨，"禁暴"就是消除内外的隐患，保护和平；"胜悍"就是能够抵制粗暴干涉，维护自立。

历代盛世，皆是既无内忧也无外患。无内忧需要政通人和，无外患需要服膺遐迩。但盛世不是制造出来的，而是积淀出来的。西汉的武宣盛世、唐代的开元盛世、清朝的康乾盛世，皆是通过此前两三代国君的殚精竭虑，励精图治，积累起强大的国力，方能支持后起之君消除外患，如汉朝扫除匈奴，唐朝分化突厥，清朝清除噶尔丹等。

最典型的是西汉之初，七国混战，死伤无数；秦立帝制，竭泽而渔；楚汉相争，海内耗空。刘邦、惠帝时期，一直秉持"无为而治"的治国方针，与民休息，致力恢复。到了文帝、景帝时期，更是坚持恭让节俭的政风，不断解除繁苛律令，减轻赋税负担，藏富于民。到武帝时期，百姓富庶，国家丰足。《史记·平准书》描述：

> 汉兴七十余年之间，国家无事，非遇水旱之灾，民则人给家足，都鄙廪庾皆满，而府库余货财。京师之钱累巨万，贯朽而不可校；太仓之粟陈陈相因，充溢露积于外，至腐败不可食。众庶街巷有马，阡陌之间成群。

这就是荀子说的"富"。国富方可兵强，有了这样的经济实力，武帝才能与匈奴持续作战，开疆拓土，铸造了汉帝国的强盛。

对积储的重要性容易达成共识，但对如何积储，却又有不同的讨论。对国家而言，财富积累有两种方式。《论语·颜渊》记载的一个小故事，说的正是这件事：

鲁哀公问有若:"国家遭遇饥年,使用不充足,怎么办呢?"有若回答道:"为什么不实行十分之一的税率呢?"鲁哀公就说:"收取两成的税,都不够我的花销,怎么可以收取一成呢?"有若回答道:"如果百姓富足,国家自然就有充足的财政来源;相反,如果百姓贫困得很,那么,国家还有什么富足可言呢?"

有若在这里思考的,正是"藏富于民"还是"藏富于国",何者优先?

藏富于民,国家不征收过多的杂赋苛税,令百姓富足,财富储藏在百姓的手中。这就需要小政府、大社会与之配套,即政府要把行政开支压缩到最低限度,而百姓负担较少的税赋。表面上看,国库相对空虚了些,但低税负、小政府容易激发百姓的生产积极性和工商业的创造力,百姓们富足了,税收就有保证;税收有了保证,国家就日渐富强。

藏富于国,即国家加重税负,充盈国库。表面上看,国家拥有了大量的税赋,但极容易让民间疲敝不堪。政府管得太多,不断强化行政力量,冗官冗员必然导致财税成倍增加,方可勉强维持官员开支。税率过高,创业门槛又设置较多,百姓辛苦劳作,勉强度日;要致富只能偷税漏税,作奸犯科。有国而无民,最终必然打破国与家、官与民的平衡点,导致人心思变,期待革故鼎新。

两相比较,可知藏富于国与藏富于民的根本差别,不在于钱财所处之地,而在于由此造成的民心变化。可惜学者(不包括官府豢养的学者)多强调藏富于民,而官员(不包括有良心的官员)则希望藏富于国。

之所以如此,是因为在明白人看来,天下并不是一个人的天下,而是天下人的天下。如果君主能与天下人共享天下的利益,就会得到天下;反之,如果君主独享了天下的利益,就会失去天下。《六韬·文韬·文师》很明确地说:天有时运,地有财富,能与天下人共同享受时运、财富,便是仁政。只要仁政所在,百姓才会归向那里。

但可惜的是,多数国君好敛财。梁惠王直白地跟孟子说了真心话:"寡人好色","寡人好货"。这或许是古代君主的通病,那就是把国家当成私产。财政成了国君的私人腰包,可以随意支配。顾炎武曾很气愤地说:古人铸造钱币,将它们散布天下,使百姓获得利益,并不是用来给君主私藏的。自古以来,哪里有百姓们穷困财尽,君主却拥有诸多财物,安然处于皇位之上的?这是不知道钱币流通上下的根本，而把它们当作私人物品了。财物都聚集在上位，是国家不祥的征兆。

当年尧禅让给舜时，就告诫舜：四海如果困穷的话，你的统治也就到此为止了。以天下之大养一君，集中在君主手里尚且如此，要是天下财物不是聚集到君主手中，而是聚集在大大小小的官宦手中，一贪能养，群贪难治，为聚拢钱财横征暴敛，敲骨吸髓，贪污成风，政权的垮倒指日可待。

从兵法角度审视"积储为富"，那就是国家要有备战备荒的能力。从备战的角度来说，当然金银越多越好；从备荒的角度来说，则需要足够的粮食。粮食可以养兵，金银可资制器。

明代的靳学颜就很有战略眼光，他数次给隆庆皇帝上书，讨论理财之道，把选兵、铸钱、积谷看成积储的根本。他主张建立官仓、社仓，银钱与五谷并重，藏富于国与藏富于民并重：

> 其一曰官仓，发官银以籴也。一曰社仓，收民谷以充也。官仓非甚丰岁不能举，社仓虽中岁皆可行。……在官仓者，民有大饥则以振。在民仓者，虽官有大役亦不听贷。借此藏富于民，即藏富于国也。今言财用者，不忧谷之不足，而忧银之不足。夫银实生乱，谷实弭乱。银之不足，而泉货代之；五谷不足，则孰可以代者哉？故曰明君不宝金玉，而宝五谷。
>
> （《明史·靳学颜传》）

中国历代皆有"重本轻末"的传统，所重的"本"，是农业；所轻的"末"，是商业。中国历史上的朝代更迭，外患固然有之，但其根本动因是政府不能救荒，直接动因是饥民造反。因而在和平时期的积储，既可以是金银和货币，也可以通过贸易弥补物资的不足。但在战争时期，正常的贸易中断，金银不能兑换，货币不能购进战略物资。若无石油、粮食、钢铁及其他物资储备，一旦被封锁，只能举旗纳降，签订城下之盟。因而，当国家疲弱时，必须停战，休养百姓，积蓄国力。若一味强耗，终必难以为继，而引发动荡。

西周的灭亡，半是天灾半是人祸。所谓天灾，就是周幽王时期地震频发，经济损失接连不断。所谓人祸，就是周宣王后期的穷兵黩武，连年征伐，看似获得了不少土地，一振天子威风，但此时的周朝不是旭日初升，而是日暮西山，注入强心针，也只是换来回光返照的一丝假象，挽救不了江河日下的颓势。周幽王即位后，按说应该恢复生产，安顿百姓。尤其是镐京及三川地区接连发生大地震，百姓无以为家，难以为生，本该想办法，让他们好好活下来。但周幽王无视国库空虚反而一味奢侈，无视百姓穷困潦倒反而继续享乐，任用佞巧而善谀、好利的虢石父为卿士。好谀者报喜不报忧，掩盖了内忧外患；好利者层层盘剥，掏空了国库。灾荒加上饥馑，关中百姓流离失所，西戎乘机入侵，周幽王要抵御，军无兵员可征，库无财货为继，只能借助诸侯之力，可惜被他荒唐时点燃烽火戏弄过的诸侯，懒得再上当，身死国亡便是必然结局。

　　说到这里，我们就明白了综合国力是何等重要，也要清醒地认识到战略储备不仅是卫星、导弹，不仅是外汇的数字和金银的储存量，更是粮食的供应能力、战争的持续能力和国家的自给自足能力。

师克在和。历史上的"将相和"的例子实在太少，相反，文武相斗、朝廷党争、君臣猜忌的故事则不胜枚举。

　　"和"是中国传统文化中的核心概念之一，指的是处理问题时，各方力量相互协调而形成的最佳状态。《左传·桓公十一年》中有这样一句话："师克在和，不在众。"意思是说，军队的运转是否有效，战争能否取得胜利，根本不在于人数的多寡，而在于军心是否一致。如果军队之中上不爱下，下不敬上，人心各异，左右不能相顾，首尾不能相救，纵使有百万精兵，也不过是乌合之众，难以取得战争的胜利。

　　"师克在和"既是理论的阐释，也是经验的总结。春秋初年，楚国大夫屈瑕要与贰、轸两国会盟。两国的邻国郧国，认为他们结盟对自己不利，把军队驻扎在蒲骚，又联合随、绞、州、蓼四国攻打楚国。相当于楚国丞相的莫敖十分忧虑。大夫斗廉就说：郧国军队驻扎在郊外，一定不会有所戒备，并且期盼四国军队的到来。这样，您就可以把军队驻扎在郊外，抵制四国军队的到来。而我，则率领精锐的部队夜里攻打郧军。当郧军怀有四国援助之心，并且依靠城墙之势，一定缺少战斗意志。如果我能打败郧军，四国的军队自然会离散。

莫敖回答说："为何不向君王请求援助呢？"

斗廉答道："军队的胜利在于上下一心，不在于人数的多寡。现在我部自成一军，何必要增援呢。"

莫敖又要求占卜，斗廉又回答道："占卜是用来决断疑难，现在没有疑难，还占卜什么？"

果不其然，斗廉出兵在蒲骚打败了郧军，与贰、轸两国会盟而回。楚国取胜的关键在于，斗廉识破了郧与随、绞、州、蓼各国的同床异梦，军合力不齐，才做出果断出击、奇袭郧国的决定，一举击败五国联军，取得胜利。

这里所说的"和"，《孙子兵法·计篇》称之为"同"：

道者，令民与上同意，可与之死，可与之生。

如果对举言之，"和"着重强调军队联合作战时彼此的协调一致；"同"着重于军队合同作战时的同心协力。联合作战，是不同部属之间的协同作战；合同作战，是同一部属不同兵种之间的配合作战。如果合并言之，二者皆强调军队内部的步调一致，行动一致，相互支援，彼此照应。

从作战的角度来说，"和"与"同"主要是强调将领要与士卒们同心同德，将领以仁爱之心去对待士卒，士卒们就会前赴后继，与之相随。这就要求将领能够"和众"，即爱兵如子，增强军队的凝聚力，以提高战斗力，这是"和"的第一个含义。

明代兵书《草庐经略》中专门列出一系列为将者应该践行的爱兵之举。看着很琐屑，但是很实用，不妨看成为将者的入门手册：

士兵的饥饿、寒冷、困顿、疲乏，为将者如同亲身感受一般；

士兵生病吃药，为将者要亲自慰问关怀；

平日里，为将者帮助士兵解衣进食，慰问孤老；

为将者料理士兵的丧事，亲自帮士兵包扎伤口，恩德超过骨肉亲情；

为将者与士兵交谈要频繁亲切，谆谆教诲，不辞辛劳，而财物则一定要共同享有，甘苦与共；

士卒没有吃饭，为将者就不会先点火做饭；

士卒没有安排好住处，为将者就不会先拉上幕帘；

战场的井没有打成，为将者就不会先饮水；

为将者要亲自携带粮食，与士兵一起分担劳苦；

……

照着这样的手册，自然很容易把自己管理的一班、一排、一连、一营的士兵团结到一起。《草庐经略》是一本带有通论性质的兵书，谁写的，不知道。从写的内容来看，如果不是出于为将者自己带兵的经验，至少也抄撮了不少兵书的用兵心得。这段话可以看成带兵的技巧，在于凝聚人心；更可以看成带兵的习惯，在于平时养成。毕竟在军队里，将士天天泡在一起，久而久之，带兵者的心性人品自有定论，靠技巧去哄一个人可以，去哄成百上千的士兵很难。

齐国大将司马穰苴就是这么亲力亲为的。

齐景公时期，燕、晋联军侵齐，齐国屡战屡败。齐景公不得不起用司马穰苴为将。司马穰苴先是杀了景公的宠臣庄贾，严明了军纪，树立了威信。然后采用"和众为强"的策略，将部队的士气凝聚起来。他体恤士卒，凡是士卒住宿、凿井、炊饭、饮食、疾病、用药等事，他都亲自过问，关怀备至。他还把将帅专用的粮食和士卒平分、与士卒共享。威严出于刚正，真诚赢得信任。司马穰苴深受将士的爱戴，他号令一出，士卒没有不奋勇争先的。当晋军统帅听说齐军上下如此精诚团结，便知趣地引军撤退。燕军一看盟军撤退了，也渡河撤退。齐军趁机追击，收复了不少失地。这正印证了孙子所说的："视卒如婴儿，故可与之赴深溪；视卒如爱子，故可与之俱死。"（《孙子兵法·地形》）由此来看，一支军队的威慑力，固然可以出于战场的较量，更出于将士的和合。

打虎亲兄弟，上阵父子兵。战场作战，死生之间。只有将帅设身处地关心士卒，方能指哪儿打哪儿，所向披靡。常胜将军吴起对此深有感触，他在自己所写的《吴子·治兵》中谆谆告诫说：

军队内部如果不团结，就不能上阵；作战的行动如果不一致，也不可以出兵作战；战斗的节奏一旦不和谐，就很难取胜。

军队的"和"，一是要上下同心同德，统一思想；二是要同舟共济、相互支援；三是要彼此呼应，开合有度。自古军队作战，动辄数万、数十万士卒，要达成一定的战略意图，完成一定的战术行动，既需要组织得法，行动得力，也需要上下同心，彼此信任。这些是从"和兵"的角度来讲。

从战略上来讲，那就是需要形成国家、军队的凝聚力。因而，我们有必要从更为广阔的视角审视"和众"的含义，即明代兵书《兵法百言》中的"辑"：

> 辑睦者，治安之大较。睦于国，兵鲜作；睦于境，燧无惊。不得已而治军，则尤贵睦。君臣睦而后任专，将相睦而后功就，将士睦而后功赏相推，危难相援。是辑睦者，治国行军不易之善道也。

我们经常说"和睦"，二者连用是互通的。"辑睦"指的是安邦定国的大方针，范围一下子宽泛许多：

一是能和于邻国。国与国之间的"辑睦"，与其他诸侯和睦相处，自然就避免很多争斗；与邻国和睦，烽火台上就少许多狼烟。

二是能和于君臣。君臣辑睦，关系和谐，上对下信任，下对上忠诚，少猜忌多沟通，行政顺畅，国家才能长治久安。

三是能和于同僚。军队将领之间、文臣武将之间、各级官僚兵士之间的"辑睦"，平时就事论事，战时协调一致，互相支持，敌国自然不敢轻易打歪主意。

但是历史上，将相和的例子太少，文武相斗、朝廷党争的故事则不胜枚举，君臣猜忌的故事也是所存颇多。少见的只有廉颇、蔺相如能够捐弃前嫌，李世民、魏征能够彼此相得。而如何做，才能够保有"和于朝廷"的常态呢？

《尉缭子·原官》从法度的层面阐释了君臣、将相之和：

> 守法稽断，臣下之节也。明法稽验，主上之操也。明主守，等轻重，臣主之权也。明赏赉，严诛责，止奸之术也。审开塞，守一道，为政之要也。下达上通，至聪之听也。知国有无之数，用其仂也。知彼弱者，强之体也。知彼动者，静之决也。官分文武，惟王之二术也。

总原则为八个字：各安其分，各尽其责。尉缭子认为，信守法度，考核决断，是臣子的职责；明令法度，检查考验，是君主的职责；明确自己的职责，统一刑赏轻重，是君主、臣子都应具备的谋略能力。只有下面尽职，上面尽责，平日管理国家时，掌握国家财力的虚实，才是保持国力强盛的基础；战争应对敌人时，了解敌方的弱点，才是保持自己强大的根本。

军队将士能和，可以攻无不克；朝廷君臣能和，可以战无不胜；国家军民一心，可以不战屈人。管仲曾用兵政合一、农战合一的视角，强调军民之和：

用道来养兵，百姓就会和谐共勉，用德来养兵，则百姓就会团结一致。和睦共勉、团结一致就能够整齐划一、协调一致；协调一致就能够凝聚力量，和谐团结、凝聚力量，就没有谁能够伤害到自己。为将者用道义和德行去对待士卒，必然能获得士卒的拥护，从而使得整个团队具有较强的凝聚力，这样才能战无不胜，攻无不克。

这一表述，实际是把治国、治军、治民融合起来，以国民的团结促进军民的团结，以君臣的团结促进军队的团结，简直就是"军民团结如一人，试看天下谁能敌"的原始版本。

国之强，在于固本；政之强，在于辑睦；兵之强，在于同心；民之强，在于和众。物力能蓄，人力能用，兵胜于朝廷，自然在情理之中。

伐交制胜：联合小国，借助大国，调动一切可以调动的力量，用力于关键处，外交上纵横捭阖，辅助军事造势。运筹帷幄之中，决胜千里之外，不战而胜，不武而武，是为上上策。

《孙子兵法·谋攻》说："上兵伐谋，其次伐交，其次伐兵，其下攻城。"伐交是介乎战略和战术之间的行为，古代的外交由"行人"负责，国君亲自选派，今天的外交与国防则各有所属，不妨将伐交视为国家战略的组成部分。

伐交制胜是利用政治、外交、经济、社会等手段，为国家战略行动服务。《管子·霸言》不仅承认伐交的合法性，还将其上升到理论高度，称之为"因国"：

夫善用国者，因其大国之重，以其势小之；因强国之权，以其势弱之；因重国之形，以其势轻之。强国众，合强以攻弱，以图霸；强国少，合小以攻大，以图王。

说白了，就是借力打力：借助大国的力量削弱小国，借助强国的力量瓦解弱国，借助重国的力量压低别国。强国多的时候，就联合强国兼并弱国，成就自己的霸业；小国多的时候，就联合小国蚕食大国，成就自己的王道。

管子正是充分利用诸侯之间的相互制衡关系，寻找到称王称霸的关键。他还说强国多时，谁先出头谁遭殃；小国多时，谁后出头谁没戏。参战国多，谁后加入谁称霸；参战国少，谁先号召谁称王。尽管《管子》一书非管仲所作，但它立足于国际关系审视国家政策，是管仲协助齐桓公称霸的重要谋略之一。

齐桓公二年（前684年），齐鲁长勺之战，齐师败绩。宋鲁之战，鲁又取胜。齐鲁抗衡，鲁国连胜两局。齐国战场不胜，只能决胜于权谋了。于是管仲开始利用小国关系来做文章。先是杀鸡给猴看，灭掉了谭国。然后在齐桓公五年（前681年），提出齐国要与宋、陈、蔡、郑等国在北杏会盟，商讨安宋之计。有的诸侯无动于衷，其中遂国接到邀请，居然没有参加会盟。齐国虽然暂时打不过鲁国，还是打得过小小遂国的，管仲立刻出兵灭遂。鲁国一看，齐鲁之间的国家都与齐国结盟了，便接受齐国的建议，准备两国和好，在柯会盟。

第二年，宋国内乱，背叛了齐国。管仲请齐桓公邀请陈、曹一起伐宋，又请求周王室派兵。于是周王的王师、齐、陈、曹共同伐宋，宋国一看形势不妙，立刻服软。这样，鲁、宋、陈、蔡、卫已屈服齐国，山东地区就剩下郑国了。管仲又让齐桓公趁郑国内乱介入调解，扶植新君登位，与齐联合。

一个一个摆平之后，管仲便邀请周王室参加，与宋、卫、郑在鄄会盟，后又召集鲁、宋、陈、卫、郑、许、滑、滕等在幽会盟，周惠王派召伯为代表，赐给齐桓公侯伯爵位，齐国由此成为公认的霸主。

在这个过程中，管仲把《管子·霸言》里的论述运用得炉火纯青，将因国而伐交运用得淋漓尽致。

伐交，就要想办法瓦解敌方的盟友，增加自己的实力。宋代兵书《武经总要》概括得很精当："伐交者，绝敌之援，使不能合也。"就是孤立对方，使之没有朋友、没有援手、没有帮助，最终无力抗衡。《兵法百言》之"勾"描述得更直白：

> 勾敌之信以为通，勾敌之勇以为应，与国勾之为声援，四裔勾之助攻击。

这里所说的"勾"，就是招引、引诱，是通过必要的手段，令对方为我所用。勾敌之信为用间，勾敌之勇为反间，与国勾之、四裔勾之则是典型的伐交。就是想办法通过外交手段令他国、周边政权为我所用，或为声援，或为协助，使我的力量倍增，敌之力量削弱。特别是在关键时期，即便只是使第三方作壁上观，保持中立，也达到了削弱对方外援的目的。

前文提到的斗廉所言"师克在和"的战例，背后也有伐交的考量。唐人赵蕤所著的《长短经》亦称《反经》是这样描述的：

> 昔楚莫敖将盟贰、轸，郧人军于蒲骚，将以随、绞、州、蓼伐楚师，莫敖患之。斗廉曰："郧人军于其郊，必不诫，且日虞四邑之至。君次于郊郢，以御四邑。我以锐师宵加于郧，郧有虞心而恃其城，莫有斗志。若败郧师，四邑必离。"莫敖从之，遂败郧师于蒲骚。

此处重点论述五国之间相互关系，认为枪打出头鸟，郧国既然为诸国首领，自觉兵强，若一举击溃，其余四国失去了所仗的势，必然退军。

伐交有三种，一是以军事行动来伐交，如管仲以盟代兵，以兵促盟；二是以伐交辅助军事行动，如楚国伐郧而离散五国联盟；三是以伐交替代军事行动，这几乎是纯粹谋略上的高明了。烛之武退秦师、鲁仲连义不帝秦、郦食其下齐七十城等，皆是兵不血刃，仅凭三寸不烂之舌便代替数万雄师。

鲁僖公三十年（前630年），晋、秦联合夹攻郑国，郑国孤立无援，危在旦夕。无奈之下，郑国派烛之武夜见秦穆公，试图离间秦晋之好。烛之武很认真地跟秦穆公分析，秦国灭郑国不仅徒劳无功，而且后患无穷：

第一，秦距郑路途遥远，郑不可能作为秦国的边境；说白了就是秦国不可能占有郑国。

第二，既然不能占领，攻下郑国，只好拱手让给晋国了。晋国有了郑国这块肥肉，实力自然增强，相比较而言，秦国的势力削弱了。

第三，假如秦国保全郑国，郑国可以和秦国结好，秦国使者往来，郑国可以接待，这对秦国有利而无害。

第四，最关键的是，秦对晋惠公有过好处，晋惠公答应用焦、瑕两城作为酬谢，可是结果呢？不仅不给，反倒马上修筑工事来防备，这次秦国劳师远征，何利何弊，不用闭眼睛也能想清楚啊！

第五，最要命的是，晋国什么时候满足过？东边灭郑之后自然会西侵。除了秦国，他还能动谁呢？

烛之武处处站在秦穆公的立场上思考问题，分析得入情入理，秦穆公一想：也是啊，多个朋友多条道，多个盟国多份力，干脆同郑国结盟得了。晋国一看秦军这么干，这仗打得窝囊，也干脆收兵撤退。

不得已而治军，则善用兵者，在于使对方的盟友不能联合；善用谋者，在于化敌为友，使己方力量倍增。国家之间的争斗，关键在于利益。敌我双方的较量，锱铢必较，有利则动，无利则退，因而未出兵之时，需要庙算与地缘政治的关系，何者可为我用，何者可为我敌，何者可为我防，何者可为我助，都需要一一考虑清楚。稳住强国，联合小国，借助大国，调动一切可以调动的力量，用力于关键处，外交上纵横捭阖，辅助军事上的示形、造势，达到以战略行动化解危机。运筹帷幄之中，决胜千里之外，不战而胜，止戈为武，是为上上策。

二、尚武而出师有德

中国兵法讲究武德，一是指"以武为德"，将"武"看成一种德行。表现在军事行动中，即自觉遵守相关战争礼仪与交战规则。没有规矩不成方圆，自古以来，交战也有规矩，再残忍的战争也讲究规则。相传为春秋时期著名军事家司马穰苴所写的兵书《司马法》中就说：

古时候追击逃跑的敌人，不会超过百步，跟踪退却的敌人，也不会超过九十里的距离，这是为了表明礼仪；不逼迫失去战斗力的士兵，并且哀伤怜悯他们，是表明军队有仁爱之心；排列好队伍敲锣打鼓，是为了表明军队忠信诚实；在战争中争夺义，却不争夺利，是为了表明军队的气节。

这种说法，现在看起来有些迂腐，但其表明了古代军礼中有些规定，是出于最基本的人道主义。

周朝是讲究这些武德的，只不过打来打去，到了春秋时期，兵不厌诈、习以为常。兄弟宗盟，脸都撕破了，还讲什么礼仪。《左传·僖公二十二年》记载，宋国与楚国在泓水交战。宋国军队已经摆好阵列，楚国军队正在渡河，大司马公孙固就建议宋襄公：敌众我寡，应趁着楚国未全部过河，猛然出击。宋襄公断然拒绝这种做法。公孙固心有不甘，在楚国渡河完毕即将摆好阵势的时候，再次请求出兵，又被宋襄公拒绝。等到楚国排列好之后，双方开始交战，宋军大败。宋襄公侍卫全部被杀，他的大腿也受了伤。宋国都城百姓都责备宋襄公，认为是宋襄公错过了大好时机，导致如此结果。但宋襄公却认为，按照周制，打仗要讲理，用兵之道是不靠险阻、不乘人之危取胜，他不会进攻还没有摆好阵势的敌人。

后人也许会嘲笑宋襄公是"蠢猪式的仁义"，跟敌人在战场上讲什么礼节。我们若理解他执意遵守的"不以阻隘"恰是周礼中的内容，只能叹惜时过境迁。春秋之后"兵以诈立，以利动"，宋襄公不知变通，抱着堂吉诃德式的骑士精神，于古为义，于今为笑。

二是指"以武卫德"，这是我们现在常用的意义。即通过武力来维护仁政、德行，或者说维护国家秩序、国际秩序。此处的"武"，是"师出有名"的"正义之师"。《尚书·甘誓》记载，在甘即将进行一场大战，夏启召集了六军将领，说："六军的将士们，我要向你们宣告：有扈氏违背天意，轻视金木水火土这五行，怠慢甚至抛弃了我们颁布的历法。上天因此要断绝他们的国运，现在我只有奉行上天对他们的惩罚。"此后举凡作战，往往都发布檄文，揭露讨伐对象的种种不义暴行，并表明自己的正义性、合法性、合理性，在道义上赢得最大程度的支持。

《周礼·夏官司马》认为，武力是保卫国家秩序的最终手段，规定了周王及方伯有权使用"九伐"之法，对诸侯国发生的种种不义行为进行征讨：

若诸侯国中有以强凌弱，以众欺寡的，就削弱他的势力；有杀害贤良和百姓的，就出兵讨伐他；有对内暴虐百姓，对外欺凌邻国的，就囚禁此国国君；有土地荒废、百姓流离失所的，就削减此国的土地；有凭借险要的地势，而不服从礼法规定的，就派兵攻打他；有杀害无辜亲族的，就治罪于他；有放逐或是杀害其国君的，就要诛杀他；有违反君主的命令，轻视国家法令的，就断绝他与邻国的交通；有行为悖乱人伦的，行为如同鸟兽的，就诛灭他。

周王出兵，或者委托称霸一方的方伯出兵，不是出于兼并，而是为了维持诸侯的秩序，保护西周初年所构建的"封邦建国，以藩屏周"的封建制度。这种思路，被后世逐渐发展成为存亡继绝、维护正义的武德思想。楚庄王也曾说，军事行动的目的是"禁暴、戢兵、保大、定功、安民、和众、丰财"七种，前六种都是出于自守安邦与维护正义，后一种有些失之偏颇。在这样的背景下，攻打一个不爱护其百姓的国家，是合理的；用战争制止战争，即使是率先发动战争，也是合理的。只要军事行动的目的，不是满足一己私欲，而在于维护天道公理，也就是《荀子·王制》所说的"存亡继绝，卫弱禁暴，而无兼并之心"，这就是所谓的武德要求。

止戈为武：要以战止战，不要以战养战，这是从政治高度对战争进程做了约束。既要把握战争的合理性，果断出击，又要把握战争的特殊性，适时收手。

《左传·宣公十二年》有一句话："夫文，止戈为武。"言外之意，制止战争才是真正的威武。从字形上来看，"止"与"戈"合起来，便是"武"字的原型，由此产生对"武"字的解释：作战的目的在于制止战争，很像今天所说的"武力保卫和平"。

古代常用"征伐"、"讨伐"等词来表示战争的合理性与武力的必要性。《吴子》还专门探讨了这个问题：

> 道者，所以反本复始。义者，所以行事立功。谋者，所以违害就利。
> 要者，所以保业守成。若行不合道，举不合义，而处大居贵，患必及之。

> 是以圣人绥之以道，理之以义，动之以礼，抚之以仁。

不要一提到作战，就是捉对厮杀，就是你死我活，那是士卒的理解。从定国安邦的角度来看，战争有很多种打法，也有很多途径，更有很多手段。其中，"道"是用来探求事物本源的；"义"是用来行事立功的；"谋"是用来趋利避害的；"要"是用来保护和守护国家基业的。若作战意图不合乎道，举动不合乎义，却又大肆张扬、不知收敛，祸患自然会降临到头上。高明的人用兵，必用道来号召，用义来规范，用礼来约束，用仁来抚慰。所以，古代兵法津津乐道的事情，是成汤出兵讨伐夏桀，夏民欢欣喜悦；周武王和众讨伐纣王，殷人并不反对，这正是因为成汤、武王的行为合乎道义。

那么我们具体该怎么理解呢？

第一，进行战略决策时，应该"绥之以道"。即按照"道"来规范行事。孙中山曾说："天下大势，顺之者昌，逆之者亡。"这里的"天下大势"，指的就是"道"，它是宇宙、社会与人生的运行规律，不以人的意志为转移。关于"道"的含义，一般有两种：一种是道家讲的"道"，指的是世界的客观规律；另一种是儒家的"道"，指的是正道、王道，即合乎礼、义、仁、智、信的规范。儒家学说体系中，用"有道之君"、"无道昏君"来分判正邪。但在道家看来，并不存在"有道"、"无道"的问题，"无道"也是"道"。兵家所谈到的"道"，也不能单纯地说是儒家的"道"，或者是道家的"道"，而应放在典籍中，放在具体的语境中，进行分析。吴起所说的"道"，前边指的是万物本原的"道"，后边则是正道的"道"。

第二，在战略评估中，应该"理之以义"。关于"义"的含义，孟子将其解释为"集义所生"的"天地浩然之气"。一个人来到这个世界上，他所要背负的先天道德感，是与生俱来而不得不担负起的义务，也就是我们所说的社会责任。兵法中强调"义"，侧重讲军队所要承担的存亡继绝、匡扶正道的义务。《吕氏春秋·孟秋纪·荡兵》里面说的"古之圣王有义兵，而无有偃兵"，"义兵"指的就是符合道义、为民心所向的军队。此处的"兵"，因被"义"字修饰，带有了扶危济困的色彩。古人推崇正义之师，甚至认为"义兵，天下之良药也"，正是期盼军队能够让天下安定、安稳、安乐。

第三，在战略执行行动时，应该"动之以礼"。广义的"礼"指的是整个天下秩序，军事行动的目的是保家卫国，维护和平，恢复秩序。虽说春秋晚期已经礼崩乐坏，但无论作战还是外交，仍有许多礼法、制度和习惯在使用。这些传统的力量和习惯的做法，决定人们的是非判断和价值认知，因而，强调军事行动必须尊重约定俗成的规范、风俗、习惯等。狭义上的"礼"，则特指"军礼"，是军队组织体系内的制度、律令等规范，是军队整体风貌的体现。

第四，在战略实施进程中，应该"抚之以仁"。一是说治兵时的仁爱、德行，将帅能与兵士同甘共苦。如果将领对士卒不够仁爱，士卒便会与将领离心离德，最后导致军心涣散，不能形成战斗力。但若是将领过于仁慈，优柔寡断，"大事不决，小事上当，乱施恩惠"，这是妇人之仁，容易被对方抓住弱点而加以利用，所以要有仁爱，而不能泛滥。我们既要"抚之以仁"，又要"慈不掌兵"，要把握两种"仁"的平衡：不要小恩小惠，而要大仁大义。二是说对待百姓、俘虏等非参战人员，要关爱照顾，尽最大可能争取他们的支持，瓦解他们的斗志。优待俘虏和不杀俘虏，古有道义上的责任，今有《日内瓦公约》的约束，打仗要算经济账，战争要算政治账。

"止戈为武"，并不是说绝对不使用武力，而是说尽量避免使用武力。战争应该是扶危济困、维护秩序的行为，国家要崛起时，需要有精兵强将保驾护航；国家陷入困境，也需要有军队力挽狂澜。军队的性质，决定了军队的使命和执行任务的方式；军队的传统，决定了军队管理模式和行动特点。从战略意义上来讲，军队是执行政治任务的武装集团和组织力量，必须合乎政治目的。

《左传·宣公十二年》还记载了楚国将领讨论"用武"的境界：

举不失德，赏不失劳；老有加惠，旅有施舍；君子小人，物有服章，贵有常尊，贱有等威；礼不逆矣。德立，刑行，政成，事时，典从，礼顺，若之何敌之？

这是将政治行为、行政手段和军事行动结合讨论的范例。"举"是举荐，有选贤任能之意，"赏"是奖赏鼓励。举荐人才，不要把有道德的人遗漏；赏赐爵禄，更不要忘记有功劳的人；"老有加惠，旅有施舍"指已经建立了完善的社会救助体系。贤愚各得其所，礼制有条不紊，只有国家内部先做到政通人和，才具备进行战争的条件。国家德治，刑罚必信，行政顺畅，事能担当，典制有常，秩序井然,这样的"内无忧"的政治环境和行政背景,可以确保军事行动无人能敌。

止戈为武,是从战略层面对战争性质做了规定,那就是以战止战,不能以战养战;也是从政治高度对战争进程做了约束,那就是适时停战,不能穷兵黩武。把握住战争的合理性,果断出击;把握住战争的特殊性,适时收手。

柔武不斗:姜太公列出了用非战争的手段打击对手的十二种"文伐",这正是采用"柔武不斗"的策略,示弱示软,有意去麻痹强大的对手,令其穷兵黩武。

作为一名普通士卒,用的是战术,作战意在杀敌,杀敌越多,功劳越高。作为一个将帅,打的是战役,作战就是出奇制胜,赢得战场胜利。作为国家的统帅,打的是国力、是外交、是谋略,作战要懂得"不战而保全获利",要赢得全局的胜利。这就要求最高统帅明白,战争只是万不得已的最后一招,是最后的摊牌,一旦开战,局面便不可控制,小而关乎得失成败,中而关乎身家性命,大而关乎兴衰存亡。因而老子说:"兵者,凶器也。"战争是一把双刃剑,既可能为国家赢得利益,也可能伤害到国家实力,两者皆可改变历史走向。

基于战争行为的不可预见性,中国兵法有不少主张通过其他手段达成战争目的的论述。《逸周书·柔武》概括为"善战不斗,故曰柔武",我们姑且称之为柔武论。

从根源上说,"柔武"思想受老子学说的影响较大,老子主张"柔胜刚,弱胜强",肯定"以天下之至柔,驰骋天下之至坚",认为柔弱能战胜刚强。他曾拿舌头和牙齿谁先掉的例子,说明看似柔弱的东西,其实更有耐力,不仅长得更结实,而且活得更滋润。从军事学的角度来看,"刚"指在作战时宁折不屈、一往无前,先发制人,而"柔"则是善于防守,长于退却,后发制人。

在日常生活中,有的人非常"强硬",如果这种强硬是藏在内的,也就是心智上的坚强,对于人的成长,无疑大有裨益。但如果这种强硬表现在处理人际关系中,那么无疑会引起很多不必要的冲突。在处理国际关系时,也是如此,一方面要坚持自己的原则,另一方面要能够做到"柔和",能进能退,能屈能伸,避免不必要冲突,多协调协作,这样人与人之间、国与国之间的关系才会和谐。

若一味坚持挂在嘴边的原则，硬邦邦地坚持所谓的道义，不晓得变通，不懂得妥协，自然是要处处碰壁。而"柔弱胜刚强"，小可以作为人生智慧，指的是我们拥有高远的志向，但在做事时能谦逊、低调，和光同尘，才能成就一番事业；大可以作为国家策略，指的是国家有自己的战略追求和时代任务，韬光养晦，才能稳步前进，后来居上。

老子认为"上善若水"，用"水"来比喻看似"柔弱"者的韬略：流动的水既可以"飞流直下三千尺"，也可以"泉眼无声惜细流"。但是，不管是停蓄，还是奔流，终归大海的志向是坚韧不拔的，沉潜而下的态度是始终不渝的。所以说，水的"柔弱"，只是外表的柔弱，是策略的灵活，其内在却极为强大。《周易》用"坎"卦表示水，上下两爻都是阴爻，中间的一爻是阳爻，这个阳爻，正代表了水中所蕴含的力量，是坚韧的、刚健的，但其外表却非常柔和，就个人而言，是身段柔软；就国家而言，是谦和低调。

从这个角度讲，柔是一种美德，刚是一种危害。看似柔弱的人，人们乐于帮助他；外强中干的人，心怀怨恨的人就把他当作攻击的目标。柔有柔的方便，刚有刚的长处，弱有弱的作用，强有强的用途。战略管理，就是把握"柔、弱、刚、强"四个字，能守能攻，能进能退，能显能藏，能舍能收，运用得恰到好处，内政就可以游刃有余，外交就可以左右逢源。汉代兵书《三略》中所言的"能柔能刚，其国弥光；能弱能强，其国弥彰。纯柔纯弱，其国必削；纯刚纯强，其国必亡"，说的正是这个道理。"柔弱"并不是讲一味的、纯粹的柔弱，而要像水一样，在柔弱中蕴含刚强，就人的性格来讲，就要"外圆内方"；就战略管理来说，要做到锋芒内敛，静观其变。

从战略上审视"柔武不斗"，可以采用"文伐"达成战略目的。柔武是以退却为进攻，讲究后发制人。文伐是文韬武略合二为一，以文为武，相互配合，不战而胜。《六韬》专门有《文伐》一节，讨论文伐之法。姜太公列出了用非战争的手段打击对手的十二种文伐谋略：

一是根据对手的喜好，顺应他的心中意愿，滋生他的骄横之心，这样他必然会做出错误的决定。人不怕力量强，就怕没嗜好，抓住他们好名、好利、好色的缺点之一，因势利导，就能够瓦解他的原则，挫败他的志气。

二是亲近敌国中被国君宠信的臣子们，用计策削弱他们在国家中的影响力、威慑力。如果敌国的臣子们都心怀二心，不再绝对的忠诚，力量必定衰弱。一旦敌国朝廷之中没有了忠臣，那么，这个国家自然会处于危险的境地。

三是私下里贿赂敌国君王的近臣，建立起密切的联系。这样，虽然他们处在本国之中，内心却向着国外，这样的国家早晚会出现祸害。

四是鼓励敌国国君过分、无节制地沉迷于享乐中，滋长他荒诞奢靡的欲望。给敌国国君送上珠宝等厚重的礼物，贿赂他；献上美人，取悦他，曲意卑微地听从他的命令，这样就消减了他的防范之心，我们去攻打他们的时机，很快就会到来。

五是尊重敌国忠心又有才能的臣子，送给他微薄的贿赂，在出使我国的时候挽留住他，不答复他提出的要求与问题。这样，敌国国君会认为他不能完成使命，没有能力；或者心存二心，不再信任。我们再透露给敌国后派来的使者一些真实的情报，表现得亲近他、信任他，如此，敌国今后就会派这样的使者。借助计谋，我们能够离间掉敌国的有志、有能之人，那么攻取敌国，也就指日可待了。

六是收买敌国内部的大臣，离间敌国国君与统兵在外的大臣的关系。如此，有能力的臣子就会帮助外国，敌国的内部就会内讧，这样的国家很少有不灭亡的。

七是笼络敌国国君，就要送给他丰厚的礼物。再收买他身边亲信的近臣，私下里贿赂他们，让他们诱导敌国国君，慢慢地轻视了国家的民生社稷大业，这样敌国就会积蓄渐失，国库空虚。

八是贿赂给敌国贵重的礼物，与其结盟谋取他国。让敌国国君以为与我们合谋，对他自身是有利的。这样的话，敌国国君认为自己会得到好处，就会更加地信任我们。不断地积累这种信任感，就一定会形成对我们有利的局面。虽有一国却被他国利用，这样的国家必然会遭遇沦丧。

九是给敌国的君主以显赫的名号，让他产生势力强大的感觉，顺从他的命令与意志，这样他就会真的相信我们。让他感觉到至高无上的尊荣，夸耀他的功绩，把他比作圣人。这样，敌国定会一日不如一日，逐渐衰微下去。

十是甘愿以卑下的身份来侍奉敌国君主，使他深信我们的势力不如他，从而获得同情。顺从他的旨意，并且执行他分派的任务，如同是同母兄弟，一旦完全取得了他的信任，就逐渐地收拢他的势力。等到时机成熟的时候，消灭它，就像是天要消灭它一样。

十一是闭塞敌国君主的耳目，使臣民追羡富贵，不愿承认危险灾祸；私下许诺给他尊贵的地位，并偷偷地赠送他财宝，收买敌方国中的有识之士。本国的国力充实，却要表现得很贫乏。私下里收拢敌国的智士，使他们为己方出谋划策。收纳敌方的勇士，使他们帮助提高己方的士气。不但要满足他们对富贵的欲望，还要不断地滋长这种欲望。这样，敌国的智士和勇士就成为了己方的力量，也就闭塞了敌国君主的耳目。如果他的视听都已经闭塞了，还能保有自己的国家吗？

十二是培养扶植能够祸乱敌国的奸臣，使敌国国君迷惑。进献美女给敌方的国君，用美色迷惑他；赠送给他快马良驹，使他沉迷其中；还要不时地奉承大好局势，诱惑他忘记忧患。待到时机成熟，我们就号召天下人一同消灭他。

这十二条，可谓刀刀见血，杀人于无形之中，是通过和平的手段，演变敌国的有效途径。大厦将倾，必坍于内；大国将衰，必乱乎内。姜太公这文伐十二法，正是采用"柔武不斗"的策略，示弱示软，纵容强大的对手，令其穷兵黩武，自作罪孽。殷纣王正是毁在周文王和姜太公的纵容之中，沉湎酒色，拒谏自是，贤臣远遁，小人当道，最终民心涣散，不战而败。

古代兵法有时候将"文"视为"德"。《吕氏春秋·慎大览·不广》就说："用武则以力胜，用文则以德胜。文武尽胜，何敌之不服？"文武两手都要硬，哪有强敌可以抗衡？因而在制定军事战略时，要综合运用文攻与武卫两种策略。从处理国际争端来说，可以付诸武力，也可以和平谈判。但从长治久安来说，"先王耀德不观兵"，即便对方与己国不和睦，也能"修文德以来之"，即通过长时间的战略积累，树立国家形象，形成国家处理问题的基本策略，便会不断得到其他国家的认同。即便有时出于利益考虑，若开诚布公，也会赢得其他国家的理解。从这个角度来说，文伐是应对敌国不得已的权谋，意在削弱对手；而与之相应的文德，则是采取主动策略，理顺内政外交，提升国家的影响力，为不战屈人提供必要的政治环境和外交实力。

《韩非子·五蠹》记载舜统治天下时，苗族人不服从统治，禹建议发兵讨伐苗族。舜否定了禹的建议。在舜看来，自己文德不够，内政不修，就去采用武力，不合乎道，攘外必先安内。之后，舜连续三年在国内推行德政，百姓讲信修睦，持着武器跳舞，上下一心。当苗族人知道舜的德行和实力，就主动归降了。

柔武，是对外守拙、示弱，含光内敛，目的是掩护自己的励精图治，集中力量发展自己，做到政通人和，百姓安居乐业，四海升平，这本身就是国家实力。如果内政上不修文德，国内官吏贪污，政策混乱，民怨沸腾，就像晚清似的，不是因为外敌太强不能打，而是因为内忧太多不敢打，只能一味对外示弱，这不是柔武，是软弱。柔武作为权谋，可以用于外交；文德作为根本，主要用于内政。不断提高百姓生活水平，不断提升国力，不断完善法制，不断建构道德高地，使得周边国家对本国心悦诚服，主动归附，则不用权谋，也自然获得战略上的主动，赢得国际的尊重。

兵者不祥：古代兵书在谈及用兵时，态度都是非常谨慎的，因为兵家都能意识到，用兵虽然能获得一时的胜利、一时的征服，但也会带来无穷的后患。

《老子》说："兵者，不祥之器，非君子之器，不得已而用之。"认为战争存在极大的潜在威胁，不能轻启战端，不能轻言战争。《管子·兵法》也谆谆告诫：

> 贫民伤财莫大于兵，危国忧主莫速于兵。

战争不仅耗费人力、物力、财力，更会挑起国家之间、民族之间、百姓之间的仇恨。尤其是当一个国家内部问题没有解决，更应该一心一意谋发展，把百姓的生活解决好，把人民的怨气消除掉，先内修文德，再谈外治武功。如果没有内部的团结，对外作战只能引火烧身，外患未平，内乱迭起，陷入内外交困的境地。如果确实不得已而被迫选择战争，那就要争取通过这次战争，保证本国在今后较长时间内的稳定，至少获得一种战略上的均衡，通过新的力量分布，获得几十年的和平。

古代兵书在谈及用兵时，态度都是非常谨慎的，作者都能意识到，用兵虽然可以获得一时的胜利、一时的征服，但也会带来无穷的后患。《司马法》就说"国虽大，好战必亡"。一个国家无论多么强大，若一味地争强好胜，动辄使用武力或以武力相威胁，结果也只能是自取其辱，自寻灭亡。

春秋无义战，发动战争不外乎是掠夺土地百姓，打来打去，民不聊生，国皆焦土，还不如不打。有时只是为了泄一己私愤，悍然发动战争，全无道义可言。很多诸侯国打来打去，把自己耗亡，晋国、宋国、郑国、吴国、越国莫不如此。即便一度强大的西汉，也因对匈奴连年作战，耗费了大量的人力、财力，尽管最后取得了一时的胜利，却也民生凋敝、怨声载道，国力江河日下。

老子提出"兵者不祥"，正是基于国家长治久安的战略考量，他说："夫乐杀人者，则不可得志于天下矣，战胜，以丧礼处之也。"把战争理解为"杀人"，是不可能得到天下拥护的。因为每一场战争背后都是无数生命的牺牲、无数家庭的破散。高明的治国者，即便战胜，也"以丧礼处之"，这是对战争的理性态度、反思精神，也是对无数牺牲者的哀悼，对遭遇痛苦者的怜悯。

即便在秦灭六国的过程中，丞相吕不韦也是对战争心怀戒惧，《吕氏春秋·论威》继承了《老子》、《司马法》的告诫，也强调：

> 凡兵，天下之凶器也；勇，天下之凶德也。举凶器，行凶德，犹不得已也。

可见他将"不得已"用兵作为最后的选择。可惜秦始皇忘了"相父"的告诫，把用兵当作乐事。统一全国之后，不但不罢兵归田，反而率大军不断巡行，劳民伤财，非但没有弹压住东方六国的残余势力，严刑峻法反而激发了百姓的怨恨，最终死在巡行的路上，国家动荡于戍边士卒的反抗。其以武力统一全国，也被武力推翻，其兴也勃焉，其亡也忽焉。

此前的《管子》，也在《幼官》、《重令》、《枢言》等篇中多次阐述，频繁地进行战争，会使士兵疲惫；多次地取胜，会使国君骄横。当骄横的国君，派遣疲惫的士兵不停参加战斗，国家就只能走向危险的境地。打了胜仗自然强大，殊不知盛极必衰，强大者的未来，就是衰亡。人所利用的是其长处，人所轻忽的也是其长处，善于游泳的人常死在河边，善于射箭的人常死在旷野，善于用兵的人最终死于战场，与其这么折腾，莫不如谨言慎行，做到"善战者不怒，善胜敌者不与"，不战而胜。

话说当年，越王勾践想要进攻吴国，范蠡苦心劝谏他说："逞匹夫之勇的人，是与德背道而驰的；兵器是凶器，战争是问题最后的解决方法。私下里谋划去偷袭他国，是不道德的，爱用武力解决问题，而不是靠其他和平的方式解决，谁要是依赖这种德行做事，最终也会被这种德行毁灭。放荡暴虐的性格，是上天所禁止的，要是先挑起无义的战争，最终上天也会不倾向于我们，对我们不利。"但当时勾践却不以为意，执意兴师伐吴，结果被围困在会稽山，被迫投降，做了俘虏。

曹魏时期，三国交锋，战事不断。桓范在《世要论》中就谈到尽量少用兵，把"兵者不祥"之论做了系统阐述：

> 圣人之用兵也，将以利物，不以害物也，将以救亡非以危存也，故不得已而用之耳。然以战者危事，兵者凶器，不欲人之好用之。故制法遗后，命将出师，虽胜敌而反，犹以丧礼处之，明弗乐也。故曰好战者亡，忘战者危，不好不忘，天下之王也。

战争，是以救亡图存为目的，不以伤害危亡为目的，只能是不得不用的无奈之举。战争是凶险的事，武器是危险的工具，千万要戒惧使用。因而我们既要少战、不战，又要备战、能战，只有把这辩证关系把握住了，才是王道。

兵者不祥，是从反面告诫战略管理者，一方面，要以战争来保卫革命果实、胜利果实和来之不易的发展成果，不怕战争，不惧战争，不能过分求和而采用绥靖策略，若为求和而求和，只能任人欺负。另一方面，要意识到和平发展是最小的代价，百姓刚过几天安定日子，要多用非战争的手段解决问题，充分发展自己国家实力，灵活运用外交能力，尽量避免战争。既不能好战，也不能不战，在二者之中寻找到平衡的支点。

以义为兵：古代兵法将"义"看成军队的灵魂，衡量军士是否具有慷慨赴死的勇气，衡量军队是否有坚强如一的凝聚力，正是要审视其正义与否。

"义政"是中国古代一个重要的行政概念。"义"，最简单可以理解为"正义"。《论语·里仁》中讲"君子喻于义，小人喻于利"，君子所喻的"义"，是在思考问题时，从应该不应该的角度出发；"小人喻于利"是说小人在思考问题时，只着眼于事情本身所能带来的利益。

前面我们提到过：义是责任，是义务，是对社会的担当精神，是对他人的负责态度。有句话叫"受人之托，忠人之事"，正是一种能勇于负责，敢于承担的精神。《荀子·荣辱》说："义之所在，不倾于权，不顾其利，举国而与之为改视，重死持义而不挠，是士君子之勇也。"君子做事，不考虑有何好处，而考虑该不该做。如果有利于百姓，有利于家国，有利于天下者，不会因为权势干预而动摇，不会因为利益牵扯而顾忌，死不旋踵，尽瘁而已。

从政治的角度来看，"义政"侧重强调政权的合法性和行政的合理性。《墨子·天志上》说：

> 顺天意者，义政也。反天意者，力政也。

墨子尊天、非命、信鬼神，这里说"顺天意"，是因为墨子相信天是有意志的，天会督促国君、大臣和百姓按照天道行事。老子曾说天道是"损有余而补不足"，人道是"损不足而补有余"。如果一个国家能够按照天意那样均富兼爱，则贫富均匀，没有战争，天下自然安定。但现实中，常常是以人力对抗天道，不足者恒不足，有余者恒有余，贫富差距越来越大，逞强凌弱越来越多。如此则小而争夺不断，大而战争连绵。

墨子说的天意，换成道家的词，是天道；换成儒家的词，是天德。其推崇的义政，也是儒、道、法诸家所乐见的。

儒家所谓的"义"，从个人角度而言，是责任；从社会角度而言，是道义。放在国家层面，道义就是顾炎武所讲的"天下兴亡，匹夫有责"，每个人都要肩负起对国家和社会的责任。放在政府或者组织层面，就是要能够不辜负天下百姓所盼，铁肩担道义，扶困济弱，以此稳固民心，赢得百姓的拥护。《孟子·公孙丑下》中所说的"得道者多助，失道者寡助"，既强调做事要合乎正道，又要求欲成大事者，能自觉担负"道义"。一个国家有了道义，就能够弘扬正气，达成价值共识，获得道德认同，对是非善恶有着清醒的理解，百姓不会惶惑，官吏不会迷茫。

义政是义兵的基础，而义兵是战胜的关键。《司马法》里讲"凡民，以仁救，以义战"。动员百姓作战要靠什么？一是靠仁爱之心救民于水火，二是靠正义获得百姓的拥戴。一支军队，只有担负起百姓期望、满足百姓要求时，才能赢得百姓的支持。一场战争，只有能够合乎道义，合乎正义时，才能师出有名，才能持续得到援助。《淮南子·兵略训》强调军事行动中，"兵之所以强者，民也；民之所以必死者，义也"。一国之兵之所以坚强，在于百姓源源不断的支持；百姓之所以源源不断支持，宁死不屈，在于这支军队合于道义，坚守正义。

古代兵法将"义"看成军队的灵魂，衡量军士是否具有慷慨赴死的勇气，衡量军队是否有坚强如一的凝聚力，正是要审视其正义与否。《吕氏春秋·禁塞》中说：

> 兵苟义，攻伐亦可，救守亦可；兵不义，攻伐不可，救守不可。

"义"，是指军队是否师出有名，是否合乎正义。古代两军对垒，双方都要发布檄文，标榜自己是正义的一方，阐述自己作战出兵的合理性、合法性，希望在最大程度上获得天下百姓的拥护。正义在握的军队，会有着强大的战斗力。

"义兵"更为深广的含义是军队行为的合理性。《吕氏春秋·怀宠》讲：

当义兵打到敌国的国都、或者城邑四郊的时候，保证不损害五谷，不挖掘坟墓，不砍伐树木，不烧毁积聚的财物，不焚烧宫室房屋，不随意抢夺牲畜。将在战争中俘获的百姓，审查姓名并且登记在册，然后把他们全都放回家中。

这些行为，简直就是攻心战，不仅不拿群众一针一线，而且保护对方的生产生活秩序，优待俘虏，善待百姓。这样的军队所体现出来的道德自律，与百姓所期望的是一样的，自然能最大限度地获得敌国百姓的信任，军队自然可以取胜。

义兵，强调对百姓、官吏等非参战人员的优待，是建立在对暴兵的无情打击之上的。对那些幽怨、愤恨、冒进、负隅顽抗的人，因其没有善良之心，不知体恤百姓，那就秋风扫落叶般无情，毫不手软进行武力征伐。《吕氏春秋·荡兵》便强调这样做也是义兵的所为：

> 若用药者然，得良药则活人，得恶药则杀人。义兵之为天下良药
> 也亦大矣。

只要战争是正义的，仅诛杀应该诛杀的人，把百姓从水深火热中解救出来，让士卒解甲归田，放马南山，让老百姓安居乐业，享受和平，如此一来，尽管"义兵"也杀人，但他们恰恰是解民于倒悬，而非黩武，是集义所生。

通常，我们把没有正义追求的军队称为"乌合之众"，把没有组织好的军队叫作"散兵游勇"。当一个军队有了正义的作战目的作为凝聚力时，才会变得非常地强大，甚至可以消灭掉比自身强大几倍的敌人。关键在于军队是否为"义兵"，政府是否行"义政"。

战略决策和战略行动，必须要考察是否合乎正义的要求，是否合乎德政、义政的要求，如果缺少合理性、合法性，即便侥幸取胜，也胜之不武，最终仍会付出沉重的代价。

近二十年来国际上的单边干涉主义发动的战争，不仅将所在国弄得一塌糊涂，也给发动者带来了沉重的负担。这让我们意识到：一个军队的战略执行力和战术行动力，有时更取决于军队的立场。

中国历代建朝之初，其军队解民倒悬，诛灭不义，一心一德，为民拥护，可以发动人民战争。随着政府、朝廷的没落，逐渐背离了其所应当承当的责任，失去了民心，其所承担的道义、正义自然也就不存在，反倒变成了人民战争的对象。

三、不战能屈人之兵

在《孙子兵法·谋攻》中有言：

> 夫用兵之法，全国为上，破国次之；全军为上，破军次之；全旅为上，破旅次之；全卒为上，破卒次之；全伍为上，破伍次之。是故百战百胜，非善之善者，不战而屈人之兵，善之善者也。

这里提出了战争的最高境界，不是攻破敌国，百战百胜，而是不依仗武力就能屈人之兵。《谷梁传》中也讲："善为国者不师，善师者不阵，善阵者不战，善战者不死。"真正善于治理国家的人，即便不动用武力，也能轻易地化解很多问题。真正率兵打仗的人，不会轻易跟人作战，就能降服对手；真正善于布阵的人，用不着拉开阵势就赢了；真正动手的人，往往能够保全自己。这些话都是在讲，真正的"武"实际上是"不武"而取得胜利，"不武"才是"武"的至高境界。

这种打法就叫不战屈人。

不战屈人，不是不打，而是在动手之前，就把要打的方方面面算得清清楚楚。

权国：晚清的国民生产总值在世界上也遥遥领先，结果还是被远远落后于自己的列强给瓜分了，决定一个国家是强是弱，关键要看战略水平、战争持续能力和战时自足能力。当年刘备兄弟三人东打西杀，却仍然没有立足之地，多亏遇到了诸葛亮，才有了"三分天下"的战略规划。

所谓"权国"，是要善于分析、评估敌我双方的综合国力。《兵法百言》说：

善兵者，审国势己力，师武财赋，较于敌以立计。

一个朝代的由盛转衰，不是人口变少，更不是官员变少，也不是财税减少，而是国势衰落。国势，就是国家的总体走向；己力，就是当前的环境。这就需要当朝的君主，清楚地知道国家当下所处的形势，客观评估国家的实力，估算国家的军队善不善于作战，思考国家目前的财政状况能不能支持这场战争。考虑好这些问题后，才能决定是否要打。

要不要打，是战略问题。怎么打，是战术问题。这里讨论的是战略权谋，集中谈论要不要打的问题。

如果己方的条件远远胜于对方，其实这场战争是不用打的，成败毫无悬念。但为何有人不自量力，还要发动战争呢？

那是他不会权衡，只会比较。我们知道，战争的权衡，不是比较，比较是要分清双方的优缺点。但作战是处于博弈状态，关键不是找到自己的优点，而是找到自己致命的缺点，并进行补救，不让对手攻击。而更关键的是，找到对方真正致命的缺点，以己之长攻彼之短，给予对手致命的打击。

从战略角度来看，战争前先要权衡的是双方的国家实力。但这个国家实力，不是通过计算国民生产总值，也不是计算外汇储备。晚清的国民生产总值在世界上也遥遥领先，结果还是被远远落后于自己的列强给瓜分了。外汇储备，在国际战争打起后很有可能变成废纸。所以，决定一个国家是强是弱，关键要看战争持续能力和战时自足能力。

我们看看古代的名臣良将们是怎么说的。

《管子·治国》讲述国富兵强的基础，他说："民事农则田垦，田垦则粟多，粟多则国富，国富者兵强，兵强者战胜。"这几个要素是互为因果的，农业保障了国家的命脉，国家经济稳定，才能国泰民安、兵强马壮，对外的战争才能获得胜利。

《吴子》在此基础上，又提出了"和与不和"的观点："不和于国，不可以出军；不和于军，不可以出阵；不和于阵，不可以进战；不和于战，不可以决胜。"一是国要和，发起战事，需要考虑国内稳定与否。国内局势尚不安定，不适合出兵。二是军要和，军队统帅要意见一致，协调一致，否则不适合出兵。三是阵要和，士卒列阵，拉开战事，要组织有序，步调一致，形成有机整体，否则就不适宜打仗。四是战法要和，要合乎战场环境，合乎部队实际，否则也不适宜进攻。

这样看来，国富民强只是经济条件上的保障，将士同心则是政治和军事上的双重保障。俗话说"家和万事兴"，一个家族内部和睦，便能同心同德地渡过难关，生活蒸蒸日上。反之则如一盘散沙，很容易破裂。小家尚且要求和睦，大国更要强调和谐。有了"和"，国富方能实现兵强，兵强方能保障国富。

最著名的权国的例子，莫过于诸葛亮的《隆中对》。当年刘备兄弟三人，东打西杀，一会儿投奔公孙瓒，一会儿投奔田楷，一会儿投奔曹操，一会儿投奔袁绍，一会儿投奔刘表，一会儿跟着别人合伙干，一会儿自己单干，杀了不少人，也打了不少胜仗，却仍然没有立足之地。关键是没有制订自己的战略。走哪打哪，打哪走哪，没有自己的规划。多亏遇到了诸葛亮，才知道打仗不是靠勇气打打杀杀就行，而是要思路清晰，目标明确，不要光盯着眼前的几步，要看清天下形势，这就是战略问题。刘备这才恍然大悟，敢情这十几年白忙了，还得再从头来。

诸葛亮又是怎么说的呢？

在诸葛亮看来，此时天下豪杰纷起，割据州郡，天高皇帝远，谁也不把朝廷当回事。曹操虽然名声小，兵力少，但能够战胜袁绍，由弱变强，靠的是权谋得当。人家现在已经拥有百万大军，挟制天子而令诸侯，合理合法，你听还是不听？这人暂时没法替代。孙权世代占据江东，基础深厚，选贤任能，民众归附，加上那里地势险要，易守难攻，也就别打人家的主意了，最多拉来合作一把。

有个好地方不妨考虑一下，荆州。它北据汉、沔，顺流而下，直达南海，物资贸易不成问题。东连吴郡、会稽，西通巴、蜀二郡，这是兵家必争之地。估计刘表是守不住的。除了被南北夹击，他身体也很衰弱，力不从心，这真是千古良机。所以，要想办法接替刘表占领荆州这块地盘。

光有荆州还不行，这个地方易攻难守，只能作为一个战略支点，不能把宝押在这个地方，需要再找一块根据地，作为荆州的大后方。哪里啊？益州，那地方四周险关，土地肥沃，条件优越，物产丰饶，易守难攻。当年汉高祖就是在此成就大业的。我们来个如法炮制。

益州牧刘璋昏庸懦弱，张鲁又占据汉中，这可以作为战略缓冲。四川百姓富裕，可惜刘璋不知道爱惜，人心思变。刘备要威信有威信，要名气有名气，干脆想办法，拿你们刘家这两个不争气的人下手，占据荆州、益州。安抚百姓人民，凭借险要地势，也能成就一番事业。静以待变，一旦条件成熟，派一名上将从荆州北伐，亲自率军北出四川，天下不就还是姓刘吗？

这就是不出茅庐，三分天下。诸葛亮高明就高明在他从战略高度审视天下形势，权衡出刘备最重要的两个对手曹操和孙权的优劣，找到了天下最薄弱的地方，让刘备拿自己的同宗同亲下手，李代桃僵。难怪后来刘备感慨："吾之有孔明，如鱼之有水。"那是因为刘备三兄弟的指挥战术，如果没有诸葛亮的战略作为背景，打一辈子，充其量也只是个散兵游勇，恐怕连吕布的名声都超不过。

不战屈人的高明之处在于能在战略上高于对手。毛泽东就说：战略上要藐视敌人，战术上要重视敌人。言外之意，我们做到了战略上的绝对优势，只要战术不犯错误，最终必能彻底取胜。

诸葛亮是从国家形势的角度来分析何去何从，这就是我们说的权国。刘伯温所著《百战奇略》说得更详细：

> 凡用兵之道，以计为首。未战之时，先料将之贤愚，敌之强弱，兵之众寡，地之险易，粮之虚实。计料已审，然后出兵，无有不胜。

这里说的"计"，是计谋。用现在的话讲，就是计算、规划、预案。他说，要打仗，就得先算算账，看看敌我双方要不要打，用不用打，能不能打。算什么呢？

一是将之贤愚。先要考察对方的将帅如何，谁是牛人，谁是衰神，一比较高下优劣就出来了。对方肯定不会派出一个最差的吧，那我们就得想办法让他变成最差的。自古胜者为王败者寇。胜利了，就有一千条经验可以总结；失败了，一万条理由也无济于事。要打仗，肯定要知道对手是谁，是什么样的人？是像赵括那样只会"纸上谈兵"，还是像司马懿那样深谋多疑？看人下菜碟，就好收拾了。

当然，也要同时考察己方将帅的能力如何。蜀国马谡在"七擒孟获"的战役中，曾为诸葛亮出谋划策，提出"攻心"战术，最终获得了胜利；但刘备也指出了马谡缺少执行力，是一个好参谋，但不是一个好将领。诸葛亮让他守街亭，结果他刚愎自用，不按既定作战计划行事，毁了诸葛亮一局好棋。因此，为将者必须要充分了解各方人才的所长所短，才能将好钢用在刀刃上。

二是敌之强弱。一军之中，将士有强有弱，为将者要善于"避实击虚"。晋楚城濮之战，楚国纠集附属小国陈国与蔡国出兵相助，将陈、蔡联军作为军阵的右翼。陈、蔡乃是迫于楚国的压力而被迫参战的，其心必有异。晋将胥臣把战马都蒙上了虎皮，集合了精锐的兵力，先冲击陈、蔡联军。当陈、蔡联军连连挫败，开始退兵逃跑，楚国的右翼也就溃败了。就这样，晋军在楚国联军的阵营之中，攻破了最薄弱的关口，赢得了这场战役。

三是兵之众寡。从战略层面是要算清对手可调配的军事力量，从战术层面是算清作战双方士卒的多寡。齐魏马陵之战中，孙膑在与庞涓作战时，命令军士们每日减灶，造成齐军人数逐渐变少的假象，好让庞涓误以为是齐军伤亡惨重。于是，庞涓便武断冒进，中了齐军的埋伏，最后惨败在孙膑手中。所以，至少要在局部形成绝对优势，取得战略上的主动。

四是地之险易。冷兵器时代，地形、地势、地理往往对战争起到决定性的作用。兵家都要争夺易守难攻的险要之地，保证己方军营、粮道、进退的安全。历史上的函谷关、潼关、虎牢关、雁门关、大散关都是著名的关卡，一夫当关，万夫莫开。还有黄河、长江、汉水等天堑，也是控制南北局势的地理分界，历来也是兵家的战略要地。

我们可以读读顾炎武的《天下郡国利病书》，书中对全国各地的形势、险要、卫所、城堡、关寨、岛礁、烽堠、民兵、巡司、马政、草场、兵力配备、粮草供应、屯田以及历代动乱形势皆有所描述，可知地理对战略的决定性作用。我们还可以读读顾祖禹的《读史方舆纪要》，他把清朝的州域形势、山川险隘、关塞攻守，引证史事，讨论得清清楚楚，从中能看出历代兴亡成败与地理环境的关系。

五是粮之虚实，说的是战争中后勤供给问题。两军交战，前面拼杀的是军士，后面较量的是粮草。中国历史上几次以少胜多的战役，往往从"粮草"下手，逼得对方不战而退。从战略上看，"粮草"指的是军事的后续能力和补给能力。

权政：兵之胜负、国之存亡，皆取决于行政。观察一个国家行政体制，考察行政团队的工作效率，调查决策人员的业务素养，审视决策高层的战略意志，就基本可以判断出这场仗可不可以打，什么时候打，甚至打的过程和终结的方式都能预料得到。

权政，就是权衡双方政府的行政效率、组织能力、政策水平和官吏廉洁程度。《文子》中有句话："兵之胜败皆在于政。"就是说，战争的胜败与否，取决于政权的性质，取决于政府的行为模式，取决于政策制定的取向，取决于行政组织的方式。如果说权国是从国家整体实力上来审视战略的制定，那么权政则是从行政的角度来衡量一个政府能否应对近乎残酷的军事较量。

《吴子》归纳出爆发战争原因有五，几乎都与内政有着密切的关系：

凡兵之所起者有五：一曰争名，二曰争利，三曰积德恶，四曰内乱，五曰因饥。

概而言之，战争的爆发有两种，一是国际战争，二是国内战争。国际战争多出于种族、领土或贸易争端。但是否发动战争，除了倚强凌弱之外，多数是趁着他国国内有矛盾冲突时，实行外部干预。而国内战争的爆发，几乎都是直接针对政权而来。吴起所说的五种动因，基本概括了中国古代诸侯之间、民族之间战争产生的因素。

一是争名。春秋五霸发动战争，除了获得土地之外，更多时是为了出名，尤其是连绵不断的会盟，就是找些拥戴，开一次会，仿佛就成了一方霸主。有些人甚至因为强出名而赔上身家性命。宋襄公本是个颇有作为的政治家，早年以贤臣子鱼、公孙固为辅，宋国得以大治，国力一度鼎盛。他最初紧跟齐桓公步伐，积极维护齐国霸权，看到了霸主的威风。齐桓公死后，宋襄公想乘机成就一番事业，于是他联合卫、曹、邾等国，扶植齐太子昭继位为齐孝公。并因此试图继承齐桓公的霸业，不料滕国不服。他就囚禁了滕宣公，并邀请曹、邾、鄫会盟。结果鄫君迟到，招致宋襄公的惩罚。曹国招待得不好，宋襄公就派兵包围曹国。真是心比天高力比纸薄，宋襄公的强行逞能，最终引起诸侯不满。陈国便联合鲁、陈、蔡、楚、郑、齐在齐会盟，显然是不承认宋襄公的霸主地位。

宋襄公一看，大国都不承认自己的盟主地位，于是就分别派使者出使齐、鲁、楚，寻求支持。楚国想乘机入主中原，就将计就计，假意表示支持。但到了会盟时，只有楚、陈、蔡、许、曹、郑六国之君按时赴约，齐孝公和鲁僖公都没来。宋襄公正想宣布自己是盟主，没想到楚国早有伏兵，楚成王不仅抢了盟主的位置，还把宋襄公绑架到了楚国。经齐、鲁调解，才将他放回去。宋襄公还是执迷不悟，决心拿郑国出口气，结果郑国向楚国求救，泓水之战，宋军大败。宋襄公自不量力，以小国之君，意欲称霸，苦心经营，只能抱恨终生。

中国历史上，诸多农民起义军都往往急于求成，刚刚攻下几座山寨城池，就要争着黄袍加身，争着当开国功臣。随后，常常是因为内部将领的权力纷争，还有队伍的腐败堕落，自己消耗掉了实力，后被镇压剿灭，沦为改朝换代的铺路石。如秦末的陈胜吴广起义、隋末的瓦岗军起义、清末的太平天国运动，莫不如此。因而朱元璋起兵时，遵循"不称王"的宗旨，积蓄力量，不计较虚名，而最终逐鹿中原，一统全国。

二是争利。这是发动侵略战争的直接动因，中国历史上游牧民族南侵，最初往往是为了掠夺边民的财货、马匹、妇女。兵法毫不讳言"兵以利动"，打仗是为了利益，这是不争的事实。但从战略上来看，不可因眼前小利便大动干戈，贸然兴兵。中东的动荡，北非的连锁变动，皆是因为这些地区盛产石油，很容易引起强国的觊觎，或制造其国内动荡，或扶植国内反对力量，先是隔岸观火，进而浑水摸鱼，然后李代桃僵，甚至直接出兵干预，以获得最大的经济利益。

三是积恶。两国间因为某些矛盾纠纷而积怨、交恶，并由此引发了战争。

秦国与楚国曾因边地之争，斗斗和和几十年；张仪出使楚国哄骗楚怀王，导致了楚怀王客死他乡，楚国兵败受辱。直到秦一统全国以后，民间还流传着"楚虽三户，亡秦必楚"的谣谚，足见秦楚两国积怨之深。而后来项羽入咸阳，毁秦陵，烧阿房宫，在自身的残暴背后，楚人对秦的积恨不失为情绪动因。

四是内乱。内乱多起于统治集团内部争斗。西汉初年的"七王之乱"，西晋中期的"八王之乱"，唐朝中期的"安史之乱"，明朝初期的"靖难之役"，清朝初期的"三藩之乱"，都是乱自上作，或是君臣不和，或是兄弟猜忌，或是权臣宠臣争斗，或是地方坐大，统治者为了调整秩序，或者为了争权夺利，引发国家动荡。

五是因饥。乱世取胜，靠的是人和；治世生乱，多出于灾荒。中国历史上的动荡，多起自灾荒处置不当，使得百姓流离失所，食不果腹。流民无以为生，往往铤而走险、揭竿而起，杀乡绅，开官仓，以抗争摧毁秩序，以暴动毁灭王朝。

从中国历史上来看，积恶、内乱、因饥皆是内政不善而引发的争斗。对一个国家来说，君臣有隙、将相不和、遭逢天灾不仅导致内政紊乱，也往往成为外国干预的契机。此时敌对国家或者相邻国家派去的使者，一方面是吊灾慰问，另一方面就有可能是观察虚实。

春秋时晋平公曾想要讨伐齐国，就派大臣范昭出使齐国，名义上是去齐国访问，实际上是借机考察齐国的行政环境。范昭去拜见齐景公，宴席之间，他假借酒酣之际，询问齐景公可否用其樽来饮酒，是否可观天子之乐。齐景公还未说话，范昭的要求就分别被晏子与太师回绝。

这个拒绝，让齐景公挺紧张，觉得得罪了使者。他就问晏子："晋国是强盛的国家。范昭作为晋国的使者，来观察齐国的政治，今天你却触怒了他，齐国该怎么办呢？"晏子却回答道："范昭并不是不熟悉礼的人，他想要越礼于齐国，所以臣下是不能顺从他的。"

再问太师，太师也答道："周朝的音乐，是天子的音乐，只有周王才可以观赏。范昭身为人臣，却想要观赏天子的音乐，臣下不能满足他的要求。"

当范昭回国后，就劝谏晋平公别攻打齐国了。他说："当我意图羞辱齐景公的时候，晏婴知道；当我意图破坏他们的礼乐时，太师能看得出来。这说明齐国贤臣良士各在其位，各司其职，这样的国家是不能去攻打的，也是难以战胜的。"

后来孔子听闻了这件事，称赞晏子："不越樽俎之间，而折冲千里之外。""樽俎折冲"便由此产生,用来形容外交使节无小事,看似不经意间的细节,恰恰折射出国家的实际情况。

中国文化始终有深厚的观风知政的传统,就是通过收集民歌民谣,由此窥探一个地区百姓的好恶,《诗经》和乐府诗的收集整理,正是观政的产物。而外交场合的问对,也是了解一个国家国情的渠道。《战国策·齐策四》便记载了赵威后问齐使,便是通过使者,巧妙转达对齐国政治的担忧和对齐国行政环境的熟悉,刘向将之编入《齐策》。《管子·问》更是列出六十五个问题,类似今天的测试题,提醒管理者应从哪些角度来审察一个国家的政治。他的逻辑与赵威后类似:

> 然后问事,事先大功,政自小始。问死事之孤,其未有田宅者有乎?问少壮而未胜甲兵者,几何人?问死事之寡,其饩廪何如?问国之有功大者,何官之吏也?问州之大夫也,何里之士也?……
>
> 问乡之贫人,何族之别也?问宗子之收昆弟者,以贫从昆弟者,几何家?余子仕而有田邑,今入者,几何人?……
>
> 问国之伏利,其可应人之急者,几何所也?人之所害于乡里者,何物也?问士之有田宅,身在陈列者,几何人?余子之胜甲兵有行伍者,几何人?……
>
> 工之巧,出足以利军伍,处可以修城郭、补守备者,几何人?城粟军粮,其可以行几何年也?吏之急难可使者,几何人?……
>
> 若夫城郭之厚薄,沟壑之浅深,门闾之尊卑,宜修而不修者,上必几之守备之伍。器物不失其具,淫雨而各有处藏。问兵官之吏、国之豪士,其急难足以先后者,几何人?……

战略决策,是从根本上对一个国家的整体走向、宏观政策进行谋划,军事战略自然也是国家整体战略的组成部分。在战略管理时,要老老实实地承认自己的不足,用忧患意识审视内政,用谨慎态度观察世界,用长远眼光预测发展。内政不明,不可以轻易外发;外敌不明,不能安然备战。

从军事战略管理的角度来看,权政的要点有三:

一要明了交战双方的战略决策机制,即文官系统对军事行动的支持力度、支持方式和彼此的协调机制。尤其要考察对方内政对外交、军事的阻力，看是否可以作为制敌的突破口，同时要尽力弥补自身决策机制对军事活动的掣肘。

二要明了双方行政组织能力和战时动员能力。所谓的行政组织能力，主要是行政效率能否进入战时机制，物资供应、后勤补给、后方协调能否与军事机构形成合力。所谓战时动员能力，主要是行政机构能否抽调足够多的人员、物资对军事行动进行支持，以及民间是否给予军事行为足够多的理解。特别是民众能够承受的牺牲人数、战争耗费极限多少、战争的规模控制能力能否为民众信任？美国和北约对伊拉克和利比亚发动战争后，国内反战游行持续不断。民众对于战争的厌恶态度，决定了政府不能一意孤行，完全撤军是美国及其北约盟国迟早要做的选择。

三要明了战争期间，反对力量能够积累及形成的规模。在民选机制下，老布什、萨科齐赢得了战争，却赢不了连任，关键因素就是海湾战争和利比亚战争的胜利，不足以证明二者具有协调国内政治和经济的能力，而继任的克林顿和奥朗德，则采用了完全不同的经济政策和外交策略。在其他政治体制中，在战争进行期间，也存在内部的分歧，这些意见分歧会成为政治斗争的议题、成为官员调整的理由，这些都需要进行战略判断。

权政，是一个参考项最多、预见性最低的项目，但权政却常常是釜底抽薪般改变战争进程和左右战略转移的手段。兵之胜负、国之存亡，皆取决于行政。观察一个国家行政体制，考察行政团队的工作效率，调查决策人员的业务素养，审视决策高层的战略意志，就基本可以判断出这场仗可不可以打、什么时候打，甚至打的过程和终结的方式都能预料得到。

权将：优秀的人都是相似的，蠢笨的人各有各的缺点。与其研究共同的优秀品质，不如来看看那些倒霉的人，是如何被性格决定命运的。很多兵法从反面分析了将帅应该规避的问题。

权政讲的是行政局面，是对由官员、精英组成的整体行政的权衡；权将讲的是权衡国家中担任最高职位的将领是否具有驾驭全局的能力，是否能准确地判断国内、国际的形势，能否统率军队取得胜利。

据说是诸葛亮所写的《将苑》描述了一个优秀的将领所应具备的品质：

善将者，不恃强，不怙势，宠之而不喜，辱之而不惧，见利不贪，见美不淫，以身殉国，壹意而已。

真正能担负起国家大任的朝臣，在位时不倚仗自己的权势，不贪图利益、财货，把全身心都投入到为国家谋事中去。即使不在位，也能做到宠辱不惊。这简单的几句话，勾勒出了一个大将应具备的基本素养。真是英雄所见略同，英雄品性也相同，《孟子·滕文公下》所说的"富贵不能淫，贫贱不能移，威武不能屈"的大丈夫，也是具备坚强性格、坚定信仰的人。

优秀的人都是相似的，蠢笨的人各有各的缺点。与其研究共同的优秀品质，不如来看看那些倒霉的人，是如何被性格决定命运的。《孙子兵法·九变》从反面分析了将帅应该规避的问题："故将有五危，必死可杀，必生可虏，忿速可侮，廉洁可辱，爱民可烦。"

其一，"必死可杀"。对于一个将军来讲，在战场上如果抱着颗"必死"之心，容易草率地做出决定，就容易被对手激怒而上当。为将者视死如归，是对整个军队的不负责任，因为他的决定，牵系到整个军队、乃至于整个国家的安危，将帅固然可以身先士卒，却不能轻易地慷慨赴死。

其二，"必生可虏"。如果将领贪生怕死，凡事畏手畏脚，过于谨慎，那么一定会成为对方的俘虏。所以说，真正的"善将者"，一方面应有不畏生死的决心，另一方面，还要秉持谨慎惜身的态度。

其三，"忿速可侮"。与对方作战，为将者若是抱着泄一己私愤的态度，失去理智、贸然进攻，结果必然是招致侮慢，自己也容易为人所害。

其四，"廉洁可辱"。为将者若过于讲究廉洁，就会因为名声而动心，因为侮辱而动怒，小不忍则乱大谋，容易被敌方利用，遭受羞辱。

其五，"爱民可烦"。为将者爱惜百姓，是仁义。但一旦过头，就容易被敌方抓住弱点，反而成为自身的拖累。诸葛亮出山之前，刘备和其兄弟们也一直是在打胜仗，但苦于无立足之地。一方面战略上没有思考清楚，没有建立根据地；另一方面，很多的百姓跟着他，刘、关、张三人带着不到两万兵马，整天护送二十万百姓，不仅行军速度缓慢，而且往往顾此失彼，哪里还有精力去划地盘？直到刘备在诸葛亮的帮助下，智取新野，后得荆州，才得以稳定下来。

《孙子兵法》提出这"五危"，正是出于辩证的认识，是为将者应时刻警惕的问题。客观来讲，衡量一个将领，既要看到他的优点，也要清楚他的缺点。战时与日常生活完全不同，两国交战，绝不会看对方的优点在哪里，恰恰相反，打的都是对方的缺点与弱点。如果一方的将领比较自负，对方就会采取诱敌深入的战术；如果一方将领性格多疑，对方就会采取打草惊蛇、声东击西的策略。这些都是依据敌方性格上的缺点，来确定己方所要采取的战略、战术。从这个角度看过去，将帅不贪生怕死，廉洁奉公，爱民如子等特质，本是为"将"所应该具备的基本素养，可如果行之过甚，或者是死板教条，也极容易成为被敌方利用，且施加打击的致命弱点。

以上是对将领心性的权衡，那么，如何对将帅的作战意志、作战效能进行分析呢？《孙子兵法》中用"七情"来概括：

第一，"主孰有道"，战争双方的国君，谁的行为更合于"道"？一般说来，有道之君按照规律来行事，无道之君按照性情来做事。用人方面也是如此，有道之君比较理性，会从国家大局出发，把最合适的人放到最合适的位置上；无道之君则常是"任人唯亲"，不看人的能力如何，只根据这个人与自己的亲疏远近来任命，久而久之，国家开始逆淘汰，越优秀的人越靠边站，越卑劣的人越得志。当年，范昭劝晋平公不要攻打齐国，就是看到齐国贤臣在列，朝政不至于废弛，所以不可攻。

第二，"将孰有能"，衡量双方君主手下的臣子，是否行政干练、军情洞晓。刘邦得了天下，也承认自己"文不如萧何，武不如韩信"，但刘邦的可贵之处，正在于他能够因贤任能。萧何推荐韩信，收秦律令、图书，留守关中，筹办粮饷，采摭秦法，重定律令；韩信出陈仓、定三秦、败楚军、擒魏、破代、灭赵、降燕、伐齐，垓下全歼楚军，立下过汗马功劳。一方面，国君任命有能力者担任大将，自己可以清静无为；另一方面，合理任用有才智的"有能治将"，让他们能够充分施展自己的才华，对国家是有百利而无害的。

第三，"天地孰得"，讲的是天时、地利，大而言之叫"国运"，即国家的运势；小而言之，"天"是年岁饥馑、丰收的问题，因为粮草是战争的后备，"地"是军事要塞、地理形势的失与得。

第四，"法令孰行"，国家制定的法令制度，能不能及时有效地执行下去。当国家出现了衰弱征兆，往往是从官员徇私枉法、吏治紊乱开始的。有时候，贪官污吏只是个别的现象，在短时间内产生一定的影响，却不会从根本上影响国运，动摇国本。比如乾隆朝的和珅，并不足以动摇清朝统治，给其造成致命影响。但如果国家出现了制度性毁坏，就像人的免疫系统出现了问题一样，那便无药可治，无力回天了。国家尚且如此，何况一支军队乎？

接下来的"兵众孰强"、"士卒孰练"、"赏罚孰明"，讲的是军事上的要求。

第五，"兵众孰强"，意思是看谁的军队强大，"众"是说国民有没有一种刚健不屈的精神。西汉名将陈汤曾说："明犯强汉者，虽远必诛。"只要是侵犯了大汉王朝的国家或者军队，即便距离再远，我们也要诛杀它。这是国家强盛时朝气蓬勃、士气旺盛的体现，也是国家在武力上的自信与坚持。

第六，"士卒孰练"，有没有军队不重要，有多少军队也不重要，关键是军队是否善于作战，是否适应战场。历代王朝建国初年，军队数量并不是很多，但战斗力极强。随着国家的稳定，军队数量不断地增加，可战之兵、可选之将却越来越少。一方面是因为冗官冗员。官二代、富二代混进军队，不务正业，耗费国家的财力、物力、人力事小，松懈瓦解了部队斗志事大。另一方面，则是承平日久，武备松懈，训练越来越流于形式，演习几乎是演戏。清军初入关时，十万铁骑横扫天下，所向披靡。殆及中期，八旗兵养尊处优，基本丧失了战斗力，兵部不得已训练绿营。到了晚清，绿营也骄奢淫逸，若想御敌，不得不依靠汉族地方武装，曾国藩的湘军、李鸿章的淮军和袁世凯的北洋军，由此登上了历史的舞台。俗话说："兵不在多而在精"，练卒以一抵十，冗兵百不如一。放眼历史，但凡朝代更迭之际，最终能卓然而立、所向披靡的军队，往往是兵马精练的队伍，而不是那些徒有众多人数的部队。

第七，"赏罚孰明"，对于任何一支军队，或者组织体系来讲，令行禁止是基本的组织原则。军队中严格遵守军令的人，会获得奖赏；违背军纪的人，必然会受到惩罚。当年齐威王治国，每天都听说有人指责即墨大夫，就派人去即墨察看，发现此地土地平整，百姓生活丰足，官府无事，辖区祥和安定。他顿时明白了，这是即墨大夫不巴结左右内臣的缘故，便立封即墨享万户俸禄。他又听说，总有人在称赞阿地大夫，调查后发现，阿地田地荒芜，百姓贫困。赵攻鄄地，不能救；卫国夺薛陵，竟然不知道。他顿时知道，阿地是用重金来买通左右近臣说好话，便下令烹死阿地大夫及帮他谄媚的近臣。这一下子，齐国官员不敢再弄虚假，尽力做事，齐国由此大治。有的时候，治军要比治国更为艰难，和平时期文恬武嬉看不出来，作战时期一着不慎，满盘皆输。唯有按实情赏罚分明，才能言出必信，令行禁止，锤炼出军队的战斗力。

《孙子兵法》列出五危、七情，作为战略决策的判断事项，就是告诫决策者要能够全面权衡将帅的个人修养和作战系统的总体概况，以便准确判断、合理预测战争的胜负走向。

权战：军事作战，是不对称的博弈，不可避免带有冒险性质。要意识到几乎所有的成功，都有侥幸的因素，事后总结都难免出一身冷汗。很多兵法自然要谈如何取得成功，但更多的是告诫如何避免失败。

权战指的是作战前，要对战争本身进行多方面的权衡：可否有必要作战？是否要在此时开战？是否在此地开战？作战开展持续多长时间？

洞晓作战道理的人，往往会先想清楚自己可能会败在何处，而不是思考自己会从中获得哪些功劳。打仗时，先要思考这场仗如果打败了，那会怎么样？战争的成败不仅仅在于战场上的攻伐得失，还往往关系到一个国家的稳定与兴衰，甚至有时候，即使是打了胜仗，国运也会就此衰退下来。

《尉缭子·战权》谈了权衡战的前提：

> 先王之所传闻者，任正去诈，存其慈顺，决无留刑。故知道者，必先图不知止之败，恶在乎必往有功。轻进而求战，敌复图止，我往而敌制胜矣。

古往今来，不是国大必强，也不是国小必弱。有些弹丸小国，在国际上有很高的声望，在于内行仁政，讲信修睦，交好诸国，礼尚往来。对这些国家动手，不仅道义上难以成立，甚至会招致国际的反对。春秋郑国以子产为相，司马迁《史记·循吏列传》称赞他："为相一年，竖子不戏狎，斑白不提挈，僮子不犁畔。

二年，市不豫贾。三年，门不夜关，道不拾遗。四年，田器不归。五年，士无尺籍，丧期不令而治。"其执政二十六年，郑国周旋于大国之间，不仅不被欺凌，反而得到尊重。

小国强大的关键，一是内行仁政，二是吏选贤良，三是行事周正。对内执政，不要欺骗百姓，一次骗了，百姓自认倒霉；两次骗了，百姓开始怀疑；三次骗了，百姓彻底不再相信政府。没有了公信力的政府，只能是弱势政府，行政人员便坐在了火山口，唯恐民怨随时沸腾。对外交往，更不能翻手为云覆手为雨，国际之间更重诚信。负责任的国家，既能保护自己的利益，也能承担必要的国际义务，若置国际公约于不顾，置承诺协议于不守，久而久之必丧失国家威信，如人之无赖，泼皮行径多了，便自绝于天下，看似高明的领袖，终有一天会在内忧外患之中垮掉。

权国是权衡国力，权政是权衡政府，权将是权衡将领，权战，则是对整个组织体系结合方式、运转效率和制约关系等进行权衡。尉缭子在《十二陵》中，讨论了权战中一些基本问题：

> 悔在于任疑；孽在于屠戮；偏在于多私；不详在于恶闻己过；不度在于竭民财；不明在于受间；不实在于轻发；固陋在于离贤；祸在于好利；害在于亲小人；亡在于无所守；危在于无号令。

这里的权战是战略问题，也就是说思考要不要打。那就需要对制约战争的要素进行分析。

军事作战，是不对称的博弈，不可避免带有冒险性质，要意识到，几乎所有的成功都有侥幸的因素，事后总结都难免出一身冷汗，而失败似乎是注定的，因而，很多兵法自然要谈如何取得成功，但更多的是告诫如何避免失败。

在尉缭子看来，影响战略执行的要素有很多，但这十二种却是最为致命的，会使好端端的战略谋划付诸东流，化为泡影。

一是"悔在于任疑"。用人不疑，疑人不用。如果有顾虑，就暂缓任用或者不予任命，任命了就要鼎力支持，作战最忌讳临阵换将，准备不足，士气受挫。从军队组织学的角度来讲，军事、行政官吏系统之间的磨合，需要一个长期的过程，而将帅之间的信任，也是需要逐步建立。古代战争靠将士累年相处才能彼此信任，而当代军事制度，很难使将帅有相处数十年的磨合，这就需要建立信任机制，减少因用人疑虑造成的指挥不畅，因用人不当造成的战略执行乏力。

二是"孽在于屠戮"。"屠戮"是屠城、杀戮。军队之仁，在于匡扶正义、铲除暴虐，因而军人战场作战，伤亡不可避免。不能因为己方受伤害而肆意屠城、虐杀手无寸铁的百姓和放下武器的俘虏。从战术层面来讲，屠戮太重，只会令对手众志成城或者负隅顽抗，让接下来的战争更为艰辛，为战后的治理播下仇恨的种子，埋下隐患。古今中外，舆论几乎压倒性地谴责战时屠杀和种族灭绝行径。

三是"偏在于多私"。私有两种，一是私心，即领兵打仗，发动战争，不是为了靖除国难，维护和平，而是为了满足决策者的好大喜功和个人权威，这种仗往往操之过急，劳民伤财，"年年战骨埋荒外，空见蒲桃入汉家"，最终只能耗尽政府元气，让国家日暮途穷。二是私党，任人唯亲，因私损公，任用官吏完全出乎个人交往，罔顾公平、公正。这样组成的统帅机构，看似一团和气，颇有执行力，那只是在和平时相互提携，彼此糊弄，却因缺少正气，战时必然一击即溃。在战争中，自古绥靖多弄臣，从来割让皆权贵。弄臣和权贵也都知道自己打不了仗，也知道战争无情，一旦真刀实枪去干，首先剥落的是自己的画皮，因此往往采用绥靖政策，主动讲和妥协。

四是"不详在于恶闻己过"。作战失败，一是不能因情措法，这是情报的问题；二是不能充分估计战情，这是统帅个人的问题。古代中国有造神、造圣人的传统，军队习惯下级服从上级，承平日久便养成一切唯上，一切唯命的习惯。从政治保证上讲，从作战命令上讲，坚决服从是完全必要的。但在战略决策中，最高决策者能否包容不同的意见，能否避免因为自己的知识结构、思维模式和性情偏好造成战略误判，能否避免下级习惯性顺从而过分依赖决策者的意见，能否避免参谋人员的结构类同和倾向相近而缺少异议，这是非常重要的。尤其是军事战略和作战计划的制定，更需要逆向思维进行反对性的测定，用"蓝军"检验方案的弊端，找出漏洞，才能保证作战预案的完善和完备。

五是"不度在于竭民财"。竭民财，一是指国防而言，一方面要随着经济的发展不断增加军费开支，另一方面也要使军费开支在一定的限度之内，以不影响国计民生为度。就像冷战时苏联重点发展军工产业，重工业最终成为国家沉重的负担。二是指战时虽然以军备为主，但不能因此挥霍无度、压榨百姓，造成国力疲惫不堪。三是指军队内部的耗费过度。高适《燕歌行》说："战士军前半死生，美人帐下犹歌舞。"军费不是用在备战，而是用来吹拉弹唱，把大量歌姬舞女招入军中，压缩作战人员的编制，造成冗官冗伇，而能作战的士卒严重不足。唐朝中期军费开支居高不下，军队作战能力却日趋下降，可以说，为将者骄奢淫逸，最终导致军中苦乐不均，严重损伤军队士气、正气和勇气，才是其根本原因。

六是"不明在于受间"。"间"，大而言之，为反间或间谍；小而言之，为善于挑拨离间的小人。无论间谍还是小人，都能毁坏君臣信任，影响决策层的和谐关系。最高决策层若无顺畅的信息通道和交流渠道，就会阻塞下情上达，被周围参谋人员或者工作人员蒙蔽，战场反馈系统失灵或者不畅，对战场情形做出错误的判断。尤其是现代战争，情报欺骗、战场佯动和信息控制，不仅会诱导决策系统做出战略误判，也会令决策层之间产生战略分歧和意见冲突。因而，为将者需要从海量情报中去伪存真，做出准确判断，不被诱骗，要能够对决策成员保持足够的信任。

七是"不实在于轻发"。轻，在人性叫轻薄，在做事叫轻率，在作战叫轻发。主要是指不了解实情，又没有深思熟虑，就匆忙得出了结论，看似果决，实则草率鲁莽。战略决策最忌轻举妄动。在战争博弈的环境中，诱使对手进行战略误判，不仅是军方的行动，也可能是举国策略，甚至是国际权谋。因此站稳脚跟，沉着应对，冷静观察，是避免中圈套的基本素养。

八是"固陋在于离贤"。战略决策层最忌讳固陋浅薄。固为固执，不肯改变初衷。原则可以坚守，而看法需要调整。陋，指目光短浅，做事抓不住要害。固陋的人能够进入最高层，一般有两个渠道：一是坚决听话，二是只会跑腿，这样的人不思考，好用，因而在和平时期升得最快。固陋的人最忌恨贤才，贤良的人有操守，不会唯命是从；才华卓越的人有见地，很容易卓尔不群。固陋的人知道贤良和才士如果上位，自己便永无出头之日，因此会想尽办法打压贤才，会制定各种规定扼杀贤才。周围如果全是平庸的人，听话和跑腿就变成了为臣者最好的品质。但如果贤才压抑，精英远遁，军队自然丧失战斗力。

九是"祸在于好利"。岳飞曾说：武官不怕死，文官不贪财，国家就能鼎盛。他也明白，武官也有贪财的，文官也有怕死的。这里理解为互文更贴切些。"好利"、"自私"是人性共有的弱点，若将领斤斤计较于蝇头小利，不仅会惹出祸患，甚而要赔上身家性命。典型的例子就是吕布，这位"便弓马，膂力过人，号为飞将"的英雄，有万夫不当之勇，陈寿在《三国志》中言："吕布有虓虎之勇，而无英奇之略，轻狡反复，唯利是视。自古及今，未有若此不夷灭也。"吕布要不是因为好利好色，常被引诱而反叛，杀旧主而投新主，功名或许在关羽之上。

十是"害在于亲小人"。小人，一是道德败坏，二是格局狭小。因为格局狭小，在考虑问题时，完全从自身利益出发，对得势者阿谀奉承，对失意者不闻不问，目光短浅，唯利是图。小人能够容身，甚至侧身高位，一是能忍，低三下四，逢迎奉承，欲达目的，不择手段；二是能谄，身无好恶，人无原则，逢迎溜须，唯利是从。小人想尽一切办法，满足在上位者的嗜好，为自己赢得更大私利。而功成名就者，常会因自信而自负，因位高而轻狂，习惯了逢迎之事，听顺了谄媚之言，识人不清，毁在了小人手里。齐桓公在管仲辅佐下，疏远易牙、竖刁。可管仲去世后，他就忍不住重用二人，最后落得了"身死不葬，虫流出户"的下场。

十一是"亡在于无所守"。无所守，一是指没有可以凭借的地理险阻，将战略腹地直接暴露给对手。二是指没有持国的大将。千军易得，一将难求，人很多，人才很少，关键时没有高明之见，也没有人站出来主持局面。三是国家内缺少战略支撑，外没有盟友声援，平时看似交好，战时反咬一口。四是国家一直没有明确的全局战略和区域战略，或者战略执行阻力过大，完全处于被动的状态，政府仿佛消防或者应急队员，缝缝补补，最高管理层日理万机，夙兴夜寐，仍不能赢得民众理解和国际认同。一旦有事，远不能援之以手，近则趁火打劫，这类战略困境的致命性，在于缺乏清晰而准确的国家定位、道义坚持和地缘策略。

十二是"危在于无号令"。国家进入危亡的境地，不在于经济之贫，也不在于人数之寡，而在于不用法治。小国以礼，大国以法，一个国家没有必要的法令，必然纵容权力、富贵和强暴，这是丛林法则。而有了法令不遵守，或者法令只是冠冕堂皇的借口，是徇私枉法的工具，是文过饰非的借口，掌权者可以因好恶而随意判罚，富贵者可以因财货而改变奖惩，这是潜规则。丛林法则尚可约定俗成，即所谓的盗亦有道；而潜规则不是规则，在于其因人而异，因事而异，无处不在，毫无章法。当所有的法律、制度、号令变成文字资料和口号时，没有人会把纪律当回事时，人心涣散，军心动摇，所有的战略决策和战术行动，都会被视为默契的游戏，至于此地，危亡的境地不远了。

《尉缭子》列出的十二点，几乎囊括了所有导致战略失效的要素，信言不美，听起来确实刺耳，却是作战经验的总结，也为后世的兴衰成败所证明。这就使我们意识到：战争，不是先想着如何去打击别人，而是要思考如何不被别人打倒；作战，不是先想着如何取得胜利，而是要保证如何避免失败。毕竟，对古代中国和当代中国来说，守得住要比攻得下更现实、更必要、更有用。

第二章
古典兵书的形与势

虚实、众寡、先后、强弱、主客、攻守和劳逸，

古时兵法教你把握诸多错综复杂的因果关系，抢占先机。

在兵法中，"形"与"势"是对立统一的两个范畴。"形"，本指外形、形态，引申为外在的表象，是看得见、摸得着、说得清的外部形态。"势"，本指势力、趋势，引申为内在的力量，支撑着形、驱动着形、制约着形，是只可意会不可言传的内在理据、特质和支配动因。对举言之，"形"与"势"分别指代战术的表层和深层、外形与本质两个侧面。合而言之，形、势两个要素互为条件，互为根基，不仅能够互动，而且可以相互转化。

一、兵形：虚实、众寡、先后与强弱

《孙子兵法》设有《军形》一篇，用了大段的篇幅讲"形"的重要性，但并未具体分析什么是"形"。书中是这么说的：

> 古之所谓善战者，胜于易胜者也。故善战者之胜也，无智名，无勇功，故其战胜不忒。不忒者，其所措胜，胜已败者也。故善战者，立于不败之地，而不失敌之败也。是故，胜兵先胜而后求战，败兵先战而后求胜。

孙武从辩证的角度对"兵胜贵形"进行了描述，认为善战的军队，绝不是只会用蛮力去夺、去抢、去攻城略地，而是在开战之前，便对军队所能展现出来的基本情形，有了清晰的预判和细致的估算，不必施加拙力，却能妙算取胜，指哪打哪。那些战败的军队，大多是仓促应战，将帅在没有规划、没有想法时就上阵，一边打、一边再观望，打哪指哪。结果要么被敌方打个措手不及，要么就是勉强维持个平手，最多也是惨胜，杀敌一千，自损八百。因而，高明的作战指挥者会因情措法，随地变化，战胜于无形，这就是兵形的奥妙。

何为兵形？

李荃的《神机制敌太白阴经》，是一本内容丰富、带有综合性质的兵书。其卷二也有《兵形篇》，对"兵形"做了较为详尽的讨论，在他看来：

> 夫兵之兴也，有形有神。旗帜金革，依于形；智谋计事，依于神。
> 战胜攻取，形之事，而用在神；虚实变化，神之功，而用在形。

形式和内容的关系，在兵法里叫作"形"与"势"，在哲学里叫作"形"与"神"，"神"与"势"都是站在"形"的相对面，体现的是事物的本质，决定"形"的基本形态和表现形式的内在力量。兵形由势驱动，可以灵活变通；形由神左右，方可千变万化。

俗话说：内行看门道，外行看热闹。门道就是势，热闹就是形。这就像阅兵式，一般的人看的是军装漂亮、武器繁多；行家看的则是军队内蕴的精气神，以及武器更新换代的程度。或者说，物资供应，如锣鼓、旗帜、武器、铠甲、行列、阵法等，都是外在展现出来的形，看得见、摸得着。而潜藏于"形"之内的，是看不到、摸不着的力量，是可以灵活调配的变化和转换，这才是"神"，如将帅权谋、作战预案、组织模式、变化方式等。

表面上看，千军万马的战场杀伐，是夺取作战胜利的主要原因；从深层次看，出奇设伏、运筹帷幄，才是夺取作战胜利的关键要素。前者是"形"，后者是"神"。形简略而神精细，形主外而神主内，形是神的表现形式，神是形的决定要素。有神无形，纵有万千韬略也无法实践；有形无神，纵有千军万马也没有战斗力。所以说："兵无常势，水无常形。能因敌变化而取胜者，谓之神。"

兵在精而不在多。兵多，说的是形，兵精，说的是神。军队数量再多，若是乌合之众，也只是张空头支票，关键时刻派不上用场。常讲："十年陆军，百年海军。"一支具有战斗力的海军，需要有良好的传统，方能够适应复杂的海洋环境，不是单靠勇气就能作战，也不是单靠多少舰船就能取胜，更不是单凭技术就能无敌天下。这是因为舰船、武器、技术都是"形"，而作战需要合理组织这些"形"，灵活运用这些"形"，巧妙发挥"形"的功能，将其组合优势充分发挥出来，达到效能最大化。组织、运用、发挥"形"，就需要对"形"有充分了解，完全掌握，熟练运用，这些支配"形"的内在力量即是"神"。

"神"决定"形"，但"神"也不能离开"形"。"形"没有"神"作为支撑和驱动，只是一个恒定的数量，无法展现其功能。而"神"没有"形"作为凭据，就无法实现其变量，只能是个空想。因而，作战时攻城略地所使用的武器系统和作战人员是"形"的展现；而如何攻城略地，如何组织武器系统，如何调配人员编制，则是"神"的使用。

"形"不因"神"不能为变化。作战时，己方御敌，能让敌方看到的，只能是"形"；为何要变，如何在变，这些蕴含在"形"中的动量和变量，是支配"形"的内在要素，是"神"。用兵最高明的境界，是"形兵之极，至于无形"，看似有形，实则无形，不形而有形，有形而不形。有形，是展露给敌方的有意安排；无形，是潜藏于表层之下的灵活变动。不形，就是让敌方根本看不出下一步出什么招，更无法琢磨出己方最终意图之所在，达到"间谍不能窥，智略不能谋"的境地，方是上策。《孙子兵法·军形》中说："善守者，藏于九地之下；善攻者，动于九天之上。"藏和动都是"形"的变化，作战既要能示形，又要能隐形，还要能遁形，这全赖"神"的支配。

"神"不因敌不能为智谋。"形"的变动，全赖于"神"；而"神"的变动，全出于敌。"神"，对己方来说，是对"形"的支配；对敌方来说，是对敌情的深入了解，对敌形做出准确判断，能够预判敌方的战略意图、战役布置和战术安排，随机应变，综合调配己方的部队配置、武器系统、作战方向，见招拆招，化敌于变化之间，战胜于预谋之中。

虚实

"形"是部队显露出来的状态，这些状态只有两种可能：一种是真实的状态，即原形；另一种是虚假的状态，为故意暴露出来的假象，做样子给对手看，意在"形人而我无形"，误导、迷惑、诱骗对手。因此，我们观察兵形，随时要考虑清楚两个问题：第一，对方现在处于什么状态？第二，对方的状态是真还是假？

这就涉及到兵形中一组基本的概念：虚实。《孙子兵法》专门列《虚实》一篇，讨论虚实，他说虚实的意义在于：

善攻者，敌不知其所守；善守者，敌不知其所攻。

虚虚实实，真真假假，能藏得起，出得奇，动得开，收得住。这就需要隐藏自己的作战意图，隐蔽自己的作战方向，迷惑对手，或者给对手造成假象。

一是虚则实之。以虚为实，一般理解为虚张声势，实际是通过假象掩盖自己的薄弱环节，或者想办法充实自己的空虚之处。这主要用于防守，意在使敌不知所攻。

善于防守的军队，会让敌方如老虎吃天，无从下口，不知道从哪个方向进攻。冷兵器时代，一方守城，一方攻城，守城者兵力较弱，必然依靠高大深广的城池；而攻城者往往兵力较强，依靠的是密集火力。城池哪里是薄弱处，哪里是突破口，双方事先都要相互揣测。对守城一方，要利用有限的人力和物力，重点防守。一般来说，攻城是"十则围之"，守城者兵力往往处于劣势，全线防守是不现实的，那就只能制造假象来迷惑对方，把兵力最虚弱的地方巧妙地隐藏起来，让攻城者看着四周的形势都差不多，即使是围困得水泄不通，也无从下手。只要能够坚持住，对峙一段时间，等待后援兵团来到，守城一方就胜利了。

中国历史上的"秘不发丧"，即是虚则实之的策略。秦始皇巡行途中病死，李斯恐诸公子及天下有变，秘不发丧，将尸体放在辒凉车中，并与秦始皇生前的近臣骖乘。所到之处，上食、百官奏事如故，宦者则从车中向其奏事。而真相，只有胡亥、赵高等近臣五六人知道。国君已死，然仍要给外人以健在的假象，为的是防止外力乘虚而起，危及天下。

二是实则虚之。即以实为虚，如《淮南子·兵略训》所言"示之以柔而迎之以刚，示之以弱而乘之以强"。这里所说的实，不单纯是指实力，而是指精锐部队的出击方向。这一般多用于进攻作战。

善于进攻的部队，会使敌方不知道何方为主攻方向，从而不知要在哪里防守。正是因为进攻准备得有真、有假，敌方要么全面防守，若没有防守重点，便分散了优势兵力，备东则西不足，备南则北不足，疲于应付。楚汉战争时的十面埋伏便是如此。敌方只能推测己方的主攻方向，强化防守方向。这时，己方的战术佯动很容易迷惑对手，择其薄弱处下手，一举突破之。

秘不发丧是虚则实之，而主帅诈死，则是实则虚之，引诱对手出动，好找准机会下手。三国时曹操、孙策、周瑜都会用这一招。

曹操攻打濮阳，身陷重围，幸亏典韦救护，才冲出大火。回到营中，曹操让士兵传言自己已被烧死，军中也挂孝发丧。吕布果然上了当，率军袭击曹营，结果中埋伏大败。

孙策攻打秣陵，被冷箭所伤，中箭落马。回营后让军中传言：孙策中箭身死。并举哀拔营佯退。守城的薛礼本欲坚壁不出，听说孙策已亡，又见举丧拔寨，信以为真，倾城而出。结果被四面伏兵包围，薛礼当场被杀，秣陵城破。

周瑜进攻南郡，攻城时身中毒箭而退。曹兵每天叫骂，周瑜就带病来到阵前，曹仁一见，让众将接着大骂。周瑜动怒，大叫一声，口吐鲜血，坠鞍落马。曹仁觉得周瑜凶多吉少，不久便听说周瑜归寨即死，军中发丧。曹仁认为可乘虚而入，立即连夜劫营，发现吴营空无一人，吴兵却从四面掩杀过来，曹仁大败。原来周瑜也是诈死。

诈死，就是给对手造成假象，结果中了埋伏。看来战争真是高智商者的游戏，恨不能把假象进行到底。

三是实则实之。就是以实为实，这种局面的出现，一是双方进行战略决战，二是势均力敌地进行遭遇战。战略决战决定生死存亡，是不留家底地硬碰硬。遭遇战往往缺少预案，没有机会示形，狭路相逢勇者胜。这两种仗只有一种打法：针尖对麦芒，不是鱼死就是网破，习惯上也称为绞杀战。

实则实之，是凭实力说话。关羽打仗，靠万夫不当之勇，从来都是严兵备实。水淹七军便是经典的例子。

按照诸葛亮《隆中对》的战略安排，刘备夺了益州，关羽准备从荆州北伐。

他的战术意图，一是夺取荆州北部曹魏占据的襄阳、樊城，作为北上宛、洛的战术支点。二是围歼襄、樊守军，削弱曹魏在南屯的主力。战术布置是：第一，邀请汉水上游的刘封、孟达，派兵西北面进军，夹击樊城。第二，安排小股部队北上，佯攻许昌。第三，设置四道防线，防备东吴突袭。第四，选择秋雨时节北伐，可利用蜀军水师直抵樊城、襄阳。这是完全占据优势的备战。

双方交战，关羽亲率大军围樊城，曹操派满宠、于禁援救。不料，八月暴雨倾盆，汉水上涨，庞德的军队被水淹没，关羽乘船攻击，于禁战败投降，庞德被杀。关羽消灭援军，猛攻樊城，围困襄阳。

与此同时，关羽所派游军北攻郏县，直逼曹魏都城许昌。曹操急派徐晃援助樊城。关羽又派军屯偃城，阻击援军。曹操则派徐商、吕建支援徐晃，也不能抵挡关羽之势。曹操只好亲自逼近郏县，保护许都。他又派殷署、朱盖等十二军助阵，并命令张辽、裴潜、吕贡等率各路大军援助曹仁。有一段时间，曹操眼看抵抗不住，本欲迁都，后听从了司马懿的建议，联络孙权，让其背后夹攻关羽，才逼得关羽退军罢手。

这场大战，曹操先后派数十员大将直接参战，关羽与其对抗，靠的正是实力。

实战双方的主力、战法和武器都没有秘密可言时，那就进行战略决战。此时的虚实转化空间最小，拼的是勇气、士气和战争的持续能力。二战时欧洲的莫斯科战役、斯大林格勒保卫战，北非的阿拉曼战役、突尼斯战役；亚洲的中日淞沪会战、太原会战、徐州会战、武汉会战、枣宜会战、长沙会战、常德会战等，均是战略决战，双方投入精兵强将，多方向、多层次地展开彻底较量。在这样的战场环境中，虚的空间有限，只能是实对实。

四是虚则虚之。虚则实之，是虚张声势，本来没有，偏偏伪装成有，如两军交战，多树旗帜，造成战将如云、兵强马壮的假象。虚则虚之，则是我明摆着虚，还给对手看，但对手摸不清虚实，反倒心生疑窦，不敢轻易进攻。

诸葛亮当年驻军阳平道，魏延和其他将领向东进军，诸葛亮仅留一万余人随自己驻守城池。不料，魏军主帅司马懿率领二十万军队，没有与魏延率领的蜀国大军遭遇，反而直进阳平道。

哨兵报告司马懿，城中兵少力弱，是攻城的好机会。诸葛亮一看，魏军即将兵临城下，魏延率军解围已经来不及。城中皆是文官、老弱，自然难以抵御司马懿大军。诸葛亮便命令城中军士偃旗息鼓，不得妄动，大开城门。司马懿赶到城下，看到的是出奇的安宁，一片祥和之象。

要是许褚、于禁，早就攻进去了。司马懿生性多疑，素知诸葛亮谨慎，眼前的示之以弱，必定是城中设有伏兵，万一中了埋伏，岂不全军覆没？于是下令撤军。等司马懿得知诸葛亮用的是空城计，刚要回兵，魏延大军已经与诸葛亮合兵一处，错失良机。

虚战，一是要想办法迷惑对手，使其不敢轻举妄动，从而为自己赢得时间，获得战术休整。二是正视自己的力量不足，集中有限的力量寻机作战，机动灵活地找到对方的薄弱环节，打蛇打七寸；或者使用一支分队进行佯动或者佯攻，虚晃一枪，试探敌方实力，分散敌军兵力，有意避开敌方锋芒，杀个回马枪。如此反反复复、虚虚实实试探几次，就会让敌军露出马脚，掌握了敌军作战规律，待时机一到，就可以集中优势兵力，相机作战，一举取胜。

虚则虚之，实则实之，虚则实之，实则虚之，是虚实关系的灵活运用。其中的变化，正是要"人皆知我所以胜之形，而莫知吾所以制胜之形"，隐真示假，掌握战场的主动权，让敌方应接不暇，使看似简单的两个要素，应形于无穷。

众寡

"众"为人多，"寡"为人少，"众寡"这个概念，表面看是兵力多少的问题，深层看是兵力分配的问题。

从战备上来讲，总的兵力多少是相对的，参战兵力的多少是绝对的；从作战上来讲，兵力多少只是条件，能否在作战方向上形成绝对的优势则是根本。所以说，众寡不是一个数量上的概念，而是一个兵力使用的概念，即《孙子兵法》说的"我专而敌分"，在于"我专为一，敌分为十，是以十攻其一也"。己方在特定时段聚拢兵力，形成瞬间优势，或突破，或围歼，给予敌方打击。所以，兵法中常把众寡、分合放在一起讨论。

那么，是不是兵多就必然取胜呢？

不一定。寡有寡的战法，众有众的战法。

寡战法主要是游击作战或突袭作战。古代兵书《握奇经·八阵总述》这样描写游击战术：

游军之形，乍动乍静，避实击虚，视羸挠盛，结阵趋地，断绕四径。

后贤审之，势无常定。

游击战的优势在于灵活机动，易于隐蔽，指挥靠前，便于调动。船小好掉头，打得赢就打，打不赢就走。毛泽东总结了"敌进我退，敌驻我扰；敌疲我打，敌退我追"十六字，简明扼要地概括了游击战的战术原则。

敌众我寡，要想取得胜利，一是要在暗处，藏得住，方可出其不意，攻其无备。二是要能充分利用天时、地利等外部条件。如抗日战争时，台儿庄战役孙桐萱部夜袭大汶口日军机场，八路军七六九团夜袭阳明堡机场。三是要善于组织精兵强将，进退有据，来去自如。唐裴度平淮西的战役，全仗李愬雪夜入蔡州，擒获吴元济之功。

唐元和十二年（817年），唐军已连续四年对淮西军用兵，不见成效，李愬抵达唐州时，还是名不见经传的小将。他一方面抚慰将士，以稳定军心，安置百姓；另一方面向屡败唐军的淮西军示弱，使其麻痹大意，掉以轻心，不加防范。又用降将招降敌兵，丁士良、陈光洽、吴秀琳、李佑等先后归降，使得李愬对蔡州军情极为熟悉，由此拔除了蔡州外围的全部据点。

十月初十，风雪交加，天气奇寒，旌旗都被冻裂，道旁常见人马冻死者。李愬决定利用这足不能出户的鬼天气，突袭蔡州。唐军人人自以为必死无疑，但畏惧李愬，只能硬着头皮进军。四更时，唐军抵达蔡州城下，暴雪障眼，守城者没有发觉。将帅们身先士卒，登上城头，杀死熟睡的士卒，打开城门应纳唐军。然后突袭内城，逼近吴元济外宅。此时吴元济还在安卧之中，不得不仓促应战。两天后，吴元济投降，淮西遂平。

淮西割据三十年，一方面在于唐军畏战，另一方面也在于淮西军作战能力强。李愬所督唐军，亦非精兵，故其示弱而谋强，逐步蚕食蔡州外围的据点；招降叛军，使得力量逐步发生变化，最终达到"我众敌寡，能以众击寡者，则吾之所与战者约矣"，方可主动出击。但从战斗力而言，李愬部远远不及叛军，一是雪夜进军，兵士畏缩；二是唐军围攻吴元济牙城，二日才下。虽然数量众多，但仍是以弱击强，以寡战众。刘伯温在《百战奇略》中强调："凡战，若以寡敌众，必以日暮，或伏于深草，或邀于隘路，战则必胜。"李愬利用暴雪之夜，奇袭蔡州，成为淮西之战取胜的关键。

众寡之间是一个变化的互动量，再弱少的兵马，集中使用得当就能变成强悍，而再多的兵马不能有效使用，则变为薄弱。以少击多，关键在于能分对手之众，使其"备前则后寡，备后则前寡，备左则右寡，备右则左寡，无所不备，则无所不寡"，最后将薄弱处暴露于己方精兵之前，在局部以强击弱，以多胜少，使战术优势成为战场形势转化的枢机。

众战法是大兵团的作战方式，其优势在于力量集中，易于攻坚。韩信说自己带兵，多多益善，在于他善用大军作战。

《百战奇略》上说：

"若我众敌寡，不可战于险阻之间，须要平易宽广之地。闻鼓则进，闻金则止，无有不胜。"

众战对天时、地利的依赖不像寡战那样重要，但仍要注意使军队能够自如布开，万不能局促于一地，这就要避开险阻狭隘之地，以免阻滞大兵团的行动，或者成为对手伏击的凭借。解放战争时期，解放军所组织的辽沈战役、平津战役、淮海战役、渡江战役等，皆在平易开阔的地区展开，正据此理。

众战，没办法藏住实力，起初可能秘密调兵，一旦两军阵前展开，兵力多寡、武器优劣、阵地布置很难掩藏，几无什么秘密可言，取胜靠的是堂堂之阵，打的是赳赳士气。

大兵团作战，由于锋线过长，军队层级多，战场反馈时间长，往往采用分级指挥，要求作战计划详备，作战协调顺畅，对指挥系统要求较高。此处强调鼓、金等信号，意在说明作战行动必须一致，战场管理必须有效，方可展开。

众战，最忌讳号令不整。当年有可能统一全国的苻坚，就在淝水自毁前程。

苻坚屯兵寿阳，在淝水北岸扎营列阵，与谢玄所率东晋军队临河相对。淝水北岸土地开阔，非常利于前秦大兵团作战；南岸丘山连绵，也利于东晋防守。苻坚要是守，倒是选对了战场；要是攻，却选错了方向。

不知道是他忘了，还是根本就不知道大军最忌讳进退失据。当谢玄派遣使者要求前秦军队后退一下，便于双方决战时，他居然同意了。

因为使者说："您跋山涉水攻打晋朝，已经临水摆阵，是不是不想打啊？你要打，咱们战场上打。这样吧，你稍微后退一下，给我们留点地方，咱们厮杀一场如何？"

符坚手下坚决不同意，都说："我们不应该退，应该把他们消灭在淝水之南，我众敌寡，怎能退兵？"符坚主张退兵，主要是想起了兵法上讲的"半渡而击之"。说的是趁敌人渡河登岸的转换时期，突然袭击，歼灭敌人。我们知道，渡河、登岛之类的作战，要求防得住、渡得过、登得上、站得稳，上船、下船的水路转换之际，陆军几乎是没有战斗力的。所以，利用敌军航渡、登陆之际，率军掩杀，敌军后临江河，援军无法协助，正是一举歼灭的好时机。

由此可知，符坚是读过兵书的，不幸的是，他读的只是半吊子，估计和项羽差不多，率一支部队绰绰有余，统三军则捉襟见肘。殊不知，大军扎营，需肃穆如山，安能随意进退？本来，符坚的军队就是杂凑而来，缺少从上到下的配合，参战将领有些并不支持南征，正在忧虑狐疑、观望徘徊之际，符坚命令军队后撤，后军不知道前军发生了什么事，以为打了大败仗，那还等什么，跑啊。

说实话，谢玄、谢琰、桓伊等人也就八千精锐，趁着符坚后退之际，迅速渡过淝水，一阵掩杀。前秦军还没有来得及组织迎敌，后军已经撒开脚丫子跑了。"用兵之害，犹豫最大，三军之灾，生于狐疑"，军心一散，符坚也糊涂了，怎么乱了？也跟着撤吧。

淝水之战符坚的失利，一是选错了战场，不该处平坦而仰攻八公山；二是选错了时机，不该让晋军呈现有攻击态势的半渡；三是选错了方向，不该让附庸部队先退。这三者即便错，要是精兵强将，也不至于全军溃败，关键在于符坚指挥大军，不懂得众战"用众进止"是基本的法则，即使退，也要后军变前军，前军做后军，鳞次栉比，从容不迫。结果大军扎堆，号令不畅，一旦作战，各部不能呼应，最终成全了谢玄以少胜多的美名。

寡战和众战，是相对而言。通过分化、分解、分割，可使得众变为寡，通过合围、合成、合同、联合，可使寡汇为众。寡战，长于灵活机动，弊在各自为战；众战，便于分进合击，弊在难以协调同步。

先后

虚实与众寡，谈的是实力和人数，侧重于根据条件作战。先后，即先发制人和后发制人，谈的则是如何把握时机。

先发制人，即先下手为强。《百战奇略》说：

> 若敌人初来，阵势未定，行阵未整，先兵以急击之，则胜。法曰：
> "先人，有夺人之心。"

自古先处战地者胜，先下手能占据战场主动权，抓住最有利的时机，在敌人阵势还没有站稳，或者懈怠之时，先声夺人，摧枯拉朽，给对方突然一击。李世民发动玄武门政变，就是采用了先发制人的策略。

唐高祖李渊立长子李建成为太子，可次子李世民率军东征西讨，屡立战功，并因手下能征善战的将士最多，实力最强。太子总觉得李世民是个威胁，就和弟弟李元吉密谋除掉李世民。

李世民手下将领们早就觉得形势不妙，不断提醒他早做防备，以防不测。武德九年（626年），唐高祖命令李元吉率兵抵御突厥入侵。李元吉却召集军队，准备除掉李世民。长孙无忌、房玄龄、杜如晦、尉迟敬德、侯君集等人催促李世民早作决断，以免后患。于是，李世民带着心腹九人埋伏在玄武门，等李建成、李元吉上朝时，伏兵出击，当场诛杀兄弟二人，迅速铲除了其他残余势力，逼迫李渊退位，李世民登大统，即为唐太宗。

作战讲究一鼓作气，先声夺人。《鬼谷子》说："制人者，握权也；见制于人者，制命也。"说的是先发制人控制局面，后发制人，则容易被别人控制。"权先加人者，敌不力交；武先加人者，敌无威接"，先声夺人，以迅雷不及掩耳之势，主动取得胜利，优势不言而喻。

从宫廷争斗到军事斗争，先发制人的优势是明显的。但先发制人也有条件，一是需要力量足够强大，能够一招制敌，使得对手没有还击之力，从而压倒性地取得控制权；二是要能够出其不意，利用对手未建防范或者立足未稳闪击，方可掌握主动；三是先发制人只能在短时间内实行。克劳塞维茨《战争论》说："胜利常常而且在大多数情况下都有一个顶点。"这个顶点，就是军队效能最大化时所形成的突击力。

1939年9月开始，德军发动"闪电战"，靠的就是坦克、飞机和装甲部队所形成的快速推进力，其疾如风，侵掠如火，先发制人、速战速决，10个月闪击了半个欧洲。其中，27天征服波兰，1天征服丹麦，23天征服挪威，5天征服荷兰，18 天征服比利时，39 天征服法国，主动的优势发挥到极致，充分显示出了先发制人的威力。

而后发制人，则是等待形势转化。比如敌军阵列整齐，兵势强劲，不可以与之交锋，那就坚壁待之，固守城池。待到敌军兵势衰弱之时，奋起反击。后发制人的关键在于"后于人以待其衰"。

后发制人往往是军备、实力上远远无法与对手直接抗衡，因而若抵挡住对手的第一波冲锋，就能挫其锐气，收拢军队，守得住，站得稳，便可为后来居上积储实力。李世民玄武门政变用的是先发制人，之前平定窦建德，却用的是后发制人。

武德初年，李世民围击王世充，窦建德来救，双方在虎牢关遭遇。

窦建德在汜水东列阵，军队弥亘数里，气势汹汹。唐军诸将面露惧色，因为王世充、窦建德合兵一处，实力远强过李世民。

李世民率领数骑登高观察敌情后，对部将说："这些乱贼从山东起家，没有系统军训，从未打过大仗、硬仗。如今渡过汜水，轻狂不知天高地厚，逼近己方布阵，说明其轻视己方。我们姑且按兵不动，等敌人进攻不得，便士气衰落，人困马乏，自会退军，到时我们发动袭击，定会取胜！"

窦建德军排开阵势，从早上喊到中午，唐军却一直按兵不动。窦建德军的将士们饥倦难耐，一休息，马上就争抢着饮水，行阵顿时散乱不堪。

看到这情形，李世民命令宇文士及率领三百骑，从窦建德军阵的西端，向南奔驰，以吸引敌军的注意力。李世民说："敌军如果不动，你要迅速返回；敌军若发觉转而追击，你就率兵向东迂回而出。"三百骑兵出动，敌方不动，说明窦建德军仍能军令如一，专心致志备战主要防线，唐军就不可贸然攻打。如果对方注意力被吸引过去，说明军心躁动，战机便来了。

果不其然，一看到这三百骑兵，窦建德军随之骚动，将士们马上东张西望，猜想李世民是不是要派前锋突围。李世民果断下令出击，骑兵建旗列阵，从虎牢关乘高进入南山，沿山谷向东进发，掩杀过去。窦建德军此时已来不及整理行列，只能仓促应战。李世民率轻骑出击，所向披靡。程咬金等部将直击敌后，齐张旗帜，窦军大溃，窦建德被生擒。

从战术上看，"先"为不可测，因为主动出击容易暴露自己的作战目标、战术特点，让对手抓住己方的劣势，所以强调"以迂为直，以患为利"，利用坚固的防守，避开对方兵锋，"避其锐气，击其惰归"，从而后发制人。所以说，谁笑到最后，才笑得最好。

从战略上，后发制人常常能够赢得舆论的支持，有利于争取民心和盟友。苏秦曾对齐闵王说："臣闻用兵而喜先天下者忧，约结而喜主怨者孤。夫后起者藉也，而远怨者时也。"(《战国策·齐策》)春秋时的齐鲁长勺之战、晋楚城濮之战、战国时齐魏桂陵之战、马陵之战，楚汉战争中成皋之战，三国时吴蜀夷陵之战，取胜的一方都是采用后发制人的策略，不仅赢得了战术的胜利，也赢得了战略上的主动。

强弱

强弱，是指作战双方的实力对比。从形势转化来看，强弱只是相对的。强兵置于死地，力量也就变弱了；弱兵置于活地，力量反而可能增强。

如果己方实力较强，是不是就要以强击强，与敌人硬碰硬呢？

答案是否定的。兵法的终极追求，是以最小的代价换取最大的利益，基于这一效能原则，要求为将者懂得"以强击弱、避实就虚"，能以石击卵，而不是以石击石，甚至还能够做到"以弱胜强，以弱克刚"。

如果敌我双方实力相差无几，打起来是半斤八两，即使大战了三百回合，也只是在逞匹夫之勇，对最终的战局于事无补。这种情况下不可"力胜"，要尽量避免与敌方正面直接作战，因为即使勉强取胜，也必然会付出惨痛的代价，只能依靠"智取"。

这就要善于权衡双方的强弱，当强则强，当弱则弱。《孙子兵法》所谓的"地生度，度生量，量生数，数生称"，就是从土地、物产、兵源推算出双方力量的强弱。知己知彼后，强有强的战术，弱有弱的战术。

《百战奇略》这样描述强战：

> 凡与敌战，若我众强，可伪示怯弱以诱之，敌必轻来与我战，吾以锐卒击之，其军必败。法曰："能而示之不能。"

大凡与敌方作战，若己方兵力众多，且兵势强劲，可以伪装示弱，化实为虚，化强为弱，诱导敌军轻敌，与我军交战。我军就以精锐部队攻击敌方，敌军一定会失败。强战法不是以强击强，而是掩藏实力，本来可以做到，却要显示出做不到，绵里藏针。

战国时期的赵国名将李牧，常年驻守代地和雁门防备匈奴。他每天宰牛犒劳将士，练习骑射，厚爱士卒，与士卒休戚与共。但他却立下军令说："如果匈奴入境抢掠，我们要赶快收拾财货，隐藏起来自保，如有擅自捕杀匈奴的士兵，格杀勿论。"这样谨慎防守，几年下来，匈奴人都认为，李牧是胆小怕死之辈，甚至连赵国的百姓和士兵也如此认为。

赵王忍不住了，询问李牧应对匈奴之策，李牧说要自守保财。赵王觉得李牧毫无建树，就将他召回邯郸，另派人接替。可接下来一年多时间里，每有匈奴劫掠，赵军主将便率军出战，常打败仗，人力物力损失严重，以致边境地区都快找不到耕田的牲口了。

这也不是办法呀。赵王只得请李牧重回边境统率。李牧却称患病，闭门不出。赵王一再召见，李牧才说："如果我统兵，还会按照之前的方式应对匈奴，如果您答应，我才敢奉命守边。"赵王一想，打不了胜战不要紧，先不打败仗吧。便允准了李牧的要求。

李牧按照老办法守边。匈奴前来劫掠，每次都空手而归，无计可施。其实，李牧不是消极防守，而是在暗自储备军力。经过长时间的备战，终于积累了足够的力量，李牧挑选战车一千三百乘，选骑兵一万三千匹，步兵五万人，弓箭手十万人。他看准时机，故意放出许多牲口和百姓，引诱匈奴前来劫掠。双方军队一接触，赵军佯装败退，让匈奴俘获了数千人。

匈奴更加坚信李牧胆怯，不足为虑。于是，匈奴单于亲率大军来袭。李牧便让赵军左右两翼迎击敌军主力，形成对匈奴军队的包围。一次出击，斩杀数万匈奴骑兵，匈奴单于也落荒而逃。此后十余年，匈奴都不敢再侵犯赵国边境。

游牧文明与农耕文明的冲突，是贯穿中国历史的大问题。游牧民族"逐水草而居"，居无定所，骑射本领高超，骑兵机动灵活，游击奔袭作战，具有农耕民族军队无法比拟的优势。但游牧的生产力低下、生产方式很不稳定，秋冬季节习惯南下，遭逢天灾习惯掠夺，成为历代中原政权的心头之患。

李牧正是基于赵军长于固守，而匈奴便于游击的习性，若弃城而击，追不上匈奴，诱敌深入，缺乏战略纵深，又不能撤出防线，只能引诱匈奴倾巢而出，寻机一举解决边患。这是赵国的军事实力所决定的，也是最为稳妥的战略战术。

后来，汉武帝时期，一改守势，主动出击，派卫青、霍去病进行战略反攻。虽然也可以长久解决边患，但需要有充足的国力作为支撑。因为长途奔袭作战，需要长期训练骑兵，需要长距离供给粮草，尽管可以深入漠北，但大举进军，却需要耗费大量的人力物力。等匈奴暂时平定了，西汉也由盛转衰了。

弱战，那就完全依靠示形。当己方实力不如对方，只能用假象迷惑对方，"示敌以强"，使对方做出错误的分析和举措，寻找战机取胜。《百战奇略》说：

> 凡战，若敌众我寡，敌强我弱，须多设旌旗，倍增火灶，示强于敌，使彼莫能测我众寡、强弱之势，则敌必不轻与我战，我可速去，则全军远害。

多设旌旗，意在虚张声势，容易理解。倍增火灶，也是为了显示自己兵强马壮。当年孙膑为了吸引庞涓轻兵追击自己，使用减灶计，让庞涓认为齐军兵力不济，逃亡甚众。而增灶计恰恰反其道用之。

东汉末年，羌胡反叛，侵袭武都，邓太后认为虞诩有韬略，任为武都太守，让其临机处置。可数千羌兵阻断了陈仓、崤谷，因此虞诩不能直接到达武都。虞诩便停军不进，宣称要上书请求朝廷再发救兵，全军在此等候，与援军会合，再回击羌兵。

羌兵听说这一消息后，就趁机分兵抄袭附近县城。虞诩趁敌军兵力分散，日夜兼行一百余里进军，并命令吏士安置每人两个锅灶，日增一倍修筑灶坑。

手下问虞诩："孙膑在马陵之战中设下减灶计，而您却增加锅灶。兵法上说每日行军不可超过三十里，而您却命令每日行军近二百里，这是为什么呢？"虞诩说："敌军人多，我军兵少。敌军见到己方锅灶每天都在增加，必定以为是有援兵来助。己方人多而又行军迅速，敌军必定害怕己方追击他们。孙膑实强，要表现的是'弱'，目的是吸引敌军来追；我们兵弱，需要表现的是'强'，目的是让敌人惧怕，而不追杀我们。这是因为战场的局势不同罢了。"

通过增灶计，虞诩顺利到达前线，立刻组织将士坚守。坚持近十天，打退羌军多次进攻。后来，虞诩发现羌军似乎惧怕汉军强弩，便令将士只用小弩射击。羌兵一看汉军箭弱，射程有限，杀伤力也不足，便集中兵力攻城。待羌兵靠近，二十副强弩集中朝一人齐射，发无不中，当场毙命。羌人急忙退却。虞诩纵兵追击，斩获颇多。

由于兵士有限，虞诩反攻只出动两千多人，羌兵发现汉军兵力不足，回头继续进攻。虞诩为了掩盖自己的兵力不足，趁羌兵败退，让所有将士排长队，从东城门出去，再从北城门入城，每天更换衣服进进出出，羌兵见汉军装束不同，进出有序，不知有多少兵马在城内驻扎，以为取胜无望，便打算撤退。虞诩又在必经之道上设伏，乘机掩杀，大获全胜。羌兵远遁，武都从此安定。

以弱胜强，一在有所凭借，能利用天时地利为用；二在隐藏实力，迷惑对手，诱其轻进，趁机掩杀；三在虚张声势，积其势重以补其形不足，不用示之为用，用而示之不用，批亢捣虚，反败为胜。

二、兵势：奇正、主客、攻守与劳逸

"势"，指的是蕴含在"形"中的"神"，是事物内在的机制力量与变化趋势。在生活中，有的人表面上柔弱，内心却十分刚毅，俗话说"外柔内刚"，"外柔"是"形"，"内刚"是"势"。有的人看似很强壮，内心却非常柔弱，外强中干、色厉内荏，"外强"、"色厉"是他的"形"，"中干"、"内荏"是他的"势"。在兵法中，"形"与"势"是事物矛盾的两个方面，相辅相成，互为因果，互为前提，互为条件，既相互排斥，又相互依赖。

何为兵势？

在物理学中，有动能和势能之分，动能和势能之间又是可以相互转化的。所谓动能，是物体基于运动而具有的能量；势能，则是指由于物体空间位置的变化所蕴含的能量。物体的动能与势能之间的转化，随着物体所处环境的变化而变化。比如说，一颗钢球在高处静止时，它没有动能，但有势能；当它从高处下落，势能开始转化为动能，势能在减少时，动能在增加。

用兵也是如此，亦动亦静，在动静之间，存在着军力的变化与调整。《孙子兵法·兵势》中说：

故善动敌者，形之，敌必从之；予之，敌必取之。以利动之，以本待之。故善战者，求之于势，不责于人，故能择人而任势。任势者，其战人也，如转木石。木石之性，安则静，危则动，方则止，圆则行。故善战人之势，如转石于千仞之山者，势也。

动而为形，静而有势。善战者，在战中会寻求各种有利于己军的势；用势就像转动木头和石头。木头和石头，处于平坦处则静止不动，处于倾斜处，就会滚动。善于打仗的人，能够随时利用周围的环境，如同高山上滚落下来的石头一样，趁机作战、乘力取胜。

许洞《虎钤经》中有《任势》一篇，专门讨论如何用势：

势之任者有五：一曰乘势，二曰气势，三曰假势，四曰随势，五曰地势。势之败者有三焉：一曰剉势，二曰支势，三曰轻势。

一是"乘势"，指的是"凡新破大敌，将士乐战，威名隆震，闻者骇惧，回其势而击人者"，即乘胜追击，充分利用高涨的士气，一鼓作气，给对方以毁灭性的打击。解放战争时期的渡江战役，毛泽东曾写诗言："宜将剩勇追穷寇，不可沽名学霸王。"要求军队乘胜进攻，使敌人没有喘息之机，势如破竹，一举歼灭。不应该学习的"霸王"，正是项羽。当年项羽兵强马壮，刘邦粮草匮乏，势单力弱，请求与楚讲和。范增说汉兵败象已露，应该一举击垮，若放虎归山，将来必定追悔莫及。项羽便急围荥阳。

刘邦为了解围，采用了陈平的离间计，挑拨项羽和范增的关系。项羽派使者来，刘邦装着惊讶地说："我以为是范增的使者，没想到竟是项羽的使者。"又命令手下将宴席换成粗茶淡饭。使者回去报告给项羽，项羽便怀疑范增与汉有私下的勾结，逐渐疏远了范增。就此，项羽没有乘势追击。刘邦得以喘息，卷土重来，最后逼得项羽乌江自刎。

二是"气势"，指的是"将有威德，部伍严整，士有余勇，名誉所加，慑如雷霆"。将领威武雄浑，军列严整雄壮，军士奋勇争先，队伍如雷霆万钧，士气旺盛。一支军队的气势，取决于将领。将领专心凝神，将士才不会有二心；将士没有二心，执行命令才会一致；号令一致，才会进退一致；进退一致，才能做到协调自如。气势是军队上佳的精神状态，作战训练，一定要培养和保持军队气势，使其成为战斗力的决定要素。

三是"假势"，指的是"士卒寡少，盛其鼓、张其旗为疑兵，使敌人震惧"。敌强我弱，主将应该营造出种种假象，让对方感到己方士气高昂，有所忌惮。在"狐假虎威"这个故事中，狐狸本来没有什么气势和威望，可是借助老虎的气势，就能威慑其他动物。

四是"随势"，就是"因敌疲倦、懈怠袭击之"，当对方疲倦无力或者懈怠散漫时，抓住机会发动袭击，予以致命一击。通俗一点说，就是"痛打落水狗"的做法。"随势"用于我弱敌强，"乘势"则用于我强敌弱。中国历史上少数民族政权的内附，常常在乘势和随势间游移。如汉代的月氏国，其国人与汉人杂居，汉强则附，汉弱则叛。

五是"地势"，要意识到"合战之地，便其干戈，利其步骑，左右前后无有陷隐"。善用有利地理环境，设定战略，设计战术。如盆地四面险阻，可以防守，但不利进攻。四川盆地在天下大乱时，可以借助地形独据一方，却很难攻出而得天下。《孙子兵法·地形篇》中提出了通、挂、支、隘、险、远六种地形的战术运用，提醒将领根据地形的不同，灵活应对。

如果不能有效任势，失败便不可避免。许洞总结为三种：

一是"锉势"，就是"累战累北，吏士畏于战敌"，军队疲敝不堪，却要连续应战，既耗费人力物力，也会挫伤军士的斗志。朱元璋讨伐张士诚时，告诉攻打杭州的朱文忠，意在呼应徐达攻打苏州，牵制敌军，要求其所率军队忽而攻东，忽而攻西，使敌人疲于应战，不知所守，寻机歼敌攻城。

二是"支势"，是指"将无威德，谋虑赏罚不当，吏士之心，率多离散"，将领不能安抚士卒，笼络人心，军中上下不和，士卒离心离德，几不成军，焉能作战？隋征陈，陈后主让孔范迎击，结果陈军阵形还没有统一，士卒就溃散逃窜，最后陈后主只能俯首臣服。

三是"轻势"，是指"吏士喧哗，不循禁令，部伍不肃"，将士作风散漫，轻浮狂躁，可以一哄而上，却不能合理节制，军容不整，纪律涣散，一副散兵游勇的德行。

对军队管理来说，"势"是蕴含在部队内部的士气、精神、作战意志、战场纪律。兵熊熊一个，将熊熊一窝。虽然战争时兵源非常重要，但一个士兵并不能在根本上动摇军队根基；而一个将帅，会不会组织、会不会管理、有没有战术、有没有智慧，却决定了这支军队的战斗力。千军易得，一将难求，士兵们外在表现出的是"形"，将帅的组织、掌控和决策，则是潜藏其中的"势"。

对作战指挥来说，"势"是指挥员准确分析双方的虚实、众寡、先后、强弱，而后灵活调配组织军队，形成战场上全局作战的优势，或者主要作战方向上的战术优势，给予对手持续的压力，最终达成对作战局面的全程控制。

奇正

《孙子兵法·兵势》说："战势不过奇正。"战术使用，从根本上说不外乎对"奇"、"正"的运用。简单理解，奇，就是"攻其不备，出其不意"；正，就是与敌军正面应对的"堂堂之阵"。对此曹操解释说，以正面进攻为"正"，以侧面偷袭为"奇"。这一组概念听起来很简单，但透彻理解、灵活运用，并不是件容易的事。

奇与正相辅相成，是矛盾的两面。唐代著名军事家李靖在《李卫公问对》中说：

> 善用兵者，无不正，无不奇，使敌莫测。故正亦胜，奇亦胜。

所谓奇兵，是出其不意，让敌军无法预设。如果一支军队或者一名将领，以往善于正面作战，这次突然侧面包抄，反其道而用之，便是奇兵；如果经常两翼进军，这次突然正面强攻，这也是出"奇"。因此，我们要把"正"理解为可以猜出来、可以推算出来的战术行动，是按常理出牌的打法；而"奇"就是不按常理出牌，令对手守不知所御、攻不知所向。

作战的时候要视具体情况，或用"奇战法"，或用"正战法"，综合运用，灵活变动。出奇设伏，能够形成意想不到的侧击，但若无正面部队吸引，这类战术也很难单独达成。正面作战所常用的两军对垒，捉对厮杀，常常消耗巨大。只出正兵，仅能算得上是守将；只出奇兵，也仅算得上是莽夫斗狠。所以《百战奇略》中便认为，奇战是交叉进攻，两军交战，攻击敌军的前面，骚扰敌军的后面；冲击敌军的东面，袭击敌军的西面；让对手前后不能照应，东西无法呼应，就会达成战术优势。

魏景元四年（263 年），魏将邓艾伐蜀，与姜维对战。姜维是诸葛亮培养的青年将领，有勇、有谋、有胆略。邓艾一无优势，二无把握。但他最先做的，是去寻找蜀军的薄弱之处。功夫不负有心人，邓艾发现从阴平道经险要的山路，向涪陵进发，涪陵距剑阁西百里，距成都三百里，用奇兵可以直攻成都。经大将军司马昭允准，邓艾率军隐蔽潜行，沿途凿山通道，造作桥阁，总算达到峰顶。俯冲下山，无路可走，邓艾以毡裹身，从山崖上滚下，将士们纷纷效仿。这样，蜀军毫无知觉、毫无防备，邓艾便率军到达了江油，很快兵临成都城下。此时姜维再想率军回救，已无济于事，刘禅已大开城门，率百官投降了。

邓艾用的便是奇兵之术，与韩信当年的"明修栈道、暗度陈仓"有异曲同工之妙。其中"明修栈道"是"正"，"暗度陈仓"是"奇"，用正来迷惑对方，用奇达成战术目的。

出奇制胜，几乎是所有军事家、政治家甚至老百姓的梦想，不怕做不到，就怕想不到。两军对垒，既没有交战规则，也无必然细则。关键在于指挥员是否能够临机变动。田单的火牛阵，便是一般人想不来的奇招。

战国后期，燕用乐毅伐齐，连克齐国七十多城，只剩下莒和即墨被燕军围困。即墨主将战死，士卒百姓推举田单做将军抵抗燕军。不久，燕昭王病逝，新即位的燕惠王与乐毅有隔阂。田单便扬言说："齐王已死，齐国只剩下两座城邑没被攻破，乐毅实际是以继续攻齐为幌子，想联合即墨、莒的守军，自己做齐王。要是别的将领来了，即墨城就毁了。"燕王得知，一想有道理，便派骑劫代替乐毅。

田单命令城里百姓吃饭时在庭院摆出饭菜，祭祀先祖，吸引得城中飞鸟盘旋。燕兵觉得奇怪，田单扬言说："这是神人教导我们。"发布军令，便宣称是神的旨意。又说："我最担心被俘齐国士兵被割掉鼻子，要是燕军把他们排在队前，即墨就无法守得住了。"燕人听说后，就照着做。齐人看到投降的、被俘的齐兵都被割掉鼻子，全害怕被活捉。田单又说："我最害怕燕军挖掘齐人在城外的祖坟。"燕军果然挖坟焚尸。这一下，即墨人对燕军简直恨之入骨。

田单一看士兵有了斗志，觉得可以作战了，即让精兵埋伏，由老弱守城，麻痹燕军。又让即墨城中的富豪出面，向骑劫约定投降事宜，使得燕军战备松懈。暗地里，田单收集一千多头牛，把尖刀绑在牛角上，把淋油的芦苇扎在牛尾上，夜晚点着牛尾，放牛出城。牛被烧疼，愤怒地冲向燕军，齐军五千精兵跟随其后，展开攻击。燕军惊惧而逃。齐军乘乱诛杀骑劫，率军北上，一直把燕军追回燕国境内，收复被燕国占领的齐国城池七十多座。

田单复齐的这场仗，算是把"以奇用兵"发挥到了极致，以致司马迁忍不住说：

> 兵以正合，以奇胜。善之者，出奇无穷。奇正还相生，如环之无端。夫始如处女，适人开户；后如脱兔，适不及距；其田单之谓邪！
>
> （《史记·田单列传》）

有奇兵，自然也就有正兵。奇兵的前提是"以正合"，要有正面战场做配合，择机用奇、临机用奇，才能取胜。因而，用奇兵是"守正出新"的产物，正战是作战的基本方式。不懂正战，一味想着奇战，那只是自欺欺人。何为正战呢？《百战奇略》说：

> 凡与敌战，若道路不能通，粮饷不能进，推计不能诱，利害不能惑，须用正兵。正兵者，拣士卒，利器械，明赏罚，信号令，且战且前，则胜矣。

在如下情况是不能用奇兵的：一是道路险阻不通，二是没有粮饷跟进，三是施计不能诱使敌军，四是用利引诱也不管用。这时候，无计可施，就需要用正兵了。正兵作战，需要挑选精兵，使用锋利器械，明确赏罚，统一号令。

不是正兵，何能致远；不用正兵，何以正天下。只有堂堂正正的正义之师，不动则已，出兵一次，就会把问题全部解决。历史上，小国往往采用"奇战法"，大国往往采用"正战法"；弱的一方常用"奇战法"，强的一方常用"正战法"。其原因在于，基于两方力量上的不对等，不占优势的一方为了避免与敌方正面冲突，就必然采用奇战法，以求以较小的军事行动、较小的战争投入，换取最大的作战收益。

正战之正，除了正面作战，还指以正义为战，使部队为仁义之师，兵锋所指，得民拥护，以战术胜利换取战略主动。

南朝宋时，宋高祖刘裕派檀道济北伐。宋军行至洛阳，已攻下许多关隘城池，俘获敌军四千多人。有人建议檀道济将这些降卒全都屠戮，以显示赫赫战功。檀道济却说："我们此次出兵，目的是为了伐罪吊民。王道之师是靠正义和信念作为军律的，何必用杀人来显示军功呢？"站在南朝的立场上，宋是国家正统，后秦是蛮夷之邦，只是暂时侵占了中原，檀道济认为他出兵征伐，是为了夺回沦丧的国土，救民于水火，解民于倒悬。

被释放的后秦降卒尽数回乡，北地百姓听闻檀道济的仁义，大量归附刘宋。

从战略上来看，只有正义之师，才能在乱局中笑到最后。虽说兵不厌诈，但一味靠欺诈作战，或者靠欺诈外交，最终必然会毁掉信用和形象。若像周武王攻打下朝歌，不戮百姓；刘邦夺取关中，约法三章，之后大军进发，所向披靡，檄文一传，天下稳定。如果像项羽那样，入关中之后先抢夺财物，又烧阿房宫；或如李自成烧洛阳，淹开封，虽侥幸取胜，却让百姓无以为生，行事不义，终不能成大事。

总的来说，奇为阴，正为阳，阴阳互生、互根、互动，奇正相互消长，变化无穷。在战术层面，正是堂堂正正，奇是出其不意；在战略层面，正是阳谋，奇是阴谋，各有所长，各有所用。

主客

今天的体育比赛，常分主场、客场，天时地利人和在我，便是主场；反之，优势在他，则为客场。

主、客，从表面上看来，好像很容易分清楚。但在战场上，孰为主，孰为客，是随时变化，没有定式的。由此，就有了"反客为主"之类的说法。

从军事战术上分析，"主"就是占据主导地位，为主动一方，"客"就是处于从属地位，为被动一方。主与客的变化，取决于双方力量与位置的变化。处于控制地位、处于优势状态、处于主动情形的，一般为主；处于被控制地位、处于劣势状态、处于被动情形的，一般为客。处于进攻态势的，当为主；处于防守态势的，当为客。在形势瞬息万变的战场上，主客关系不可能有固定的态势，而必然是因时因地调整，不能生硬地从一个角度去认识。

我们用足球比赛为喻。从球队使用球场来说，主场客场是固定的。但从比赛来说，主场固然有优势，也不一定必然取胜；客场有很多劣势，也不一定败北。所以主场不等于主战，客场也不等于客战。

在比赛过程中，整体上谁处于主动局面，谁就是主战；谁处于被动局面，谁就是客战。在比赛的某个节点，哪一方正在进攻、在控球，此时就是主，另一方则为客。转眼之间，形势可能变化了。当球到了另一方的脚下，那么就反客为主，主客颠倒了。或者说，有一方已经是2：0领先了，那么他为主。假如，这方有一名球员被红牌罚下，那么他就变为了客，因为十人对阵十一人，变得很被动。

这样观察比赛，就很容易理解兵法中主客概念的所指，理解何为"主中有客，客中有主"。可知主客只是用来形容战术态势，而不是固定不变的一组关系。

选择战法，要根据所处的战略态势、战役意图、战术环境等，选择采用"主战法"或"客战法"。

关于主战，《百战奇略》说：

　　若彼为客、我为主，不可轻战。为吾兵安，士卒顾家，当集人聚谷，
保城备险，绝其粮道。彼挑战不得，转输不至，候其困敝，击之必胜。

大凡战争，若敌军为客，我为主，那么不必轻易交战。这是因为，己方占据优势，战场态势对我有利，那就让士卒安分守己、恪尽职守即可。如将精兵聚集险要处，即设法保护城守安全，防备突发的险情，只用断绝敌军粮道，让其不战自退。

当年北魏武帝拓跋珪亲征，率大军在邺城讨伐后燕慕容德，前锋部队吃了败仗。慕容德想乘胜追击，别驾韩𧨏进谏说："古人先进行庙算，然后才作战。如今魏国不可进攻的理由有四，燕国不宜动兵理由有三。"

韩𧨏分析说：魏军长途奔袭，利于野战，此其一；敌军深入己方内地，陷入死境，破釜沉舟，士卒都要奋死一战，此其二；魏军前锋部队已经战败，后方军阵一定会增加防备，此其三；魏军实力远强于我军，此其四。由此得出结论，不要进攻魏军。

对我军而言，将士们本土作战，用心不专，此类大战，受到损毁的一定是我们，此其一；即使勉强出战，取胜是侥幸的。一旦不能取得胜利，必然导致军心不稳，民心不固，此其二；我们的城防系统还没有完善，如果敌军来袭击，己方却没有防备，此其三。所以说，与其反攻，不如稳固防守。

韩𧨏说的这几点，正是兵家最为忌讳的地方。趁他们立足未稳，己方凭借深沟高垒，以逸待劳。魏军千里运粮，野外没有可供掠夺的东西，时间一久，

粮草难以供应，自然捉襟见肘，士卒伤亡得不到救治，逃逸会越来越多。劳师远征、疲敝不堪的军队，还很容易内部生乱。到那时，燕军再乘机发动进攻，一定可以取胜。

主战是优势在我，何必急于跟对手厮杀。对手敢于主动出击，在于其暂时具有优势，己方只有消耗这种优势，才能改变作战态势，化被动为主动。毛泽东的《论持久战》，正是从主客力量的消长，来分析抗日战争的必然结局。

那么，对于处于客战的一方，应该如何作战呢？那就要用"客战法"。《百战奇略》谈客战：

> 若彼为主、我为客，唯务深入。深入，则为主者不能胜也。谓客在重地，主在轻地故耳。法曰："深入则专。"

若是敌军为主，我军为客，便占领敌方军事要地，掌控其战略资源，保持战术优势。只有能控制地势枢纽，掌握一国之命脉的军队，才能将对手逼入无以为继的境地，达到占领、战胜的目的。

楚汉战争中，韩信和张耳率领几十万人马，想要突破井陉口，攻击赵国。成安君听说汉军将要袭击，在井陉口囤积防守。

广武君李左车向成安君献计说："韩信渡过西河，一路势如破竹，乘胜前进，目的是要夺取赵国。但他们离开本国远征，只能胜不能败，士气正旺，前锋不可阻挡，绝不能正面迎战。劳师远征，需要千里运粮。辎重不足，士兵就会面带饥色，临时砍柴做饭，士兵不能吃饱。井陉这条道路非常狭窄，战车不能并行，骑兵不能成列，行军逶迤数百里，运粮的队伍，一定远远落在后边。

"要是拨出骑兵三万，从隐蔽小路包抄、拦截他们的粮草，阵前深挖战壕，高筑营垒，坚守阵地，不与之交战。汉军就会向前不得战斗，向后无法退却。再出奇兵截断后路，他们在荒野之中，无以为食，用不了十天，大军就会告急。那两个将领立待可擒。否则，我们就完了。"

可惜的是，成安君没有听从李左车的计谋，最终被韩信擒获。当韩信听说李左车曾出过这么高明的主意，惊得背后一身冷汗。

客战，一定要意识到"深入"是关键。

一是要占据战略要地。客战多是无后方作战，必须选择战略支点展开战术活动，起到一次作战，全盘皆活的作用，就像当年刘邓大军挺进大别山，彻底改变了全国战局。

二是掌握敌情、民情。客战部队要深入到民间、深入到基层、深入到老百姓之中，尽最大可能在当地扎根。当年的红军长征，一路客战。部队每到一个新地方，都会紧紧依靠最基层的群众，得到百姓的支持、拥护。

三是攻入对方的腹心区域，掌控对方作战系统。美国在2003年攻打伊拉克，最先袭击的是伊拉克军事指挥部，切断了萨达姆与将领、与前线的联络，让其通信设施瘫痪，无法组织有效的抵抗。当美军马上就要进入到巴格达时，萨达姆的很多部长还不相信这是真的。2011年北约空袭利比亚，最先破坏的也是卡扎菲的中枢机构、协调部门、通信设施、重兵所在地，把卡扎菲可以凭借的军事力量和指挥系统控制住，其使用的雇佣军变成了乌合之众，卡扎菲也很快就走向穷途末路。

攻守

攻守与主客有相似的地方，都要求能把握敌我双方的力量对比，在对战场局势充分掌握的基础上，依据客观情况，选择相应的作战方针。如果己方综合实力强于对方，能占据主动，就采取进攻的策略；相反，如果己方弱于对方，处于被动地位，就应该采取防守的策略。

由此看来，攻守是两种截然不同的作战方法。我们先来讲如何"攻"。《百战奇略》说：

> 所谓攻者，知彼者也。知彼有可破之理，则出兵以攻之，无有不胜。

作战时，要进攻的军队，一定先充分了解敌军。知道敌军可以被攻破的地方在哪里，再决定出兵攻击。

了解对手，就是孙子所说的："知彼知己，百战不殆；不知彼而知己，一胜一负；不知彼不知己，每战必败。"（《孙子兵法·谋攻》）充分分析敌军的软肋和我军的优势，以己之实，攻敌之虚，方可发动攻击。

三国时，曹操任命朱光为庐江太守，令他在皖地屯兵屯田，将战线南推，逼近鄱阳城，又通过间谍招诱鄱阳城内的东吴将帅作内应，鄱阳城危在旦夕。吴国大将吕蒙上表孙权说："鄱阳湖一带土地肥沃，曹军在此屯军耕田，不仅军队粮草补给不成问题，还有了一定的积蓄，长此以往，曹军势力势必大大增强，我们应该尽快铲除这个隐患。"于是，孙权亲征，星夜兼程抵达皖城。孙权向诸将询问应敌策略，诸将大都认为，应该以深沟高垒来防范曹军。

吕蒙说："营建垒沟必定要耗费时间，耗费人力、物力。即使我军修好了防御工事，曹魏的援军也应该到达。那时候，敌我双方实力势必发生巨大变化，对己方是不利的。况且如今恰逢连雨季节，若我们在此耗费时日，一段时间后，我们即使想撤退，也会行军困难。所以，驻守是极其危险的计划，万不可取。皖城并不大，城防体系也不牢固，如果我们三军用命，从四面同时发动进攻，很快就会攻占，这样才是全胜的方法。"

孙权最终采用了吕蒙的建议。吕蒙又推荐了甘宁作为前锋，猛攻皖城。自己率精兵为后续，互为人金辅助，交相进攻。将帅亲自击鼓，士卒们热血沸腾，争先恐后地冲锋陷阵，不久皖城攻破。曹魏南扩计划就此落空。

与"攻"相对应的是，处于被动的一方，应该如何应对敌军的进攻，也就是如何"守"呢？《百战奇略》也有概括：

所谓守者，知己者也。知己有未可胜之理，则我且固守，待敌有可胜之理，则出兵以攻之，无有不胜。

防守应充分了解自己的实力。了解到自己没有可以取胜的道理，就坚守不出，等待可乘之机，再出兵攻打敌军，这样就没有不能取胜的。

知不可胜则守，是守战的前提。作战总不能常处于攻城拔寨、杀敌灭国的进攻态势。当实力不占优势，处于被动态势时，只要坚壁清野，让敌军无所得，立于不败，便是胜利。但防守要比进攻更难，进攻只要找到对手的缺点，就能假之以手。而防守，却要熟知自己的实力。"知人难，知己更难"，这就需要为将者极为清醒地估量自己的优劣，不可妄自菲薄，也不能狂傲自大。

这就决定了，守，不仅艰辛，而且漫长。但守住了，就离胜利不远了。

西汉景帝时，吴、楚等七国起兵造反，汉景帝任周亚夫为太尉，命其迎击叛军。

周亚夫对汉景帝说："楚兵剽悍轻躁，我军不宜与其正面交锋，我建议诱敌深入，绝其食道，就可以平定乱军。"汉景帝认同了这一策略。

周亚夫率兵驻守荥阳，稳固不动。此时吴军正猛攻梁国，梁王求救于周亚夫。周亚夫却率兵向昌邑进军，坚壁而守，不去营救。不久，梁王再派使者求救，周亚夫依然坚守。无奈之下，梁王上书汉景帝。汉景帝遂下诏令周亚夫去救。周亚夫以将在外，君命有所不受为理由，抗诏不从。反而派轻骑出击，断绝吴、楚联军粮道。

吴、楚联军粮道被断，想要退军，又恐汉军乘机追击；想要速战速决，周亚夫仍然坚守不出。吴军不得已向东南进军，周亚夫命军队在西北防备，以备其声东击西。不久，吴军果然向西北进军，汉军早有防备，吴军无功而返。吴、楚叛军粮草不继，不得不引兵撤退。

机会到了，周亚夫用精兵追击，大败叛军，吴王刘濞乱中只率数千近卫军逃跑。周亚夫发布命令："有得吴王者，赏千金。"一个月后，越人将吴王首级上呈朝廷，汉朝坚守了三个月，耗尽了吴楚联军的全部优势，顺利平定叛乱。

从战术来看，"守"未必是处于劣势，更不是被动，有时恰是掌握主动的策略转换。其原则是"见可而进，知难而退"，了解对手，有获胜把握就进攻，不要贻误战机；了解自己，遇到危险就要防守，不要贪功冒进。也就是说，有可胜之理，就迅速进兵摧枯拉朽，无往不胜；而敌众我寡，地形不利，力不可争，当急退以避之，稳固防守，保全队伍，避免无谓的牺牲。

劳逸

《孙子兵法·虚实篇》言："凡先处战地而待敌者，逸；后处战地而趋战者，劳。"简单地说，"劳"即匆忙、疲敝，处于被动地位；"逸"即从容、闲适，处于主动地位。劳和逸是两个变量，应该在变化中把握有机的平衡，有时不得已，需要劳战，有时却准备充分，得以逸战。

《百战奇略》讨论劳战说：

> 凡与敌战，若便利之地，敌先结阵而据之，我后去趋战，则我劳而为敌所胜。法曰："后处战地而趋战者劳。"

若是有可利用的地形，敌军却先在此处排兵布阵，我军后到，此时作战，我军处于疲劳状态。疲劳，一是指后处战地需要建构战场，适应环境，由行军转为作战，缺少休整，将士身体疲惫；二是指后处战地，处于被动应战的态势，若不能组织有效地达成战术任务，很容易挫伤锐气，"师直为壮，曲为老"，令士气低落。

即便所有的将领都知道要提前布置、靠前谋划，但战场环境瞬息万变，不可能面面俱到，劳仗不是想打，有时候是不得不打。因而，既要能以逸待劳地打顺风仗，也要敢不畏艰险地打逆风仗。

东晋刘琨自幼有远大抱负，一生想建功立业，收复失地，可惜力不从心，终究壮志未酬，他的名句"何意百炼钢，化为绕指柔"，正是他被动作战、劳师远征、疲于应付的一生的真切写照。

刘琨派遣将军姬澹率兵十余万讨伐石勒，石勒正要迎战，有人进谏说："敌军兵马精盛，不宜正面交锋，不如深沟高垒，避而不出，挫伤敌军的锐气，以待攻守形势转化，才是万全之策。"

石勒却说："敌军远来，将士疲敝不堪，况晋军号令不齐，军律不严，不过是一群乌合之众罢了。我军一战便败之，送到家门口的便宜，怎能舍弃？我军已经出发，岂有中途退还的道理？一旦撤退，敌军追杀，才是真正的危险！按你这说法，那是不战而自取灭亡。"石勒下令斩杀进谏之人。任命孔苌为前锋都督，全军迎敌，后出者斩。又在山下设置疑兵，分为两拨伏击。石勒亲自率兵交战，佯败而逃。姬澹纵兵追杀，被石勒伏兵前后夹击，大败而归。

从主客关系上讲，姬澹率军远征，算是客；石勒在自己地盘作战，算是主。石勒将形势分析得很清楚，东晋大军十万是有计划而来，后方粮草、辎重源源不断在供应。若此时按兵不动，等待东晋大军陆续抵达，后勤供给形成系统，那就会形成两军对峙状态，自己反而被动了。

因而，就应该像石勒决定的那样，在晋军还没有站稳脚跟，尚在喘息之际，先期利用有利局面，主动出击，将战机主动权掌握在自己的手里。

逸和劳是可以转化的，有时看似劳，实则逸；有时看似逸，实则劳。《百战奇略·逸战》中提出"佚而犹劳"，便是看到了二者的转化关系：

凡与敌战，不可恃己胜而放佚，当益加严厉以待敌，佚而犹劳。

双方交战，不可以因取得了初步胜利而放纵自己，应该加倍地谨慎，防止敌军突然反扑，切记"骄兵必败"。

这是因为，善于作战的军队，往往会攻打敌军的要害之处。一般取胜之后，会稍有懈怠，注意力一不集中，或让对手死灰复燃，卷土重来；或让对手暗中积聚，伺机突袭。所以，看似逸战，实则更劳。

战国末年，王翦率六十万秦军击楚。楚王知道王翦增兵前来，动员全国的力量抵抗。此时秦楚大战，已不是攻战、守战的问题，而是战略决战，两国几乎都用上了全部兵力。谁赢，谁就掌控了天下；谁输，谁就一败涂地。

两方首先要争的，是战争的主动权。飘风不终朝，大兵团不可能打持久战，而是寻找最合适的战机，一招制敌，分出胜负。王翦本是进攻，但到达前线后坚守不战。楚军数次前来挑战，王翦就是不肯应战。本来楚国是守，以逸待劳。但秦安稳驻守，变成了楚国挑战，久而久之，秦军便以逸待劳了。

王翦让士卒们休养操练，改善伙食，提升士气。过了一段时间，王翦询问："你们平时都玩什么游戏？"士卒回答说："投石比力气。"王翦说："士卒可以任用了。"

而楚军由于屡次挑战，秦军坚守不出，只好引兵而退。王翦趁机举兵追杀，命令秦军中的精锐做先导出击，彻底打败了楚军。

可以说，楚国的失败是自找的，原因是犯了一个致命的决策失误。秦国是出战方，应是客场作战；楚国在本土，是主场作战。虽然大军对垒，势均力敌，当守军也不容易，势力不济，不应该先出手，而应该如廉颇、李牧抗秦，坚拒不出，秦便无可奈何。但楚国一出战，楚国就变主为客，处于劳军状态，露出了破绽。胜利的天平便倾斜到了秦国一方。

反之，秦国收缩军力，其虚弱之处，楚军难以窥探，秦军没有给楚国任何的偷袭机会。无论楚国如何挑衅，我自岿然不动。最终秦军抓住机遇，一举破楚。

这是从战术来看劳逸。从战略上分析，"劳"往往是因贪求名利而劳师远征、穷兵黩武，"逸"则往往在于休养生息、安抚百姓不妄动干戈。在现代社会，一个国家要想有充实的国力，至少要有三五十年，甚至是百年间的和平，才能够保证实现的。只要将财力都用在改善基础设施建设、改善民生等地方，而不是消耗在军费中，那么，这个国家自然会强大起来，辅之强兵之策，自然能以逸待劳，巩固国防。

三、从有形到无形，从常势到胜势

战场形势瞬息万变，"形"、"势"是两个基本的变量因素。如何把握？也就是说，在战术行动中，如何有效实现"形"与"势"之间的转化关系呢？我们可从制胜关键、知己知彼、预知得失、料敌察机四个方面来探讨。

制胜关键

讨论制胜关键，主要是从战术组织原则上对行动管理进行讨论，也就是战术决策的一些基本要求。

一要用兵贵一。"一"在中国文化中的含义非常广泛，从战术管理的角度讲，"一"主要指军队的整齐划一，行动如一。《六韬·文韬·兵道》记载武王曾问太公，用兵最重要的原则是什么？太公说："凡兵之道莫过乎一，一者，能独往独来。"

从用兵的角度讲，"一"就是"用之在于机，显之在于势，成之在于君"。

第一，用兵的关键在于把握好战机，"一"就是要明白万事万物的根本，凡根本皆有关节，抓住关节即是抓住枢纽。

第二，在关节点上，通过敌我双方的实力对比，结合战场处境，将态势调整到有利局面，实现攻守、主客、强弱的转化，达成"我实敌虚"、"我强敌弱"的态势。

第三，战争是否成功，关键在于最高决策层。这里不是强调国君要亲征，亲自谋划，而是要能够充分信任将领，给予其临机处置的军权。最高统帅部在后方，可以从战略上进行决策，但有些战术决策，应交给前线指挥部具体实施，因为他们比后方更了解前线情形，更易做出准确的判断与合适的行动。

说到这里，"一"便有了"军权贵一"的含义。国君当然要提防军权旁落、尾大不掉，避免将帅独霸一方，割据一地，甚至是叛乱谋反，如唐代的藩镇割据、北宋赵匡胤掌兵夺权、袁世凯的小站练兵，都是拥兵自重，胁迫皇权。但在战时，也不能对将领随意猜测狐疑、掣肘作战，否则，容易造成国君与将帅之间的不协调，贻误战机，或者中了反间计，将大将置于死地，如南宋高宗对岳飞的担忧，明末崇祯皇帝对袁崇焕的怀疑。

从战术执行的层面讲，"一"是要做到"军令一致，攻守一致，步调一致"。

军令一致，强调军队各部门、各兵种的协调一致，俗话说"军令如山倒"、"军人以服从命令为天职"，便是强调军队执行命令的坚决性，理解要执行，不理解也要执行，在执行中学着理解。

攻守一致，强调作战计划要清晰果决，这样才能三军用命，作战意志坚决，作战行动果决。

步调一致，强调参战各系统，包括装备、后勤、政工以及非军方动员系统和保障系统，能相互协调，确保整体行动的有序运转。对参战部队来说，必须全程确保火力协调、时间协调、人员协调、装备协调，不能左翼打起来了，右翼还一无所知。更糟糕的是，如果部门之间不是相互鼎力支持，而是互相防范，需要协同的时候不协同，需要辅助的时候不辅助，会导致千里之堤毁于蚁穴。

作战指挥，一般有两种方式。

一种是垂直化管理，也就是常见的军、师、旅、团、营，一级管一级，下级要绝对服从上级，但平级之间，则是协调关系，有可能是你不知我，我也不知你，只要能和自己的上级联络就可以了，不能乱听其他部门的发号施令。其优点在于各司其责，以将带兵，在冷兵器时代便于管理；在低水平火器时代，可以用于组织作战。但不利于高强度、高科技、高合成的现代战争，因为这种体制，会导致指挥系统冗长、战场反馈延后、作战分配复杂。

另一种是扁平化管理，现代战争中，有时战术分队执行的是战略问题，需要统帅部直接干预，比如美军对本·拉登的突袭，便是由最高指挥系统直接指挥完成。在现代战争中，战略、战役、战术等行动的界限已经模糊，需要建构反应灵活的战场控制系统，及组织完备的军事协调中心，能将各参战系统和保障部门合理归口，通过信息化、网络化，将战略和战术系统有效沟通，组成有机整体，才能保证行动一致。

二是用兵贵机。"机"包含"时机"和"机要"两个内容。《兵法百言》总结说：

> 势之维系为机，事之转变为机，物之要害为机，时之凑合为机。
> 有目前为机，转盼即非机者；有乘之则为机，失之即无机者。

这个"机"指的是兵势转化的枢机、战场态势的变换、作战转换的要害和关键时点的把握，一旦错过了关节点、失去了关键点、浪费了时间点，极可能转安为危，转胜为败。

所谓"势之维系为机"，指的是维系局势运转的决定要素，比如二战时期美国对日本的核打击，苏联出兵东北，成为结束二战的关键；冷战时期布拉格之春，苏联出兵阿富汗，成为华约解体的导火索；伊拉克战争萨达姆被捕、利比亚战争卡扎菲被杀，成为结束战事的标志性事件。这些决定要素的变化，往往牵一发而动全身，悬于一线，是双方力量均衡被打破的关键。如果想要维持已有局面，就应该保护好关键因素；如果想改变或者破坏现在的平衡局面，就应该尽力铲除关键因素，使势态发生根本性的调整。

所谓"事之转变为机"，就是指事态变化的关键点，使事物积蓄量变而发生质变，由此态过渡到彼态。比如说，水在摄氏零度时可为冰，摄氏一百度时，又可变成水蒸气。凝点与沸点，就是水态转变的"机"。就军事作战而言，正是需要抓住这样质变的关键点，实现一个个战术行动，彻底改变国际形势。比如2011年5月1日，本·拉登被美军击毙，成为美军从阿富汗撤军的契机，也是美国十年反恐战争的标志性事件，同时也拉开了美国战略重新调整的序幕。

所谓"物之要害为机"，指的是直接关系到事物生存发展的要害部位。就作战而言，则主要指军队的核心目标，如战略要地、指挥中心、能源供应和通信中枢等，"打蛇打七寸，擒贼先擒王"，彼此寻求对方最为虚弱、薄弱、脆弱的部位，四两拨千斤，用最小的代价，改变整个战局。

战时的双方较量，与平时训练的比较、比赛不一样。和平时期最讲究规则、最强调公平，但战争本身就是强权，互利互惠、彼此尊重的外交规则，几无所用。两军交战，谁能对对方的要害寻得快、抓得准、打得狠，谁就占据主动。

所谓"时之凑合为机"，是指要善于捕捉种种有利战机，既包括开战时机、作战时机等战术要素，也包括国际环境、战略机遇等战略时机。

就战术来说，作战时机，一是要选择我军实力充沛，士气高涨，并且国内政治稳定、社会和谐，民气可用的时候。二是要关注敌方的动静，要乘敌军空虚不备、疲弱不堪时发动突然袭击；或者利用对方内斗激烈、社会混乱的时机作战。三是要借助地形地势与时令气候的有利因素，因时而动。

宋代著名兵书《虎钤经》将"机"划分为五种，专门讨论战术之机：

兵有五机：一曰地机，二曰事机，三曰势机，四曰利机，五曰神机。

地机指的是"列营布阵，先据要害，敌取逆，我取顺"，占据有利地形，如制高点、有水源之处、河道的两边，这些皆可资凭借，能够为我所用，实施战术，或者以逸待劳，或者关门打狗。

事机指的是"审探敌事，因而为之，以中敌情，使敌不知为我所觉，得以欺敌"，是要能适时获取敌方的虚实情报，并采用将计就计的办法，伏击对方。

势机指的是"鼓十人之气为百人之用，鼓百人之气为千人之用，威名气焰，动如雷电，所当者破"，通过特定的思想工作、战术安排，激发将士的战斗士气，同仇敌忾、满怀斗志，能够奋力作战。

利机指的是"粮刍储积，士马习闲，凡敌境粮道通利"，大量积蓄粮草，做好战略物资的储备和保管工作，认真搞好军事训练，以充分的军事准备，应对可能爆发的战争。

神机指的是"敌人料我于前，失之于后；料我于远，失之于近。动静出入，敌不能察"，要求能灵活机动地做好战略谋划与战术布置，使对方无法把握我军的真实情况，神鬼莫测，出奇制胜。

战术行动，不在于多，不在于大，而在于能够抓住要害，抓住关键，抓住时机。俗话说"过了这个村儿，就再没这个店儿"，既称之为"机"，就在于稍纵即逝，不可再得，一次错过，全盘皆输。

制胜关键第三点是用兵贵密。谋分为两种：一是阳谋，可以公开，堂堂正正、告之四海；二是阴谋，暗中进行，不能公开。需要注意的是，古代所谓的"阴谋"，并不涉及感情与道德判断，而只是客观描述的中性词，如兵书《太公阴谋》，在于其内容不为人所知，秘而不传。

用兵贵密，就是战术秘而不宣。《孙子兵法·九地》说将帅统领兵马，一定要沉着冷静，隐秘莫测；严肃庄重，井井有条，能够蒙蔽士卒的耳目，使他们对军事计划一无所知。改变行动，变化谋略，使人不能识别出来；迁换驻地，迂回行军，使士卒捉摸不透。孔子也说"民可使由之，不可使知之"，表面上看，似乎是一种愚民思想，但就军事行为而言，必须要让尽可能少的人知道作战计划的相关内容。

《兵经百言》也很认真地解释了如何保密：一个人的事，不能泄露给两个人；明天的行动，不能在今天泄露。细细地推理，逻辑周密地谋划。秘密地集会，防范在交谈中泄露；交谈要注意保密，防止在表情上泄露；表情要保密，防范在神情中泄露；神情要保密，防止在睡梦中泄露。这比现在的"保密条令"要求高多了。

唐代人李筌所著《太白阴经》有《沉谋》一篇，也讲了"用兵贵密"的道理，提出"谋藏于心，事见于迹。心与迹同者败，心与迹异者胜"。其中，"谋藏于心"属战略问题，"事见于迹"属战术问题，要能将两者结合起来，即将战略有效地落实到战术行动中。二者要在根本上一致，就必须确保战术行动不泄露战略机密，也要确保战略高层不能泄露战术机密，这才是真正意义上的保密。《太白阴经·沉谋》接着讲战略和战术保密的一个原则：

　　能而示之不能，用而示之不用。

有些战术能做到，但要装着不能去做的样子；有些战术应该去用，但要伪装成不能用的样子。但实际使用上，却往往千变万化。

比如近来我国与别国的领土争端，中国在战略上是非常明确的，主权在我，毋庸置疑。但在战术实施上，大国动则威，中国不能和东南小国一样，叫嚣着开战。当代国际环境中，大国对付小国，一要用势，就是给予持续的政治、经济、外交压力，军事尚未介入，问题已经解决。二要示形，军事行动只是辅助，稍有军事调动，便能胁迫其回到谈判桌前。

这就是"能而示之不能"，不是退却畏战，而是绝不轻易动手。大国作战，一出手必须征服，否则两败俱伤。小国作战，如街头混混厮打，互不服输，三年十年分不出胜负，故打打停停。大国重道义，小国好利益，故大国一举一动，必须担当国际责任，作战讲究后下手为强，有理有利有节，方可服远。

领土问题，看似战术问题，实则战略问题。稍有不慎，就会引发周边国家的连锁反应。因而，战略上的引而不发是最好的策略。而如朝鲜问题，看似战略问题，实则战术问题，仔细留意，就会发现南北对峙，一触即发，只能在战术上彼此试探，以确保其力量平衡，故可以"用而不用"的策略对应。

《太白阴经·沉谋》还说：

　　心谋大，迹示小；心谋取，迹示与。惑其真，疑其诈；真诈不决，
则强弱不分。

军事战略的谋划要宏大长远，但尽可能不露蛛丝马迹。因为战略的实施，需从一点一滴的部署展开，一定要谨慎，尤其是现在侦察手段多样，情报信息无处不在，尤其要能藏迹。日本侵华，是蚕食战略和闪击战术结合使用，先东北、再华北、再华东，一个地区一个地区占领，慢慢把中国领土分解掉。如今钓鱼岛的问题，同是日本的蚕食，一步一步紧逼，试图生米煮成熟饭，由海区控制变成岛屿控制，由实际控制变成实际占有。其他岛屿问题也是如此。这就需要中国在战略上有应对之策，而非被动应付。

"心谋取，迹示与"，实际就是"欲想取之，必先予之"，战略的谋取，需要战术上暂时给予对手。想要诱敌深入，必须先露些痕迹，引其逼近，再与之较量。

"惑其真，疑其诈"，确定战略，需要必要的战术进行掩护。让对方疑惑真与否，疑惑是否有诈，若对手对己方战术不能辨清，则自然对己方战略不能透析。这样，战术和战略便可以相互呼应，确保用兵贵密。

战略与战术，在不同的历史情境下，需要区别对待。曹操是战略家，挟天子令诸侯，取得了号令全国的合法性。虽然战术应用不甚合理，总打败仗，但不至于导致全局被动。诸葛亮是战术高手，总是不断打胜仗，却无力兴复汉室，在于其战略天下皆知，故而曹魏、孙吴皆着力抢夺荆州。荆州一失，诸葛亮就失去了北伐的战略支点，只能以奇兵为正兵，不断出祁山，不断无功而返。天下大乱之时，战略隐而战术隐，方可统天下；天下大治之时，战略显而战术显，方可收民心。天下由治转乱，战略隐而战术显，方可坐大；天下由乱转治，战略显而战术隐，方可后来居上。

知己知彼

"知己知彼"这个成语，可谓家喻户晓，出自于《孙子兵法·谋攻》：

> 知彼知己，百战不殆；不知彼而知己，一胜一负；不知彼不知己，每战必败。

即使是谈个恋爱，做个生意，都要对双方有个估量，何况你死我活的作战，不对敌我双方的情况充分了解，清楚看到敌我双方的力量对比与虚实情况，就不能预知可能出现的后果。知己可以防守，知彼可以进攻，知己知彼，才能攻守平衡。

重要性不言而喻，关键在于怎么才能做到"知己知彼"？

一要预知胜败。权衡双方力量之后，要能对战争、战役、战斗的走势和结果做出有预见性的判断。《孙子兵法·军形》中言：

> 昔之善战者，先为不可胜，以待敌之可胜。不可胜在己，可胜在敌。
> 故善战者，能为不可胜，不能使敌之必可胜。故曰：胜可知，而不可为。
> 不可胜者，守也；可胜者，攻也。守则不足，攻则有余。

善于作战的将领，先要思考的问题，不是如何战胜敌军，而是一定要先做到不被敌军战胜。无论是战略决战，还是领土争端，只要能守住自己的利益不被侵犯，就算是赢局。如果能够在不败的前提下，发现对手的虚弱之处，给予袭击，那就是取胜。

从这个角度看，战争是可以预见的，即以我为主，先问自己准备好了吗？能否防得住对手的奇正之术、分合之法？若力不足抵，或者势均力敌，则采取防守；若优势在我，或对手弱小，守之有益，击之有利，可进可退，可攻可守，游刃有余。

预知胜负的关键，是能通盘考虑问题。《虎钤经》说：

> 欲谋行师，先谋安民；欲谋攻敌，先谋通粮；欲谋疏阵，先谋地利；
> 欲谋胜敌，先谋人和；欲谋守据，先谋储蓄；欲谋强兵，先谋正其赏罚；
> 欲谋取远，先谋不失其途。

"欲谋行师，先谋安民"，想要用兵时，先要思考国内的百姓是否安定，是否能同仇敌忾。殷纣王去平淮夷，没想到周武王在孟津就起兵了。隋炀帝在扬州，督练水师去伐高丽，结果李渊在太原起兵了。只有当百姓与政府同心同德时，军队对外作战，百姓会源源不断供给人力、财力，才能赢得战争胜利。因此，安民与否是预知胜负的第一个判断依据。

"欲谋攻敌，先谋通粮"，凡是采用攻击态势，先要想自己的后方是否有隐患。这里的粮草，指代的是后勤补给。进攻，战线就会拉得很长，后勤供应必须顺畅而安全。上世纪50年代的朝鲜战争，无论是朝军南下还是志愿军南攻，胜败的关键都在于后勤补给线。后勤补给供应不上，冷兵器时代将士就无体力再行攻击，何况现代战争的弹药、油料供应，以及情报保障和技术支持，若是一旦供给断开，更将寸步难行。

"欲谋疏阵，先谋地利"，想要建立一个防御体系或者说进攻体系，必须先思考地利的问题，有没有地利的优势可资凭借。古代的天险，常常成为战略要地；今日的边界，多依山脉、江河划界，正是习惯上对于地利的重视使然。

"欲谋胜敌，先谋人和"，想要打败敌人，要先清楚自己有没有最高决策层的强力支持，有无同僚的全力配合，有无百姓拥护。国内战争与国际战争是两个不同的打法，国内战争是三分军事，七分政治；国际战争是七分军事，三分外交。

"欲谋守据，先谋储蓄"，想要守住城池的时候，要先衡量自己有多少军事储备。古代指的是钱粮、武器装备等，现在指的是战略储备和作战物资保障。就战术来说，储备不仅包括物资供应，还包括军事训练的水平和人员配属的合理性。

"欲谋强兵，先谋正其赏罚"，作战部队必须要有正气，正气固然要靠政治宣传，更重要是奖罚分明。要意识到"奖对一个人，激励一大片；罚错一个人，挫伤一大片"，如果任免干部、表彰优秀，能做到勇者上，弱者下，兵士就能在履行使命时做到英勇善战。

"欲谋取远，先谋不失其迩"，要谋取战略之胜，先要重视战术；想获得未来发展，先要重视眼前。天下大事，必作于细；天下难事，必作于易。儒家讲"修身、齐家、治国、平天下"，正是意识到一个人需从小事做起，从眼前做起，才能不断成就自己。对军队作战而言，一要为将者脚踏实地，谨慎入微地将日常训练做好，万不可纸上谈兵；二要意识到战略的达成，是需要一个一个战术行动来完成的，过程没有瑕疵，结果自然触手可及；三是要充分了解敌我双方真实情形，不要顾此失彼，也不要好高骛远。补己不足，长己有余，把当下的战术准备好，再去谈战略的达成。

知己知彼的第二点是要预知生死。对个人而言，战争关系到生死伤残。一将功成万骨枯，无论战争胜败，都是无数个体的血肉和生命堆砌起来的，这是士卒之生死；对国家而言，战争关系到胜败存亡，也决定了国家的生死。

《吴子·论将》通过论将的生死，来讨论了军队的胜败问题：

如果敌军的将领愚蠢又轻易相信于人，可以用诡诈的计谋诱使他上当；

如果敌军的将领贪婪而忽略声名节操，可以用财物来贿赂他；

如果敌军的将领冲动而没有谋略，就可以使敌军在我军的袭击骚扰下，疲劳困顿；

如果敌军上层过着富裕骄奢的生活，下层民众生活贫困而心生怨恨，就可以采用离间计来分化他们；

如果敌军将领进退多疑，他的部下无所适从，就可以发挥我军的威势，打草惊蛇，使他们震恐逃窜；

如果敌军的士卒不信任他们的将领，思归厌战，就可以堵住平坦的大道，而让开险阻的道路，诱使他们前来；

如果敌军前行的道路易行，而后退的道路难行，就可以诱使他们前来；如果敌军前进的道路难行，而后退的道路易行，就可以逼近敌军发动猛击；

如果敌军驻扎在低洼的地方，附近没有沟渠通水处，又遇上连绵的阴雨，就可以水淹敌军，使之陷于灭顶之祸中；

如果敌军驻扎在荒芜的沼泽之地，杂草灌木丛生，又时有狂风，就可以用火攻来消灭敌军；

如果敌军长时间驻扎在一地，将士斗志懈怠，军队疏于戒备，就可以实行潜伏偷袭。

要能根据将领的心性和行军布阵情形，采取不同的应对策略，找到最易于打击的环节发动袭击。打仗，虽是军事问题，实则也是对一个国家、一个政权、一个社会、一个组织、一个将帅的整体检验。这就决定了，作战不是一个简单的个人强悍与否的问题，也不是一支部队能否百战百胜的问题，而是由无数细节、无数环节组成的复杂问题。项羽有万夫不当之勇，最后兵败乌江，因其不能用谋；吕布勇冠三军，一生无立足之地，因其贪利好色；刘琨一生东拼西杀，死无葬身之地，因其劳师远征、孤军作战；岳家军骁勇无比，主将死于风波亭，因其有权臣掣肘。

在古代，作战的成败系于将帅的个人素养；在当代，战争的风险更大，作战区域可能跨越千里，作战时间以秒计算，作战目标能精确打击，作战动员要百无一疏。这就要求战术谋划、战术执行要慎之又慎。

慎之又慎，一方面要求谋略谨慎，强调的是思考的过程；一方面要求作战谨小慎微，强调的是作战的过程。谨慎用兵的典型是蜀汉的诸葛亮。诸葛亮本人就在给后主刘禅上的《前出师表》中说道："先帝知臣谨慎，故临崩寄臣以大事也。"明代李贽自题联说"诸葛一生唯谨慎，吕端大事不糊涂"。因为孔明用兵极少弄险，多疑的司马懿才会认为空城之内必有伏兵，倘若诸葛亮常常冒险，司马懿也就不会撤军。

想要知己知彼必须要做到的第三点是要预知得失。胜负生死是战争结果的直接判断，预知得失是对作战过程的效能分析，作战，固然有成有败，但成也有失，败也有得，要能够预测作战得到了些什么，失去了些什么。现代战争，并非要打个你死我活，有时是为了转移国内矛盾，如二战时期的德、日等国；有时是为了发展经济，如十九世纪许多强国为了贸易、为了商品输出而抢夺殖民地。

在作战术预案时，必须要清楚，作战的目的是什么？是出于利益，还是道义？这场战争，会得到什么好处？又将失去哪些利益？得失之间，孰重孰轻？

西汉中期，为了彻底消除匈奴的威胁，汉武帝决定派卫青、霍去病统兵远袭漠北匈奴残余，为此朝廷内部意见不一。反对的理由是，此时西汉已经取得了反击匈奴的数次胜利，漠北匈奴不能对汉朝造成直接威胁，加之距离遥远，若发动远途奔袭，成本巨大，国内经济受到牵制，得不偿失。但汉武帝却力排众议，毅然决定进军。经过近两年的准备后，向匈奴单于本部和左贤王势力发动进攻。经过这次决战，危害百余年的匈奴不再振作，终西汉一朝，再无力南犯。

预知得失，要尽量多谋，要能够考虑到不同的情况所导致的不同结果，制定出多套预案。既要有打胜仗的预案，也要有打平手的预案，更要有打败仗的预案。

唐武后初年，徐敬业在江都起兵，以匡扶皇家为号召，向魏思温询问如何夺取天下。魏思温认为，既然志向在匡复李唐，就要兵贵神速，立刻渡过淮北，直逼洛阳。天下知道我军在恢复李唐，一定会以死相助。徐敬业本想要执行魏思温的计谋，薛璋却说：金陵自古有王气，应早早建立王号，以长江作为屏障，先要自固。还是先攻常州和润州，建立霸业，再率兵北上，有了后退的根据地，进军就无往而不利。徐敬业便听从了薛璋的建议，亲自率兵四千，攻打润州。

魏思温私下里对杜求仁说，兵势不可分割。今不举全兵渡过淮江，却率领李唐士族攻取润州，一定不会成事；自行称王，非为天下，实出于自己的野心，李唐旧吏和百姓皆不响应，自然失败。

预测胜负，都不会孤立地执行一计，一定会系统谋划，多角度做出预案，进行反向逆推，并在执行中能够做出偏差修正，维护战术行动朝着预想的方向进行。

三才辩证

古代兵法的"三才"指的是"天、地、人"。《孟子·公孙丑下》说："天时不如地利，地利不如人和。"在古人看来，只有能处理好"三才"的关系，才能保证作战朝着胜利的方向发展。

天时，大而言之，指的是战略环境、战略机遇、战略背景；小而言之，指的是战场上风云际会、时令气候的变化。地利，大而言之，指的是地缘政治、国际形势；小而言之，指的是战场上的地理环境。人和，大而言之，指的是民心向背；小而言之，是指三军用命，同心同德。

孟子说的"天时不如地利，地利不如人和"，是否适用于任何作战条件呢？

不一定。

这句话只适用于天下大乱时，也就是说孟子所处的战国中期，诸侯混战，列国争霸，天下交相为利时，这句话最实用。

天下大乱时，小城邑，小诸侯，占了天时的敌人围攻而不能够取胜，小国寡民凭借地利取胜。有雄兵利甲，高沟深垒，若国内、城内百姓不支持，最终也会内部混乱。这种情形，人和远胜于地利，地利远胜于天时。

从靖定天下的角度来说，百姓拥护是最重要的战略要素和战术支撑。孟子说，限制人民不能依靠边疆的界限，稳固国家不必以山川溪流为险要，威慑天下不一定需要兵器铠甲。只要合乎道义，天下就会响应，得到了最坚强的支撑，天下自然能够统一。

那么，安定的天下为何会突然大乱呢？

一是瘟疫，二是灾荒。瘟疫会因其区域性的惊恐，流言随即四起，百姓出于自保，求神问卜，民间巫术便会滋生，久而久之力量坐大，会被有野心的人利用。灾荒会造成流民，流民散而为盗，聚而为寇，若有强者加以组织，解决他们的衣食冷暖，给他们以生存的希望，便会赢得百姓的支持和拥护。中国历朝历代起义者、造反者不绝如缕，朝代盛时，皆未能成气候，一在于朝廷控制力强，流民不易动摇根本；二在于朝廷能够赈济，百姓不至于无助。而朝代末期，一声号呼，天下相应，内因是朝廷的腐朽无能，官员的巧取豪夺，但深层的原因，往往在于饥荒灾害。

汉、元毁于灾瘟，唐、明毁于流民。由乱转治时，百姓渴望安定，则天时不如地利，地利不如人和。天下由治转乱，贤者在野，庸者在位，有志气者欲拯救国难危政，有野心者唯恐天下不乱，此时能乱人和者，唯有天时。一旦灾荒连绵，庸官不能赈救，贪官乘机发财，则天下动荡，政权必然风雨飘摇。

中国农民起义所倡导的口号，恰恰是对治世未能实现的理想社会的期盼。如北宋初期的王小波、李顺起义，喊出的"吾疾贫富不均，今为汝等均之"；南宋的钟相、杨幺起义，提出的"法分贵贱，非善法；我行法，当等贵贱，均贫富"；明末李自成起义，也是"闯王来了不纳粮"；太平天国的《天朝田亩制度》，要建立"有田同耕，有饭同食，有衣同穿，有钱同使，无处不均匀，无人不饱暖"的理想社会。

国家稳定时期，小国要备战，大国要备荒。小国易被欺凌，内修精兵为其实，外睦邻国用其智，则大国敬重，小国礼让。大国乱自内作，或乱于内政，如西汉七王之乱，西晋八王之乱，皇权之争，乱乎上而已，不足以动摇根本；或乱于灾荒，这时田禾不收，政府要赈济，自然财政亏空，入不敷出。若政府不加救助，则百姓流离，社会动荡，乱的是国家根本。因而天下大定时，大国政权首要的任务是备荒、备灾，也就是备天时。

从战略上讲，天时，也可指代战略机遇期。这对于一个国家，尤其是一个成长型国家来说，极为重要。二战之后的日本，之所以能够迅速实现经济腾飞，其原因在于冷战时期，日本成为美国反苏、反华的桥头堡，美国给予日本大量的军事订单，使得其经济在六七十年代得以迅速恢复。从这个角度来说，战略机遇期是国际形势、国内环境和地缘政治综合造就的时局，这是战略决策和战术行动的深层背景，也需要作为一个重要要求考量。

"9·11"事件之后，美国将其战略目标移向打击恐怖主义势力，先后爆发了阿富汗战争和伊拉克战争。随着美国战略重心的转移，中国获得了十年的战略机遇期，而在此前则是1999年轰炸中国驻南斯拉夫大使馆、2000年中美撞机事件，美国持续给中国施加压力。这十年中国经济总量获得突飞猛进的提高，外汇储备、贸易总量遥遥领先，国家综合实力不断提升。但2011年，随着本·拉登被击毙，美国从阿富汗和伊拉克开始撤军，随即便宣布"重回亚太"，强化美日韩军事同盟，强化与澳大利亚、新西兰的军事合作，加强与东南亚部分国家的军事合作，为未来的东亚局势和南海局势埋下诸多不确定因素。

由此可见，天时、地利、人和三者不是连续的链条关系，它们之间互相制约、互相辅助。有时天时占优势，有时地利占优势，有时人和占优势，且都处于变化之中，绝不可偏恃一端来应战，更不可妄求三才皆具，而是要充分考量，何者为前提，何者为条件，何者为决定。

《孙子兵法·始计》认为，可以从五个方面来分析比较：一是道义，二是天时，三是地利，四是将领，五是法令。

通过分析道义，可以审视民众与君主的想法是否一致，举国上下，能否同生共死，不畏危险；

通过分析天时，可以判断阴阳、寒暑、时令于何方有利；

通过分析地利，能够审查作战路途的远近、地势的险要、平易，战场广阔、狭窄，是生地，还是死地；

通过分析将帅，可以知道为将者的智慧、信义、仁爱、勇敢、严厉等品质；

通过分析法令，可以明了军队组织的编制、将吏职权的划分、军需物资的供给防护、军队的战术法则等。

若五个方面，将领都能够清楚辨识、客观分析，谨慎决策，灵活作战，才能发动进攻，才能取得胜利。这也是《尉缭子》所说的"先料敌而后动，是以击虚夺之也"。在这其中，道义作为决定项，天时、地利作为条件项，将帅作为主导项，法令作为基础项，被加以全面审视。由此可以看出，孟子以三个要素审视天下，说的是政治；而孙武以五个要素审视战争，说的是作战。

料敌察机

《百战奇略》说："必须料敌详审而后出兵"。要想作战胜利，需要充分考虑各方面因素，做到料敌虚实，明察战机。只有做到"不明敌人之政者不加兵，不明敌人之情者不誓约，不明敌人之将者不先军，不明敌人之士者不先阵"（《武经总要·叙战上》），才能左右形势。

料敌，就是评估和判断敌情。只有准确地"料敌"，才能随时、随地制胜。那么应该怎么"料敌"呢？从作战角度来讲，要侧重把握如下几个关键：

一要能"料时"，就是认清时机，以此决定作战方针、布置作战任务。这里所说的"时机"是双方面的，设身处地，既要考虑己方的有利时机，这是我们的优势；也要考虑敌方的有利时机，这是我们的劣势。时机又分为两种，一是时令季节，一是形势发展过程中的某一时间段，也可称为"事机"。

从国内来讲，不合时令的用兵，会招致百姓反战。《司马法·仁本》曰："战道：不违时，不历民病，所以爱吾民也；不加丧，不因凶，所以爱夫其民也；冬夏不兴师，所以兼爱其民也。"古代中国是农业社会，农民要按照时令来安排一年的生产活动，人误地一时，地误人一年。如果作战不顾及农忙，不仅使得当年的粮食减产，赋税无法保证，而且征发徭役也很艰辛。《李卫公问对》中说道："无事兵不妄举，必于农隙。"同是强调战事以不影响生产为考量。

从仁爱的角度考虑，这样做还可以尽量不扰民、不伤民，并能体恤士兵。赤壁之战，曹操兴兵南下，北方人不服水土，多生疾病，尤其是无法适应水上生活而晕呕不止，无法作战。诸葛亮挥师平定孟获叛乱的时候，蜀汉军士也多为西南瘴气所困。如果这时候为将者不能体恤士卒，找不出解决问题的办法，强行进军必然使得军心涣散，甚至发生哗变。所以，曹军将战船用铁链连接起来，为的是使士卒如履平地。诸葛亮寻访药方，谨慎进军，不致因瘴气造成无谓的战斗减员。

从国外来讲，"不加丧，不因凶，所以爱其民也"，不要趁着敌国丧乱、饥困之时发动战争，这一点既是古军礼思想的遗留，同时也是在追求作战的合理性，乘对方国难而趁火打劫，必然会激发敌国人民的强烈反抗，哀兵必胜，敌国同仇敌忾，对于进攻方来说，无疑是一场噩梦。

中国古代的"冬夏不兴师"，还出于卫生的需要。"春生、夏长、秋收、冬藏"，夏季是农作物与人们的生长发育期，冬季则是巩固与贮藏的时节。如果冬夏兴师，违背自然规律，是不合天地之道的。而且，出于行军作战考虑，夏季酷热，军士穿着厚重的战袍与铠甲，无疑严重减损战斗力，甚至带来疾病瘟疫。冬季严寒，将士露宿于荒山野岭，无论是后勤保障还是粮草供给，都极为困难。因而，古人常常认为秋收之后，最适合用兵，一是此时万物生成完毕，可以收获；二是此时秋高气爽，最适合沙场秋点兵，便于行军宿营，利于杀敌作战。

而且，季节的变化、气候的利用，也往往成为作战的良机。古代要求为将者"上晓天文，下懂地理"。这里所说的"天"，就是《孙子兵法·始计》所说的："天者，阴阳、寒暑、时制也。"《三国演义》描写赤壁之战时，神化了诸葛亮"借东风"的情节。但就"借东风"本身而言，从天文和节气上看，是有可能性的。

在曹操看来，中原地区冬季盛行西北风，如果孙刘联军用火攻的话，火势自然是由西北吹向东南，这样就烧毁了孙刘联军的营寨，所以断定对方不会用火攻击自己。但曹操依据的是黄河流域的生活经验，而诸葛亮则在襄阳隐居，熟悉江淮节候的变化。《后汉纪》记载此战为建安十三年（208 年），"十二月壬午，征前将军马腾为卫尉。是月，曹操与周瑜战于赤壁，操师大败"。《三国志·武帝纪》记载为"十二月……公自江陵征备……"。这一年闰十二月，十二月壬午朔，十五丙申小寒，三十辛亥大寒。闰十二月壬子朔，十五丙寅立春。按照古代历法和节候理论，闰十二月天必大寒，寒极生热，则这年冬至丑时，一阳复生的力量便强。《三国演义》所写的便是"二十日甲子祭风，至二十二日丙寅风息"，也是按照如此推论，所以，诸葛亮确信江面起风会刮向西北方，可以借此火攻曹军。

二战时期的苏德战争，也是如此，一进入冬季作战，德军便陷入被动收缩的态势。从 1941 年 6 月 11 日，德军闪击袭击苏联，到 9 月份，苏联先后损失173 万人，损失战机 8166 架。但秋冬时节，德军攻势变缓，苏军便顶住了德军进攻，于 1941 年 12 月转入战术反攻。1942 年，随着天气转暖，苏军的进攻作战又被德军挫败，进入 6 月后便节节败退，再次转入防御。7 月下旬德军围攻斯大林格勒，为了在寒冬来临之前解决战斗，发动猛攻。但顶住了白热化攻击的苏军，进入冬季，再度趁机反攻，11 月合围德军第六集团军，1943 年 1 月 10 日发动总攻，

2月2日实现全歼。苏军正是利用了德军不擅于冬季作战的劣势,利用天气环境,扭转了苏德战势。

"料敌"的第二个关键点是要能"料地",就是善于辨别不同地形地势的功用,充分利用地形之便打击敌人。《虎钤经》说:"地之形,险易殊也;地之气,寒热异也。用形与气,在知逆顺焉。"地形险易有别,一个国家所处的地理位置,周围的地理环境,往往决定了这个国家的发展空间和发展态势。

十三世纪,蒙古骑兵凭借骁勇机动的作战能力,相继消灭了金、西夏、辽、南宋,数次西征,入侵中亚、西亚和东南欧,几乎统治了骑兵所能到达的所有土地,但其先后两次征伐日本,都因不习海战,为季风袭扰而失败,日本的地理位置使得其免受元朝征服。同样,印度半岛也因为喜马拉雅山的阻隔,使得元朝骑兵无法南下。

战略要地中的高山、险隘、河川,之所以成为兵家必争之地,在于其易守难攻,在冷兵器时代,它们成为制约军力投送的关键要素。江南湿热,北方干寒,也造就了历史上的南北分割,劳师远袭,跨越南北,往往导致士兵不适应当地气候而患病。当年拿破仑远征俄罗斯,也是因为不适应当地的严寒,加之后勤补给不足,导致惨败。

古代兵法中,针对不同的地形,处置方式也不同。《孙子兵法·行军》就说:

作战部署时,通过山地,要靠近有水的溪谷行军,驻扎地点应占据制高点,且向阳的地方。敌人占领高地时,就不要贸然进攻,这是在山地部署军队的重要原则。

渡江河时,应在距离水流远的地方驻扎;敌人渡水攻击己方,不要在江河中应战,而要选择敌军部分渡过河,部分没有渡过河的时候发起攻击,最为有利。

通过盐碱地和沼泽地时,要马上离开。若是在盐碱和沼泽地区与敌军相遇,那就要占据靠近水草,背靠着树木的地段,以此作为作战的原则。

若是上游下雨,洪水突然来到,如果想要徒步过河,应该等待水势平稳再过河。

凡是遇到"绝涧"、"天井"、"天牢"、"天陷"、"天隙"这些地形的时候,一定要马上离开,不要靠近。

行军作战要远离这些地形,而让敌军靠近这些地形。我军应该面向这些地形,让敌军背靠着这些地形。

我孙子认为依山而战时，应该充分利用地形的便利，利高不利低，这样可以充分借助山势，一方面我军居高临下，一旦两军开战可乘势而冲，不仅免去登山的阻力，还可以借势来提升己方的冲击力。相反，敌方则苦于地势，若发动进攻费时费力，士兵气势必然受挫。另一方面，居高临下可以清楚地观察敌军一举一动，随时掌握敌军的态势与意图。

当然，这里需要指出的是，依山就高也有不利的地方。比如，如果对方放火烧山，或者截断水源，那么采取在山上驻军的举措，无异于自掘坟墓。为将者一定要根据战场上的实际情况，灵活机动地制定决策，不可死板教条，纸上谈兵。

《卫公兵法辑本·将务兵谋》中就说：

凡战之道，以地形为主，虚实为佐，变化为辅，不可专守险以求胜也。

打仗较量的是双方的综合力量，地形只是作战时的辅助手段，战场形势不断变化，地形却无法改变，这就要求为将者要灵活多变，万不可拘泥条令，不知变通。马谡就是刚愎自用地认为自己熟读兵书，坚持高处扎寨，没有听从诸葛亮的临行告诫和王平的劝阻，最终因魏军放火烧山，"料敌"之痛失街亭，自己也被诸葛亮挥泪斩杀，毁坏了原本有利的北伐战局。

三是要能"料力"，就是预料双方的作战力量，包括兵力、人力、物力、财力等。说到底，作战虽有时机、虽有地利，但关键靠的是战斗力。

从战略层面来讲，战斗力就是国力。《尉缭子·战威》说国力就是威慑力，认为王道之国藏富于民，雄踞一方的伯霸之国藏富于士人阶层，苟存于诸侯之间的国家藏富于卿大夫阶层，走向颓败灭亡的国家则藏富于府库。一个国家，在上位的人财货富足，在下位的人却艰难穷困，战时必然没有人肯替国家卖命。

卫懿公嗜好养鹤，常常让鹤站于车前，号称"鹤将军"，还给鹤赏赐俸禄：上等食大夫禄，较次者食士禄。他玩物丧志，不理朝政；以鹤为将，国人寒心。懿公九年（前660年）冬，北方翟人攻打卫国。卫懿公要发兵抵抗，大臣说："你爱好鹤，就命令鹤去攻打翟人吧。"他组织百姓抵御，百姓也说："鹤享受着高官厚禄，让鹤去呀！"无奈，卫懿公只好带着几个亲信迎敌，兵败被杀。

古代兵法也好，作战决策也好，预测对方的战斗力，常常审查其是否能同仇敌忾。吴楚两国交战，楚国大夫们都很畏惧吴国。楚将子西说："吴国人不团结，人心各异，我们不必担忧。阖闾早年励精图治，饮食起居都非常的节俭，勤政爱民，与百姓同甘共苦。而如今的吴王夫差则不同，大兴土木、修建台榭陂池来供自己享乐，并且沉迷女色，不理国政。将百姓看成草芥寇仇，不断地压榨奴役百姓。吴楚两国还没有交战，吴国就已经败给楚国了，这样的国家，怎么会打败楚国呢？"这是从军民团结的角度来审视的。

从战术来看，只要能准确分析对手的优劣，便很容易判断作战结果。建安年间，曹操率军进攻马超。刚开始的时候，马超每每增兵前来，曹操非常高兴。等到曹军取得胜利之后，将领们都来询问原因，曹操说："我们离关中比较遥远，如果马超命手下各自依据险隘把守的话，我军耗费一两年的时间，也未必能够取得胜利。而如今马超率部而来，尽管军队人数很多，但各部人心各异，各怀鬼胎，敌军中没有可以统一各部的主帅，这样他们的力量比较分散，我军就有机会一举歼灭他们，省去了很多不必要的牺牲，因此我很高兴。"共敌不如分敌，马超部属陆续而出，正是曹操各个击破的好时机。且马超不懂主客之道，没有坚壁清野，以防御求持久，来耗退曹操，反而主动出击，让曹操充分发挥了大军利于决战的优势，很快平定了西凉。

战争中主将对形势的判断，远较对战略的判断为难。原因在于其所涉及的要素，会随时变动，随时调整。这就需要前线指导员能临机处置，以多变的战术行动完成相对固定的战略决策。而最高决策层，必须赋予前线指挥员战术专断权，实现指挥权、决策权之间的合理分配，才能确保战场上的形势判断与战略决策间的协调有序，妙合无间。

第三章

古典兵法的博弈法

　　何为胜战博弈？这是绝对优势的完胜术；

　　何为敌战博弈？这是势均力敌的取胜术；

　　何为攻战博弈？这是进攻状态的求胜术；

　　何为混战博弈？这是形势不明的优胜术；

　　何为并战博弈？这是寡不敌众的不败术；

　　何为败战博弈？这是败军状态的自保术。

什么叫博弈？博，最初指就是赌博；弈，即下围棋。《论语·阳货》说："饱食终日，无所用心，难矣哉。不有博弈者乎？为之，犹贤乎已。"博弈泛指游戏，但这类游戏，并不是单纯的比较。

比较是什么？就是用你的长处和他的长处、你的短处和他的短处比较。

博弈，则是用自己的长处打对方的短处，对方也用自己的长处打你的短处。所以，博弈手段，意在处理利益纷争的时候，为自己争取最大利益所做出的努力。

博弈，既可以发生在两人之间，也可以发生在多人之间，其过程是互动的，目标却全都是为了取胜。

前面讲的权谋，是静态的博弈；本章讲的博弈，则是动态的博弈。也就是说，双方如何根据自己的环境、特点、所处位置，在一个动态的调整过程中进行决策。

相对于权谋论，博弈论更多的是一种互动，与不战而屈人之兵完全不同。不战而屈人之兵，是己方绝对控制局面，让敌方不能跟己方打，而博弈是己方要跟敌方过招，双方在交手过程中互相较量。

形势论注重利用自己的主导权，通过试行、试假、试真，来影响对方。博弈论则是双方已经进入到实际交战过程中，底线为对方所熟知，在各种不同的情况下，双方进行的较量。

将博弈理论运用得最好的兵书，即是《三十六计》，其中概括了六种不同情况下博弈的态势：

胜战计，是绝对优势下的控制；

敌战计，是双方势均力敌时的对打；

攻战计，是进攻状态下的作战；

混战计，是多方混战，在敌我势力不明的情况下进行作战；

并战计，是孤军多线作战；

败战计，是败军状态下的作战。

《三十六计》对这六种态势，分别进行了描述。在每一个态势下，又包含六个计策。我们通过学习三十六计，可以学到在各种态势下如何进行危机管理，得到有益的启发。

一、胜战博弈：绝对优势的完胜术

胜战计，是掌握绝对优势的情况下所使用的计谋，是国君统领处理大臣，大国驾驭小国的一种方法。比如科索沃战争、伊拉克战争、利比亚战争，美国、法国和北约掌握了绝对的主导权，用现在的话说就是：我想怎么打就怎么打。即己方能够掌握主动，控制权在己方的这种状态下，进行危机处理的方法。

这种讲求控制权的博弈，要能够充分调动对手，而不是被对手调动。调动对手，就是利用己方的力量去打对方最薄弱的地方。我们有一，对方有十，那么我们便集中"一"，避开"十"，去较量对方小于"一"的最薄弱环节。

瞒天过海

瞒天过海是三十六计中的第一计。之所以把它放在第一计，是有深意的安排。

所有的计谋，有一个共同点，那就是欺骗。无论是善意的，还是恶意的，无论是有意的，还是无意的，都不能改变它们欺骗的本质。可以说，三十六计之所以用"瞒天过海"来开篇，说的正是计谋的达成，皆出乎欺骗。如其言："阴在阳之内，不在阳之对。"什么意思呢？即使用计谋来博弈，要从"阳"出发，阳中有阴，两者保持动态平衡，而非纯用阴谋。

瞒天过海，计名出自《永乐大典·薛仁贵征辽事略》中的一则故事。

唐太宗御驾亲征，统兵三十万欲取高丽。到了海边，眼望漫无边际的滔滔海水，心中十分忧愁，自家大军多是没见过大海的内陆兵士，如何能够过得海去？于是，唐太宗召集众将领商议渡海之策。

薛仁贵设定了一计，告知唐太宗说有一位本地大户，知道唐军已至，想为大军提供粮草，但前提是想见见唐太宗。

这倒是件好事，唐太宗应允了。于是，唐太宗由薛仁贵引导前去察看，在一间富丽堂皇的大厅之中，百官进酒，又有婀娜舞姬助兴，一时轻歌曼舞，唐太宗忧愁顿消。隔了一会儿，唐太宗忽感屋外波响如雷，桌上酒盏摇晃，令人拉开帷帐，仔细一看，大吃一惊，满目皆是苍茫海水，原来自身已经在船上了。三十万大军趁着风势，很快抵达高丽。

这是薛仁贵的聪明之处。瞒天过海之"天"，指的即是天子。这段故事，被后人引申成为兵法中的一条计谋，就是将极为秘密的事，隐藏在公开的行动中，在隐真示假中达到目的。

瞒天过海一计，可大可小。其多被主动出击的一方应用于战略战术的制定，一而再、再而三地用阳谋，用公开的手段来迷惑对手。通过战略欺骗和战略迷惑，让防守周密的对手放松警戒，马虎大意，从而给己方营造出有利的态势，由此扭转双方的局势。"备周则意怠，常见则不疑"，"周"为周全，"怠"为松懈，这一计正是利用了我们对于司空见惯的现象往往不作他想，不去深思熟虑，忽略了其中可能蕴含的计谋。

瞒天过海之计，在近代战争中也常被应用。最典型的是二战时盟军的诺曼底登陆。

1944 年 6 月 6 日，盟军通过实施战略欺骗，在欧洲西线战场的诺曼底，进行了一场史无前例的渡海作战。在此之前，盟军采取了代号为"北方坚忍"的行动，用热气球充当飞机，到处飞来飞去；用卡车拉着大树来来回回地兜圈子，弄得烟尘滚滚；故意让德国侦察机看到。还建立起影子部队，司令巴顿公开露面，大造声势，配合着虚假的无线电通信和误导性的空中轰炸，而这花样翻新的一切，都是为了诱使德国最高指挥部做出错误判断。

在盟军精心的设计下，德军以为盟军唯一的登陆地点只能是加莱，却忽略了危险的诺曼底。盟军以 288 万人的强大攻势，突然在诺曼底区域发动了猛攻，疏于防范的德军几无有效的兵力可施。在随后短短的七天时间内，诺曼底的五个盟军登陆点就连成了一片，盟军初步巩固了战果，拉开了纳粹灭亡的历史序幕。

从博弈上讲，瞒天过海，说得好听点，是以阳谋为阴谋；说得难听点，就是拉大旗作虎皮，关键是瞒得住，埋得深，要让对手真的相信，才能达到战略欺骗、战术佯动的目的。

围魏救赵

围魏救赵的故事，大家一定都很熟悉。

魏国大将庞涓进攻赵国国都邯郸，赵求救于齐国，齐国派孙膑辅佐田忌救赵。孙膑看到魏国大军北征，国都空虚，直接派齐兵进攻魏国首都大梁。魏王急招庞涓回兵保卫都城，庞涓一回兵，赵国邯郸之危便解除了。

故事简单，但其中的道理，却非常值得思考。

其一，一切行动的选择都要围绕战略目标进行，要始终对行动的根本目的有着清醒的把握。齐军的根本目的是什么？不是和魏国打仗，而是要救助赵国。试想一下，如果齐国拉开阵势，赶到邯郸城下与魏军大战三百回合，时间拖得太久，恐怕赵国早就坚持不住了。孙膑貌似是在舍近求远，但他直捣魏国的心脏，却最为直接地达成了战略目的。

或者说，孙膑是将"避实就虚"运用到了极致。原书中说："共敌不如分敌，敌阳不如敌阴。"从正面攻击敌方，不如迂回包抄；主动打敌军的阳刚之处，不如侧面打敌军的薄弱环节，既省劲，又能卡住敌方的命脉。按语里打了一个比方："治兵如治水：锐者避其锋，如导流；弱者塞其虚，如筑堰。"对敌作战好比治水，如果敌人来势汹汹，我们就用疏导之法将之分流；如果敌人势力微薄，我们就筑堤围堰，囤积势力，一鼓而歼之。批亢捣虚，抓住敌人的要害乘虚而入，挽狂澜于既倒，态势转折的曙光，通常就出现在这时。

其二，围魏救赵之计，实施的关键在于选取所围之地，"攻敌所必救"，即能对敌方最为虚弱的地方，做出准确的判断。

二战期间，盟军与德军都竭力争夺制空权，以保护好自己的战略后方。为了打破德军对于欧洲大陆的空中控制，盟军总统帅艾森豪威尔将军，打算一方面派空军在英吉利海峡上空迫近战斗，另一方面派分队去切断德军从国内到英吉利海峡的通道，也就是在法国与比利时境内的军需供应线。这样的对策本身是可行的，双拳出击的力量，也足以与德军抗衡。但是实施这样的战术，代价将非常巨大。

这时，有位空军将领史巴兹，提出了一种他认为更为有效的方式，即派轰炸分队直接进入德国本土，轰炸他们的石油输送线路。因为在现代战争中，没有了石油，就等于没有了血液；尤其是飞机，没有了燃料，就和一堆废铁没什么区别了。

艾森豪威尔答应给史巴兹一次机会，让他的航空队去试试看。不试不知道，当史巴兹的航空队还没向德国本土内的石油设施和石油供给线扔下多少炸弹的时候，德国空军的上层就慌了，马上指示将空军的力量集结，誓死保卫本土安全。这一下子，盟军没怎么拼杀和轰炸，就掌握了英吉利海峡上空的控制权，既保护了战略后方，也为将来的反攻创造了有利条件。

第三，围魏救赵体现的是一种逆向思维、换位思考。中国人有句俗话，叫"杀猪杀屁股，各有各的道"。途径不同，结果却是一样的，关键是要找到更安全、更省力的办法。这个省力的办法，就是借势打势，击打对方的破绽，令他回防，从而解除他对其他方向的进攻，化解对方对己方的压力。

借刀杀人

借刀杀人之计，解释有广义与狭义两个方面。

从字面上看，借刀杀人指的是自己不动手，或借助他力，或制造对方内部矛盾，从而除掉对方。典型例子为齐景公时晏婴的"二桃杀三士"。

齐景公时有三位著名的勇士：公孙接、田开疆、古冶子。他们结为异姓兄弟，关系很好，又自恃武艺高强，功劳颇大，从不把别人放在眼里。为了消除隐患，晏子为齐景公出了一条计谋。

齐景公把三位勇士请来，声言要赏赐他们两颗珍贵的桃子，但是因为不能平均分配，只好由他们论功而食。三人最开始互不相让，争来争去，最终又因觉出自己的贪婪，羞愧于自己品行有缺，先后拔剑自刎。晏子正是抓住了三人的性格弱点，借用三位勇士自己手中之"刀"，干净利落地除去了三人。

从广义上理解，借刀杀人指的是我们在军事策略中，明晰对于外力，即第三方力量的辩证利用。原书中这样解释"借刀杀人"：

敌已明，友未定，引友杀敌，不自出力，以《损》推演。

战争从来都不是敌我双方在打，而是牵涉到各方面的利益，背后有一大群人的眼睛盯着看着。在这其中，敌方是率先确定的，但所谓的"友"方，即军事上的同盟者，就是己方所要借力的集团或国家。

第一种情况，如果第三方与己方同一立场，能为我所用，这是最好的形势。

第二种情况，如果第三方与敌方同一立场，为敌所用，那己方就要想办法拆散他们间的联盟，否则己方就处于危险境地。

第三种情况，如果第三方态度暧昧不清，尚持徘徊观望态度，那己方就要尽量诱使这种力量，或主动或被动地去打击己方的敌人。这就要用《周易·损卦》中的道理来推演。山泽为损，山在上、泽在下，山压制泽，泽浸蚀山，比喻益中有损，损益在相互制衡。但如果在减损之时，能够心存诚信，于是便转为吉祥，倒也无咎无害。因为，减损下之阳刚与增益上之阴柔，本就是相辅相成的，只要适时配合，都符合天地自然之道。

将损卦的道理用在军事结盟中，就是化损为益，将第三方拉入己方怀中，成为己方的盟友，以增加己方的力量。然后，再促使第三方去攻打敌方，既保存了己方的实力，又能借机赢得战略上的胜利。

抗日战争时，在统一战线的思想下，中国共产党提出了"一切坚持抗日的，都是我们友军"的口号，就是在有意识扩大己方的力量。而提出"发展进步势力，争取中间势力，孤立顽固势力"的方针，对于进步势力、中间势力等第三方的发展与争取，实际上是增益了与抗战一致的力量；而对于顽固势力的孤立，削弱他们对于抗战的干扰，实际上是减损了阻碍抗日的力量。正是对第三方力量的辩证利用，使得全国凝聚起全民族力量对抗日本的侵略。

有时候，第三方力量只要保持中立，对己方就是有利的。或者说，第三方只要不被敌方所用，我们就能制约战略的平衡。

以逸待劳

以逸待劳，主要指养精蓄锐，从容对付远道来的、疲劳的敌人。尤其是在敌方势力强于己方时，懂得避其锋芒，审时度势，先与之巧妙周旋，机会一到再转守为攻，后发制人，一举破之。

以逸待劳，深层逻辑在于"损刚益柔"。在战术中，"刚"指的是占据进攻态势；"柔"指的是处于防守态势。在一定条件下，两者可以相互转化。刚柔相推，就像太极的云手一样，你推过来，我推过去，中间生出无穷的变数。

用在实战中，即是当对手进攻的时候，我们要以积极防御来消耗敌人的有生力量，使之由强变弱。经过这么一个消耗的过程，己方由被动转为了主动，即使没有直接进攻，也已经占据了有利的态势。

刘备为报关羽之仇，发誓要夺回荆州，不顾诸葛亮、赵云的劝阻，亲率大军，倾全国之力去进攻吴国。当蜀军已深入吴境，吴国大将陆逊却非常沉得住气，对蜀军不理不睬，破坏了刘备欲以倚恃优势兵力而速战速决的战略意图。当时正值六月，江南炎热酷暑，长时间的消耗，使蜀军不胜其苦，军士们的斗志逐渐涣散松懈，陷入了被动的境地。

陆逊看准蜀军舍舟而驻扎到深山密林中，战线越拉越长的时机，从中寻找到了破敌之法。他发现蜀军扎营之地，周围全是密林，极宜火攻。最终，陆逊靠一把火，就烧得蜀军全线崩溃。"火烧连营"正是经典的以逸待劳、转守为攻的战例。

防守是最好的进攻，这正是以逸待劳的道理所在。己方对敌人力量、士气的消磨，要远胜于对敌方直接的拼杀。以不变应变，以小变应大变；以不动应动，以小动应大动，这是以逸待劳的精髓。因为时间在我，只需能拖得住；空间在我，只需能守得住，就可谓之胜利了。

八年抗日，就是一个凭借"拖"字诀而"积小胜为大胜"。最初，日本想模仿德国法西斯，使用闪电战降服中国。中国人民经过艰苦防守，挫败了日本企图三个月灭亡中国的图谋，形成战略相持后，又坚定了打"持久战"的决心。随着相持时间的延长，日本的战线拉得越来越长，供给问题等薄弱的环节逐渐暴露出来。"先处战地逸，后处战地劳"，我军在以逸待劳后，补上了不足之处，天时、地利、人和的优势逐渐显现，开始转入战略反攻，进而取得了最后的胜利。

趁火打劫

趁火打劫，顾名思义，就是趁着别人家里面失火，大家都去救火的混乱中，去抢夺别人的财物。与"浑水摸鱼"、"螳螂捕蝉，黄雀在后"、"鹬蚌相争，渔翁得利"等类似。

通俗点说，趁火打劫就是乘人之危、趁人之疏而捞上一把。用在军事作战上，就是要在敌方遇到麻烦或危难的时候，乘机出击，乱而取之，制伏对手。其道理在于：

敌之害大，就势取利，刚决柔也。

敌之"害"，指的是对方遇到的各个方面的麻烦，己方若抓住敌方大难临头的危急之机进兵，肯定稳操胜券。其义理出自《周易·夬卦》：

扬于王庭，孚号。有厉，告自邑。不利即戎，利有攸往。

这里讲的是，君主如何平定叛乱之军。首先应将其罪行公告天下，予以制裁，并号令众人戒备危险。正气压倒邪气，挟此除奸去恶的雷霆之势，兴堂堂之师，一举平定叛乱。推而演之，以"刚"喻己，以"柔"喻敌，刚阳君子要能以果敢气魄去决断，在敌方自乱阵脚的时候，乘敌之危，以刚克柔，就势取胜，这样是无所咎害的。

趁火打劫在军事上的实例，屡见不鲜。比如，可以利用敌方国内势力空虚，一举破之，如越王勾践复仇吴国阖闾，就是在吴军大举出境，与晋国鏖战之时，越军直袭到了吴国国都；可以利用敌方国内内乱，或兄弟阋于墙、皇子争位之时，或割据势力争霸混战之时，或起义军蜂起之时。历来外族入侵，大多是在中原内患之际，如多尔衮趁着明朝李自成起义，挥兵入山海关。

当年的多尔衮，不仅趁了李自成的火，打劫明朝，其实也趁了吴三桂的火，打跑了李自成。李自成当了皇帝后，船到码头车到站，逐渐忘了之前的信念，和自己的手下声色犬马，享乐起来。起义军很快变得军纪废弛，军心涣散。他的手下刘宗敏更是抢了一个女人陈圆圆，几乎直接葬送了大顺政权。

这就是"冲冠一怒为红颜"的来历。夺妻之恨让吴三桂怒火中烧。他发誓与李自成势不两立。当时，吴三桂是山海关总兵，他给多尔衮写了封信，表示修好之意。多尔衮马上带领八旗精兵，进驻山海关，剿灭了李自成的军队，把龙椅还没坐热的李自成轰出了北京城。接着掉转枪口，再去追杀明朝的军队。这时候，吴三桂才回过味来，自己是引狼入室；而多尔衮正是趁火打劫了。

趁火打劫，是把握好契机。这个契机，一是百年不遇的好机会，二是自己创造出来的好机会。冷战后西方国家插手很多国家的内政，在东欧、中东推行所谓的颜色革命，就是利用了这些国家内部的派系争斗或者反政府力量，通过支持弱势一方，使其推翻、动摇或者加入原来的政府，从而改变这个国家的政治形态、政府组成和领导人，获取必要的经济利益、政治盟友或者外交资源。

声东击西

原书中言：

> 敌志乱萃，不虞，坤下兑上之象。利其不自主而取之。

此含义与《周易·萃卦》相通。萃卦卦象为下坤上兑，水流动在地上，象征会聚。这种会聚先要符合天地之道，在心中保持笃定、谨慎之意。心中信念不坚定，游移怀疑，一定会导致行动紊乱，出现差错。反之，如果笃定，则不须忧虑，前往无咎。

声东击西主要用在当敌方意志不坚，混乱错失，不能保持稳定时，己方可以利用他们的这种危机，实施声东击西的战略。首先，似打非打，似攻非攻，做出佯攻的战前状态，引得敌方长时间绷紧神经，使之疲惫不堪。然后，出小股奇兵欲左先右，欲右先左，欲前先后，欲后先前，让敌方摸不清己方的真实意图，在战术上的准备更加混乱、不知所措；再次，只要己方维持一段时间，在具体的战术上时近时远，时打时离，时攻时守，给敌方造成错觉，随之集中力量突然出动，一举得胜。

从两个方面来看，如果己方是主动出击的一方，在使用此计时要注意的是：在声东击西中，"声东"是假，"击西"是真，这真真假假、虚虚实实，都是展示给敌方看的，要让他们感觉到越逼真越好。真假虚实皆为我们的战术服务，我们要真以假之，假以真之；实以虚之，虚以实之。本不打算进攻甲地，却佯装进攻；本来决定进攻乙地，却不显出任何进攻的迹象，似可为而不为，似不可为而为之。只有这样，才能引诱敌方做出错误的判断，然后乘机歼敌。

诸葛孔明曾陈兵在祁山，分作三寨，专候魏兵。司马懿引兵前来，他根据前线的情报，判断出武都、阴平二郡可能有险，遂命令郭准与孙礼两人，率兵从小路迂回包抄蜀军，而自己则率大军从正面做出攻击之状。有意思的是，司马懿采用的已是声东击西之计，诸葛亮更技高一筹，将计就计，也玩了一把声东击西。蜀军先是虚晃一枪，然后在郭准与孙礼之军后包抄，伏于要路，将魏军打得大败。

声东击西本是胜战计，但若是从敌战计的角度来看，也能给予我们启示。如果己方是被攻击的一方，就要像诸葛亮的蜀军一样，识破敌方声东击西的计谋，并能将计就计。这需要对双方的战略情况有着整体和清醒的认识。主将要有明确的主见，不能随着敌方的佯动而乱摆乱跑，绝不能被对方牵着鼻子走，而应该稳扎稳打，守即是攻，使对方此计不能发挥效力，己方才能立于不败之地。

胜战博弈，看似在胜战状态，实际也是充满变数，一着不慎，就会使局势翻盘；招招制胜，便会增益国力。需要强调的是，胜战状态不是战略上取胜，也不是战术上取胜，而是在此时、此地、此刻，己方拥有控制局面的能力。

在这其中，瞒天过海讲的是用绝对的优势来实现绝对控制；围魏救赵讲的是掌握主动，打击敌方最薄弱的环节；借刀杀人是己方不动而获得战略好处；以逸待劳，更是讲求主动权在我，而静观其变；趁火打劫，是要求自己把握战略机遇和战术时机；声东击西，要努力让己方处于主导地位。

二、敌战博弈：势均力敌的取胜术

有时，己方与敌方势均力敌，不占主动权，甚至处于下风，即停留在战略平衡、战略相持的状态。那么，怎样扭转这样的局势呢？这就要用到敌战计了。

敌战，即双方互有胜算、互有败机，控制权不在我，主动权也不在我，怎么办？

那就要想办法增益自己的力量，削减对手的实力，虚虚实实、真真假假全要用得上，这和胜战计还有点讲究大国形象、注重道义、强调阳谋不同，关键是要实用，黑猫白猫，抓住老鼠就是好猫，只要能把对手消磨得疲惫不堪，自己就稳操胜券了。

无中生有

有和无是相反相成的两个概念，《老子》第四十章："天下万物生于有，有生于无。"道家认为"无"是"有"的根本，宇宙万事万物是无中生有。

"有"看得见摸得着，代表了事物作为具体存在的具象的一面；"无"看不见摸不着，代表了事物作为相互关联及其存在根据的抽象一面。在生活的实例中，无中生有多指谎言的产生。有个成语叫"三人成虎"，意指那些莫须有的假象，重复的次数多了，反而让人相信这是真相。根本没有影子、没有事实依据的事，能使人深信不疑，就是利用了人性中好猜疑的弱点。

在历史上，奸诈之徒无中生有地诬陷忠臣良将，屡见不鲜。俗话说，明枪易躲，暗箭难防。很多时候，莫须有的罪名是最可怕的，因为它本就是没有什么凭借的捏造，使人难以辩解。南宋秦桧陷害岳飞，造成风波亭中千古奇冤；大明宦官魏忠贤诋毁东林党人，以泄私愤；还包括各朝各代的文字狱，古人很形象地称之为"文网"，这些都属于无中生有，罗织成罪，把人打到人间地狱。

将"无中生有"应用在兵法中，就不能这样阴暗、狭窄地去理解。其指的是，能以最低的成本、最小的代价，得到最大的回报，最广的收益。原书中这样解释：

诳也，非诳也，实其所诳也。少阴、太阴、太阳。

诳，欺诈、诳骗。实，实在，真实。这句话的意思是说，通过各种各样的假象去迷惑对方，让对方把假象当成真相，进而上当受骗。这里的"少阴"、"太阴"指的是假象，"太阳"指的是真相，它们是交织在一起的。在此中，切记不能一味弄虚作假，要使假的掩护真的，真的包在假的之中，最后一举成真，达到目的。

无中生有之计，多用在战略相持阶段，敌我力量均衡，己方无良策制胜，这就可能是一条解决之道。若是敌方将帅性格多疑，过于谨慎，此计会特别奏效。使用此计，关键在于真假要有变化，虚实必须结合，随事态发展而展示出相宜的真相与假象。如果一假到底，不但不能有所斩获，还很可能被敌人发觉，使己方陷入危险。

唐朝安史之乱时，张巡仅率三千兵马固守睢阳，叛军围困得如铁桶一般，援兵不到，官军连守城用的箭都没有了，形势岌岌可危。张巡想出了个办法，他吩咐士兵扎稻草人，并穿上黑衣，从城墙上用绳子坠下去。这是此计的第一环，以假示敌，却让敌人误以为真。

叛军首领令狐朝以为张巡派出了突击士兵，连忙吩咐弓箭手放箭，很长时间才觉得事有蹊跷，这些"士兵"既不叫喊，也不流血，由此明白自己上了当。正如诸葛亮的草船借箭一般，张巡让叛军白白送上了上万支箭。这是此计的第二环，让敌方识破己方之假，掉以轻心。

可以说，张巡要比草船借箭的诸葛亮更高明。隔了段时间，张巡又在夜里从城墙上放下黑衣人来，叛军以为张巡故技重施，只顾嘲笑，再没有做攻击的准备。结果，这一次却是真的官军，下城后一场厮杀，叛军损失惨重。这是此计的第三环，抓住敌方不辨真假之机，变假为真，变无为有，出其不意地攻击敌方，敌方头脑还来不及清醒，即被击溃。

无中生有，要是陷害就是落井下石，捕风捉影，捏造罪名；要是赞美就是吹破牛皮，涂脂抹粉，自吹自擂。从组织管理的角度，这两种行为都是要不得的，但从博弈的角度，这两种办法恰是最常用的，相关例子，举不胜举。

暗度陈仓

这一计的全称是"明修栈道，暗度陈仓"，典故出自《史记·高祖本纪》。韩信明着修复通往关中的栈道，以示由此进攻，实际上却率大军暗中抄小路奔袭，趁守将不备，占领陈仓，进而取得关中，由此掀开了楚汉相争的序幕。

这个故事揭示的道理，即采取正面佯攻，当敌军被我方牵制而集结固守时，我军则悄悄派出将士迂回到敌后，乘虚而入，进行决定性的突袭。这与胜战计中的声东击西计有相似之处，皆有迷惑敌人、隐蔽进攻的作用。但两者的区别在于，声东击西，虚晃一枪，不让敌方知道我们真正的目标，隐蔽的只是战术攻击点；暗度陈仓，隐蔽的是军队的运动路线，明显露出的是佯攻，真正的攻击路线则不能示予敌方，而运动路线的转换，隐藏的往往是更大的战略企图。

暗度陈仓的义理，出自《周易·益卦》。益卦下为震，上为巽，震为雷，巽为风，风雷激荡，其势愈增，象征增益之意，若动而合理，则好处无穷，是为吉卦。

"益"的义理在于，增益时要能配合其时，施行得当，若是居心不安、贪求无厌，那就有凶险了。所以用此计时，切记要能正、奇结合。只有正面给对方一种佯动的信号，迷惑住了敌方，背面才能迅速、成功地实施进攻。正面佯动不成功，只能是分散了兵力，结果反而会适得其反。

蜀汉后期，邓艾与姜维对垒，邓艾屯兵白水之北，姜维派廖化屯兵白水之南。

邓艾对手下讲："现在我们的兵少，姜维应该快速渡河攻击我们。但是，他却撤军而还，只有廖化的小部队在这里牵制我们。由此判断，姜维一定会渡河，他是要去偷袭洮城。"

邓艾清楚了姜维派廖化屯白水之南，不过是想迷惑自己，目的却在洮城，于是星夜驰援洮城。果然，姜维在此处渡河欲加偷袭，邓艾却严阵以待，固守洮城，破坏了姜维的企图。

姜维本想使用暗度陈仓之计，但因其正面佯动做得不到位，估计廖化一部也实在不能起到"栈道"的吸引作用，战略企图隐藏得不深，轻易就被邓艾识破了。

在战场上使用计谋，那是兵不厌诈，言在此而意在彼，一环扣死一环，切不能自以为给对方造成了错觉，对方就真的傻乎乎上当。更应该警惕的是，对方是否会将计就计，也设了个圈套让己方去跳。所以说，此计最重要的是审时度势，最关键的是要真修栈道为正，真度陈仓为奇，两手都要用，两手都要硬。若对手屯兵栈道，那就暗度陈仓为奇；若对手发现陈仓而备，那就出栈道为奇。

隔岸观火

隔岸观火这则成语，出自唐代僧人乾康的诗："隔岸红尘忙似火，当轩青嶂冷如冰。"诗句的意思是说，河对岸有人热火朝天地忙碌着，但河这一侧的人，则心冷如冰，置身事外。这个词后来多被用为贬义词，比喻在别人陷入危难时，其他人袖手旁观。

但是，将隔岸观火的道理用在战术的制定中，则是后发制人的好招数。听起来、做起来好像很容易的样子，实质上并不是如此。一要等敌方内部秩序出现了混乱，各方势力倾轧、矛盾激化，而且公开化；二要注意己方要慎动，先在暗中静观敌变，坐待敌方局面更进一步的恶化。

《孙子兵法》中也多次谈到慎动之理，与隔岸观火之计，亦相吻合。见《火攻》："非利不动，非得不用，非危不战。……合于利而动，不合于利而止。"两国交战，都是因利益冲突而起，没有获得实际利益的争斗，即使是在表面上胜利，实际上也是失败的，因为只要发兵出征，就一定会有所消耗。所以要"以治待乱，以静待哗"，隔岸观火的高妙之处，正在于以己方之严待敌方混乱，以己方之稳待敌方哗变，抓住时机，适时出手，在几乎不付出战争成本的情况下，坐收渔翁之利。

使用隔岸观火之计时，要注意这样几个方面。

一是必须有"火"。但这把火，不是己方烧起来的，甚至都不能算是由己方导致的。"火"是敌方自燃的、从他们内部烧起来的。从这个角度看，隔岸观火与借刀杀人不同，借刀杀人是己方怂恿、鼓动、利用第三方，损耗敌方的力量，己方采取主动的态势；而在隔岸观火的很长时间内，敌方的"火"是自己烧自己的，己方既不占主动，也不占被动，是处于置身事外的状态。

二是应当"隔岸"。要有耐性地"坐山观虎斗"，"黄鹤楼上看翻船"。其中切记两点，不能操之过急；不能引火烧身。

不能操之过急的原因在于，对方是祸起萧墙之内，互相倾轧，各方政治力量周旋其中。这就比如有两只老虎在打架，假以时日，必有一伤。或者说，像一堆猴子都在争着当猴王，等一段时间后，它们内部的、整体上的力量，实际上是被削弱了。这里面还有一层道理，内部矛盾可以被外部矛盾利用，但同时，外部矛盾也可以缓解内部矛盾。若己方不能选择敌方不能自拔、自取灭亡的契机，不分青红皂白，就以外力猛然介入，反倒容易导致敌方的各股力量合力应对己方，团结起来而战。这时候，己方非但不能够得利，玩不好还会引火烧身，付出相当大的代价。三是静观其变，等待最好的时机。尤其是在己方不利出战、无力出战、不便出战前，在隔岸观火的这段时间内，往往会出现最好的转折点。因为"观火"不是最终的目的，只待火候到了，瓜熟蒂落，水到渠成，己方坐收其利，壮大自己，一举成功。

将隔岸观火之计用得很地道的是曹操。他早年就写过一首诗："军合力不齐，踌躇而雁行。势利使人争，嗣还自相戕。"（《蒿里行》）诗意与隔岸观火的道理很接近。后来，袁绍在官渡大战后兵败身亡，他的两个儿子，即袁尚、袁熙兄弟俩带着兵马，共同去投奔了辽东太守公孙康。曹营诸将马上向曹操进言，要一鼓作气，平服辽东，将袁氏子孙一起歼灭，不留后患。但是，曹操却不这么认为，在他看来，二袁兄弟必不能与公孙康和平共处，谚语说："天下熙熙，皆为利来；天下攘攘，皆为利往。"这两股势力，不是东风压倒西风，就是西风压倒东风。一切正如曹操所料，没过多久，公孙康就下绊子、放冷箭杀了二袁兄弟，并将首级献给了曹操，曹操不出一兵一卒，坐着就收了"大礼"。

两次世界大战中，美国可谓是最精明、最清醒的隔岸观火者。美国本就拥有最好的地缘优势，本土西面是太平洋，东面是大西洋，无论是欧洲的战火，还是亚洲的战火，对他们来讲，都是在隔海相望，可以和大火拉开安全距离，保护本土不受损害。所以，两次的世界大战，美国最初都置身事外眼看着英、法、俄、德几大国厮杀，等到差不多各股势力都被拖耗得筋疲力尽，胜负形势比较明朗化时，方才站在占据上风的行列里，大打出手，最终获利成为唯一的超级大国。

美国最会搞的招数还有，在"观火"的这段时间里，并不是完全歇着看热闹，而是忙着和双方力量大张旗鼓进行军火交易，无论是哪一方的钱财，皆坐收囊中。通过战争，美国成功地从战前欠别国钱财的负债累累，华丽转身为全世界最大的债权国。

隔岸观火是静处待机，纵容对手的狂妄，鼓励对手的贪婪，麻痹对手的清醒，迎合对手的骄傲，暗自发展实力，等待敌我双方力量消长，等对手深陷困境时，便可获得主动权。这一计的关键是要能忍得住。

笑里藏刀

笑里藏刀这则成语，典出《旧唐书·李义府传》，说的是李义府这个人，见谁都一副笑脸，嬉笑逗闹，好像很和善的样子。实际上，他内心里却是个阴险的小人，只要有人稍微侵犯了他的利益，他定会不择手段，欲除之而后快。

"口里喊哥哥，手里摸家伙"，两面三刀的家伙们，都是很阴险的。试想一下，如果一个人眼露笑容，心有杀机；外貌和善，内心凶狠。而我们对他认识不清，对他毒辣的企图疏于防范，那就等于自己亲手将屠刀交给了他，连招架还手的能力都没有。

但是，为什么还会有人屡屡上当受骗呢？就是因为笑里藏刀之计，利用了人性中喜好虚荣、好面子的弱点。笑，本是用来传递友善、快乐的。但当它被居心叵测的小人利用时，脸上笑开了花，嘴上像抹了蜂蜜一样地甜，那么作为被利用的对象，或者说大多数人中，没有几个人能架得住高帽子的蒙蔽，看清小人口蜜腹剑、佛口蛇心的本质，全都是在飘飘然中掉入了设计好的陷阱。

在军事博弈中的笑里藏刀，比这更阴险。原书中这样解释：

信而安之，阴以图之，备而后动，勿使有变。刚中柔外也。

笑里藏刀，是可以运用在政治外交、军事战略上的伪装手段。即通过欺骗麻痹对方，掩盖己方的军事行动。或者说，"笑"是战略欺骗，"刀"是战略实质，这是一种表面友善却暗藏杀机的谋略。

实施笑里藏刀之计的诀窍，在"笑"。这"笑"要真实自然，掌握好分寸，让对方相信，不起疑心，即"信而安之"。若是笑得太做作，太过火，反而容易引起对方警觉。而且，对于不同的对象的"笑"，也是有差异的。比如说，对骄傲自大的敌军将帅，我们的"笑"是伪装的拍马屁；对心怀畏惧的敌军将帅，我们的"笑"是伪装的安抚。

实施笑里藏刀之计的关键，在"阴以图之"的"藏刀"。这里的"阴"，指的是在暗地里，笑中必然有刀，刀在笑中。待看准时机，缓和了局势，麻痹了敌方，我们一旦出手，那就要快速、果断，让对方根本来不及应变。

所以说，笑里藏刀的精髓就在于"刚中柔外"，外面柔和，里面骨子强硬。以友好的态度接近对方，使对手对我们露出的表面深信不疑，放松警惕，解除警戒。而己方借此赢得时间，赢得机会，积极准备，另有谋划。这也就是"笑脸战略"。

秦国为了扩张，派公孙鞅为大将，攻打魏国。公孙鞅大军直抵魏国吴城城下，却苦于吴城地势险要，防守坚固，想正面进攻很难奏效。

当公孙鞅探听到，魏国守将是与自己曾经有过交往的公子卬，便心生一计，给公子卬写了一封信，言辞间猛套近乎，念旧之情，溢于言表。公孙鞅恳求公子卬与自己订立和约，也让两国百姓免受战争之苦。同时，公孙鞅还摆出主动撤兵的姿态，以示诚意。

公子卬看罢来信，又见秦军主动退兵，就打算和公孙鞅和谈。这正中公孙鞅之计，公子卬根本没想到公孙鞅会暗地在会谈之地设下埋伏。结果，公子卬真的是有去无回，被公孙鞅生擒，当作人质，骗开城门，秦军占领了吴城。之后，魏国只得割让西河一带，向秦委曲求和。这就是笑里藏刀，拿着友情谈交往，拿着亲情套近乎，最后图穷匕见。

从另一个方面来讲，我们怎样防范敌方的笑里藏刀呢？

见《孙子兵法·行军》：

　　辞卑而益备者，进也；辞强而进驱者，退也；……无约而请和者，谋也。

敌方言辞谦和尊卑，而实质上又在加强战备的，是要向己方进攻；敌方使者言辞强硬，而军队又在向己方逼近时，是在准备撤退；敌方没有预先约定，而突然来请求议和的，其中必有阴谋。凡是花言巧语，满脸堆笑，皆是内藏杀机的外在表露。表面上归顺臣服，实则是行缓兵之计，转身就将和约忘得一干二净。

所以说，面对敌人要时刻提高警觉，分分秒秒皆有应对之策，这才是万全之法。如若轻信了对方的甜言蜜语、空头支票，不能觉察出敌方看似脸上笑，心中藏杀机，那是要吃大亏的。所以笑里藏刀，关键是要笑得美，藏得住。

李代桃僵

李代桃僵，语出宋郭茂倩《乐府诗集》中的《鸡鸣》：

> 桃生露井上，李树生桃旁。虫来啮桃根，李树代桃僵。树木身相代，兄弟还相忘？

这首诗的本义，说的是李树、桃树生长在一起，小虫本来要咬桃树的根，结果咬的是李树，李树就代替桃树枯死了。后人就用这个典故，来比喻兄弟之间要能像桃树李树共患难一样，相互友爱，互相保护，休戚与共。也有将其意义引申到以此代彼，比喻代罪羔羊和替死鬼，相互顶替和代人受过。

作为三十六计的李代桃僵，表示借用某种手段，以某一事物的损失牺牲，换取另一事物的安全成功。在敌我双方势均力敌，或者敌优我劣的情况下，用小的代价换取大的胜利的谋略。这里面的义理，在于阴阳之道。"阴"，指代细微的、局部的事物；"阳"，指代整体的、全局的事物。当战场上的局势已然发展到不可避免要有牺牲的时候，那么，就要懂得"李代桃僵"的道理：

其一，"李"指代的是不太重要的一方，"桃"指代的是重要的一方。在对两者的相较权衡中，原则是"两利相权取其重，两害相较取其轻"。在博弈中，那就是要牺牲局部、牺牲眼前、牺牲小的利益，目的是保住全局性的、更大的利益，换取全局的转危为安。用劣势的兵力去牵制敌人，才能确保优势兵力在最后的成功。这就像下围棋的"弃子争先"，下象棋的"丢车保帅"，在逻辑上都是相似的道理。

其二，作为牺牲一方的"李"，与作为保全一方的"桃"，两者间是具有内在联系的。若非如此，两者不可能互替互换。这同时就要求我们要有清醒地分辨孰轻孰重、孰缓孰急、利弊得失的能力。万不能反向代替，或者是没有平衡好关系，导致顾此失彼，造成无法挽回的悲剧效果。

比如说，1991年的海湾战争，导火索是伊拉克入侵科威特，美英等国开始对伊拉克进行军事上的制裁。在两河流域，伊拉克和伊朗的关系，也是好一天坏一天，反正是和不到一起去。这时候，若是伊朗趁火打劫，那么伊拉克等于腹背受敌，危险至极。而伊拉克正是用了李代桃僵的办法，使局势有所缓解。他们放弃了和伊朗间的一些利益纷争，保证了自家后院的火不会烧起来，前面才能有力量去应付英美。伊拉克在明显处于劣势的情况下，用小方面的代价换来大方面的平安，这是划得来的。

其三，使用李代桃僵一计时，为将者要有当机立断的魄力，不要犹豫、左顾右盼。在放弃时要狠心果断，否则错失了机会，追悔莫及。战争中要付出代价与牺牲，这是一定的，切不能因此优柔寡断。这就像壁虎断尾般，若有丝毫犹豫，瞻前顾后，不马上断了尾巴溜之大吉，那丢掉的就有可能是性命。所以，为将者一是要将目光放长远，二是要有舍小保大的勇气，方才能为最后的胜利争取时间，保住基础。

其四，李代桃僵是有舍才能有得。不舍不得，先舍先得，后舍后得。钓鱼还要鱼饵，捉麻雀还要撒一把糠，这是此计最根本的智慧。俗话说，"舍不得孩子，套不住狼"。博弈是要付出代价的，没有主动的、有计划、有预谋的"舍"，那就不会有全局中的"得"。田忌赛马也是这样的道理，在总体上不如对方的情况下，故意先造成一场失利，但仍能以二比一取得最后的胜利。

顺手牵羊

顺手牵羊是敌战计的最后一计。说的是路过某户人家或者某地的时候，顺手把别人家的羊牵走。后来兵法中多以此比喻己方趁着敌方在行军过程中露出漏洞、薄弱环节时，要能捕捉战机、善于攻打，获得相对的利益。

顺手牵羊这一计，表面上容易理解，但并不容易做到。"羊"是很温顺的动物，不怎么剧烈反抗，我们一牵它就跟着走了。但是要注意的是，"羊"不能乱牵，也就是说要提防不要上当。顺手牵羊的羊，不是自己找上门来的羊，有可能是对手故意放出来的诱饵、舍掉的"孩子"。清醒的将帅要有全局意识，切记不能因小失大，被对方牵着鼻子走。

此计的核心，在于"顺手"。与趁火打劫不同，趁火打劫时己方占据优势，而顺手牵羊时己方占弱势，或者说与敌方势均力衡。这时候，己方就不能轻易地与之正面冲突，而是要寻找薄弱的侧面，为自己创造条件，见机不失，伺隙捣虚，"微隙在所必乘，微利在所必得"，将顺手牵羊实施得恰到好处，变敌方小的疏漏为己方大的得利，也许还会有意外收获，远远超出自己的期望。

我们在抗日时用的游击战术就是很好的例子。当时我们的整体兵力、装备、环境与日本侵略者相比，是有着差距的。如若两军对垒，我们的胜算并不大。但日本侵略者是大部队持续前行运动，不可能完美得像铁桶一般。

大军在运动过程中，漏洞肯定很多。比如，各支部队进军的速度不均衡，走得快的焦躁、走得慢的松散，总部协调得也不灵便；再比如，战线拉得太长，后方辎重粮草供给缓慢。己方在其中要做的是，看准漏洞，乘虚而入，见利不失，遇时不疑。在间隙中只要有利益，即使不能直接协助到最后的胜利，那也不要放过。

这在游击战中经常使用。小股的游击队整体小、速度快，钻进敌人的心脏，神出鬼没打击敌人，乘隙争利，取之顺手，赢之顺时，得之顺便。这个方法，胜利者可以运用，失败者也可以运用，强大的一方可以运用，弱小的一方也可以运用。

还需要注意的是，顺手牵羊有时候看起来似乎是不经意间的所为所得，其实，这种不经意也是长期准备、长期磨炼的结果，只有在周密的计划和部署中，才能有"搂草打兔子"的效果。搂草搂得熟练，便能在机会到了的一瞬间，就敏锐地察觉到，眼疾手快，顺势而为，化腐朽为神奇。所以说，我们准备得充分，尴尬留给对手；我们准备得不充分，尴尬留给自己。重要的是，"踏破铁鞋无觅处，得来全不费工夫"这种机会，总是留给有心有准备的人，否则事过境迁，一切都变得不一样了。

楚汉相争时，刘邦为了避免与项羽精兵作战，主动退出汉中，项羽成了西楚霸王。很多人原本是跟着项羽一起反秦的，但渐渐觉得项羽对他们并不信任，而且待遇不公。于是像田荣这样的，就拥兵自立，自封为王。项羽当然要除之而后快，大军出动后，刘邦在后面玩了一出顺手牵羊，趁项羽没注意，把秦给推翻了。因为当年天下诸侯是有约定的，谁先灭秦，谁为关中王。刘邦是自己找到了顺手的"羊"，避免和项羽两虎相争，抓住了原本可能不会有的机会，增加了自己的实力。

敌战博弈，是寻机打破僵持的战局，无中生有强调的是增加己方力量，暗度陈仓是出奇制胜，隔岸观火是折损对方力量，笑里藏刀是忍辱之中的借敌发展，李代桃僵是找到新的实力增益点，顺手牵羊是适当扩充自己的实力。通过这六种手段，可以在战略相持、战术对峙之中悄悄改变战场态势和竞争格局，逐渐扩大己方优势，掌握主动权。

三、攻战博弈：进攻状态的求胜术

所谓攻战博弈，指的是在进攻态势下的打法，即己方不得不主动出击情形下如何博弈。

主动出击，不是己方力量一定强大，或一定和对方实力相当，而是不得不出击，例如迎击强敌入侵，收复被占领土等。

因此攻战博弈，说的是在局部的战术支点或个别作战方向上，我们赢得主动。主动出击，可以掌握主动权、主导权，但不一定能够获得控制权，因而如何保证持续获得主动，并主导博弈的走向，是这六个计策所考量的事情。

打草惊蛇

打草惊蛇，语出唐段成式的《酉阳杂俎》。当时有个叫王鲁的县令，喜好财货，在百姓身上搜刮民脂民膏，他的手下上行下效，干了许多贪赃枉法的坏事。有一次，适逢上面有朝廷官员下来视察民情。怨气横生的老百姓联名写了状子，递了上来。自然是父母官王鲁先看，不看不知道，一看吓一跳，原来状子上所写的坏事，十有八九和他脱不了干系。他提笔，情不自禁地在状子上批了八个字："汝虽打草，吾已惊蛇。"

在这个故事里，虽然百姓上告的"棍子"只是扫到了杂草，但说者无意，听者有心，实在是把"蛇"吓得够呛。

当"打草惊蛇"用为军事上的谋略时，它的意思变得更加复杂。原书中言：

疑以叩实，察而后动；复者，阴之媒也。

具体说来，己方在行军作战时会走山谷，越深林。这些地势都是容易有敌方埋伏的地方。《孙子兵法·行军篇》中就指出过："军行有险阻、潢井葭苇、山林翳荟者，必谨复索之，此伏奸之所处也。"当我们遇到山川险阻、芦苇丛生的低洼地，或是草木繁茂的山林地区，必须反复仔细地搜索，千万不能麻痹大意。稍不留神，就可能走进敌人的埋伏圈，最后引来横祸。

我们要"疑以叩实，察而后动"。"疑"是怀疑，"叩"、"察"是查究、调查，"实"是实际情况。意思是说，在发现了可疑之处时，先要摸清情况，查证落实，然后再采取行动，尤其对那些隐蔽的、尚不明显的、暂时不清楚的事物、情况和敌情，要反复调查，直到把敌方的阴谋揭穿。

这样看，打草惊蛇的计策有两用。

首先是自我保护，就像《周易·复卦》所说的"反复其道"，方才能"利有攸往"。这如同下水过河一样，要先弄清楚河水的深浅，不能听信他人乱说，而是要通过各方面的情况，综合做出判断。

秦晋崤之战，秦穆公发兵攻打郑国，结果郑国事先有了防备，秦军只能选择放弃，班师回朝。在返回的路上，军士们已经是疲惫不堪。晋国知道了这个消息，打算趁机捞上一把。晋军在崤山埋伏了重兵，又派出小股部队，故意诱引秦军。秦军主将没有多想，紧追上去，结果走到了山势险要的地方，两边高山陡立，林深草密，刚感觉出有点不对头，便听见杀声四起，晋军蜂拥而上，打败了秦军，活捉了主将。这就是秦军不懂敌情，轻举妄动。送上口的肉，晋军焉能不吃？

另一方面，我们要适机地运用"打草惊蛇"，让敌人的阴谋暴露出来。这也可以叫引蛇出洞，把敌方刻意想隐蔽的真实火力诈出来。近代军事学中有个词，叫火力侦察，即在大军运动前，通常会派出小分队的侦察兵，目的是查清敌方主力配置、运动状况等。他们通常在可疑的地方放空枪，虚张声势，把动静弄得很大，埋伏的敌人做贼心虚，只要一动，就暴露了行踪。这时对己方来讲，就可以占据主动，牵着敌人的鼻子走了。

借尸还魂

借尸还魂，典故源于八仙中铁拐李的神话传说。古人相信人有灵魂，灵魂寄居于肉体之中。有一次，铁拐李灵魂出窍，游山玩水，徒弟们以为师傅已死，烧掉了他的本身。无奈之下，铁拐李只好借了个丑陋乞丐的尸体，把自己的灵魂依附在上面。

尸体本是无用的，但是在特定的场合、条件下，无用的东西可以转化为有用。当被己方合理有效地应用时，那就更成为大用。原书中解释道：

> 有用者，不可借；不能用者，求借；借不能用者而用之。匪我求童蒙，童蒙求我。

这里面借用了《周易·蒙卦》的义理。"蒙"指的是幼稚无知、求师教诲的儿童。言"匪我求童蒙，童蒙求我"，意思是说，"蒙稚"者自身不能有所作为，往往需要依赖别人，而在求助己方之时，就能为己方所用。与其相反，凡是自身能有所作为的人，往往难以驾驭和控制，因而不能为己方所用。做事时正该如此，借力而行，不应是我求助于愚昧之人，而应是愚昧之人有求于我。

若是有用者，敌我双方都会抢着用，那就难以随便借用，即使强行抢过来，一是容易激化敌我矛盾，二是不好驾驭，反倒成为累赘。只有那些猛然看起来无用者，在敌方对其忽略的时候，己方抓住契机，据为己有，加以控制利用，这就犹如"还魂"，还必得借助看似无用的"尸体"，才会产生意想不到的效果。

战争中往往有这类情况。如果己方目前占据着优势，为了取得更大的胜利，我们在作战的时候，一定要抓住一切机会，甚至有些看上去不是机会的机会也要努力争取。比如将一些陈旧的事物改头换面，经过包装，再以一个新的形式出现，创造新的局面，赢得新的机会。就像俗话中说的那样：有机会要上，没有机会创造机会也要上。这才是善战者的所作所为。

借尸还魂用得最多的，是政治与战争的结合，也就是改朝换代之际，为了师出有名，起兵者往往喜欢扶植前代君王的后代，或打着前代的旗号号令天下，以达到夺取天下的目的。这些后代自身是没有什么政治实力的，他们往往想着依靠新的力量，没准也能得些益处，两者一拍即合，这在历史上屡见不鲜。陈胜吴广借用楚怀王的孙子，西楚霸王项羽用的也是他；西晋时匈奴人刘渊借用刘邦的名义。诸如此等，都是为了提高自己的知名度，或者是确定身份的合法性，来争取大众认同，迷惑百姓，把无用之物化为大用。

如果己方处在弱势，用好了借尸还魂，也有可能化腐朽为神奇。为将者要善于分析战争中各种力量的变化，利用那些看似没有作为的势力扭转局势。

三国时，刘备和周瑜争夺荆州。当时，周瑜在赤壁之战中立功最多，东吴的兵力也远胜于西蜀的兵力，他当然想占有荆州全城。但是，刘备怎么可能甘心呢？既然不能硬着抢，那就暗着争。刘备对外宣称自己是中山靖王之后，和荆州旧主刘表同宗，是有亲戚关系的；然后，刘备拥立刘表之子刘琦为荆州牧，又趁机把江陵和荆南四郡划了进来。刘琦是个烂泥扶不上墙的角色，任由刘备出主意。再后来，刘琦病死，刘备被众将推为荆州牧，顺理成章成为了荆州的新主人。刘备用借尸还魂一计，把荆州这笔账算得很清楚，自己什么都没出，就占得了乱世中的一块地盘，做了一次一本万利的买卖。

借尸还魂使用的奥妙之处，就在于有些机会看似无用，是因为我们去求助于别人。但是，如果我们把无用的机会变为了有用的机会，别人就会来依附我们。这样，便能转被动为主动，改变战争形势，达到取胜的目的。

调虎离山

顾名思义，调虎离山就是想办法让老虎离开山头。因为虎踞深山，它们凭借着天然的地理优势，威风凛凛，其势力最为强大的时候，我们是不能与之决斗的。而借助巧妙的计谋，通过各种各样的方式，诱使它们离开自己的根据地，我们就能趁机得到机会。

在兵法运用中，调虎离山的意义引申为了达到自己的战略目的，想办法引诱对手离开自己的驻地。这样做的原因在于，如果我们在战场上遇到强敌，尤其是敌方已经占据了优越的地理优势，做好了应战的准备，那么，己方持蛮力硬攻，是下下策。争一时短长，不仅胜算很低，即使是侥幸取胜，付出的代价往往也是惨烈的。

己方就要充分利用假象，无中生有也好，李代桃僵也好，让敌方离开坚固的防地，被引诱到对我军有利的地势中。对己方而言，对峙状态被打破了；对敌方而言，他的优势丧失了。进而，己方利用天时、地利和人和条件，可以把敌方逼到步步坎坷、处处为难的境地，这样用不了多长的时间，己方就由被动转为了主动，才能有出其不意而致胜的机会。

当敌方给己方造成了危险时，己方不能贸然出击。而要用人为的假象去迷惑敌方，利用天然的条件造成敌方不利，己方再派重兵去围困他，或者趁其驻地空虚，实施突袭，打他的后方。

以攻城为例。不顾条件地硬攻防守牢固的城池，是自招失败的做法。对方既然已经占据了有利的地形，那就不能正面去和他们争夺。况且，对方还居于主动地位，防守占据优势，在没有什么利益的诱惑的情况下，是不会主动离开驻地，向己方发起进攻的。而己方想要改变这种状况，那就要综合采用各种条件，否则很难得胜。

东汉末年，孙坚之子孙策继承父志，在江东割据称霸。孙策想往北发展夺取卢江郡，但此郡南有长江之险，北有淮水阻隔，郡守刘勋的军力也非常强大，如果正面攻城，恐怕是不可行的。

怎么办呢？孙策利用了刘勋贪财的弱点，先派人送给他一份厚礼，吹嘘奉承一番，然后又很谦卑地请刘勋帮助自己去攻伐富饶的上缭，应承再给他不少好处。刘勋不仅见钱眼开，还傲慢自负得很，听到此消息后心动不已，尽管有谋士提醒他恐防有诈，但刘勋根本听不进去。结果刘勋的兵马一出城，孙策就日夜兼程、水陆并进，抢得了卢江郡。刘勋此时再想回去支援，远水解不了近渴，肠子悔青也来不及了。

在此计中，最重要的环节是"调"，"调"成则计成。老虎不会轻易离开山头，敌方也不会轻易远走。己方如何"调"，怎么"调"，才是最微妙的。优秀的将帅善于见机行事，误导敌方，牵住敌方的牛鼻子，以己方的意图随意调动敌方，才是此计制胜的关键。

欲擒故纵

楚国为了称霸天下，出兵攻打雍国。最初，雍国将士们抵御外来的侵略，同仇敌忾，奋起抗战，楚军打了败仗，连统帅的将领都被活捉了。但由于看守不善，被俘的将领在三天之后越狱，溜之大吉。

这位将领回国后，被楚王召见去询问雍国的情况。当得知目前的雍国还处在紧张的战备状态时，楚国的另一位大将出了个主意。他说："雍国是小国，楚国是大国，我们可以先让雍国尝尝甜头，假装再战败几场，让雍国骄傲的尾巴翘起来，等他们疏于防范，我们就可以发起最后的进攻。"楚军正是靠着这个计策，最终打败了雍国。

这种方法，就是后来的欲擒故纵。想要抓住目标，暂且先放开他，使他不加戒备，再用时间拖住他，最后给予强有力的致命一击。这是因为，在两军交战时，如果把敌方逼得太急，有时候会适得其反。敌军拼死反扑，困兽犹斗，很容易造成己方不必要的流血牺牲。但是，己方若是稍微放开些，敌方仓皇而走，实际上，敌方已经在自己削弱自己的实力了。

此时，就像《鬼谷子·谋篇》中所说的："去之者纵之，纵之者乘之。"己方只需缓缓地尾随他们，只要他们不脱离己方的控制范围，不时骚扰他、小规模地攻击他，使敌方的斗志逐渐懈怠，体力、物力逐渐消耗。最后他们气势低沉、军队溃散，己方便能兵不血刃，达到消灭的目的。

在欲擒故纵中，"纵"是方法，"擒"是目的。己方的"纵"不等于放虎归山，而是"穷寇勿追"，先退一步，再进两步，将控制权掌握在己方手里。诸葛亮七擒孟获，根本目的并不在消灭孟获的势力，而在于使他心悦诚服，敬重西蜀，别再在西蜀后方放火捣乱。所以，诸葛亮采用攻心之计，七捉七放，让孟获心服口服，最后稳住了南方的局势。

欲擒故纵，还有一种方式，即是放长线钓大鱼。比如在间谍战中，当己方发现了对方的间谍，我们可以选择不动声色，在表面上故意放松，在背地里加强监视，顺藤摸瓜，从而牵出其身后更大的组织体系。而在此过程中，我们要保持足够的耐心，没有摸清敌方的底细，切勿轻举妄动。如果一味紧逼，恐怕到最后什么都查不到。到最后图穷匕见时，再伺机而动，彻底捕捉他们。

抛砖引玉

抛砖引玉的说法，出自《传灯录》。唐代诗人常建听说有位诗人赵嘏，要去游览苏州的灵岩寺。为了请赵嘏作诗，常建先在庙壁上题写了两句诗，赵嘏见到后，立刻提笔续写了两句，而且比前两句写得更好。后来，我们就称这种做法为抛砖引玉，它的本义原没有好坏善恶之分。

用价值低的砖引出价值高的玉，即是用相类似的事物去诱骗迷惑对手，使其受骗上当，中我圈套。在战争中，体现为避免正面硬拼，靠智慧取胜；在商战中，体现为用小成本获得高回报。

在抛砖引玉中，砖是小利，玉是目的；抛砖是手段，引玉才是根本。这就像我们钓鱼一样，鱼钩上有鱼饵，只有让鱼有甜头可以尝，它们才有可能上钩。同理，两军交战时，只有让敌人觉得有便宜可以占，我们才能以假乱真，引诱敌人做出错误的判断。

使用抛砖引玉之法，有这样几个原则：

其一，抛出去的"砖"不能价值太贵，但也不能是扔一块大板砖，那样就把人都吓跑了。

唐代有个善于经营的商人，巧妙地运用了抛砖引玉的方法，经营家业、发财致富。

有一次，他在市郊买了一块积满水的洼地。当然，这样子的地没法用，要在上面盖房子，必要将其先填平，而要是雇用工人，那工钱可是一大笔。商人灵机一动，让家里的佣人带着不少馒头，对门口玩耍的孩子们说：

"那有洼地，中间有块石头，谁要是扔砖瓦片击中了它，就可以得到一个馒头。"

孩子们是很好搞定的，他们乐此不疲，没事儿的时候争相往洼地里扔砖瓦片，没过多久，这块洼地就差不多填平了。这位商人付出的"砖"，不过是不值多少文的馒头，换得了在这块地上盖房子的基础，这才是更有价值的"玉"。

其二，抛出去的"砖"要有吸引力。对不同的对象，要具体问题具体分析，抓住对方的心理特点，然后才能保证换回来"玉"。

东晋年间，有一个道士想求得王羲之的字，打听到王羲之非常喜欢白鹅，投其所好，用寺庙里养的漂亮白鹅吸引王羲之，换得了王羲之的字。这是双向的好事，道士用鹅做砖，换来了相当于玉石的字；王羲之恰好相反，用字做砖，换来了相当于玉石的鹅。

其三，抛出去的"砖"和换回来的"玉"，两者间不是毫无关联的，而是类似的，要善于找到两者的关联。迷惑敌人的方法多种多样，最高妙的方法，不是用似是而非的相似法，而是用极相类似的类同法。比如，用旌旗招展、鼓声震天来威慑敌人，这是相似法，有时候难以奏效。而用老弱残兵，或者遗弃粮食柴草之法诱敌，这是类同法，几乎屡试不爽。因为类同法比之相似法更容易造成敌人的错觉，使之跟着己方的思路打转转，然后做出错误的判断。

擒贼擒王

擒贼擒王，顾名思义，指的是抓贼要先抓贼中的首恶分子。民间俗话说，"打蛇要打七寸"，蛇无头不行，打断了蛇头，这条蛇也就小命不保了。将这个道理应用在战争中，即是要擒抓敌方的主要指挥人员，摧毁敌方的主力部队，或者是打击他们的中枢机构，动摇敌方的军心。只有处理好了主要矛盾，次要矛盾才容易解决。

冷兵器时代，双方对垒打仗，己方只要能抓住对方的主要将帅，击退敌人的主力，便可瓦解掉整个敌军。这就像群龙无首，战于郊野，必然陷入困顿的绝境。

中唐安史之乱，张巡驻守睢阳，遭敌军围攻。在相持了一段时间后，张巡率领守兵冲杀出来。当时，张巡的兵马没有敌军的多，最快的解决方式是直接斩杀敌军首领尹子奇，但唐军却苦于没人认识他。现在又混在乱军之中，更加难以辨认。张巡出计，让人以秸秆做箭，射向敌军。当敌军发现自己中的是秸秆箭，不知就里，于是向将领尹子奇报告。张巡抓住机会，辨认出了尹子奇，并将之斩杀，敌军马上落荒而逃了。

张巡的高明之处，一在于急中生智，巧妙辨认；二在于战术决断，在自己兵力弱势的情况下，擒杀敌军首领，取得了制胜法宝。作战时敌方没有了统帅，那就等于没有了主心骨，慌乱之下，必定折戟而走。

按语中也说：

> 攻胜则利不胜取。取小遗大，卒之利、将之累、帅之害、功之亏也。
> 舍胜而不摧坚擒王，是纵虎归山也。

在战争中，只有打败敌人，才有取之不尽的利益。如果只贪图眼前小的胜利，而错过了获取大胜的时机，那只是士兵的胜利，却是将军的累赘、主帅的祸害，是整个战争中的损失；更糟糕的是，只在兵对兵、车对车的战争中取得小的胜利，却不去摧毁敌军主力，不去摧毁敌军指挥部，捉拿敌军首领，那就好比放虎归山，迟早会有后患。

在近代战役中，擒贼擒王的这个"王"，不能狭义地理解为敌军首领，而应包括敌方的指挥机关、中枢机构、协调部分。总之，是要打中对方组织中最要害的核心部位。俗话说，"枪打出头鸟"，一个组织的形成往往取决于关键人物，树倒猢狲散，瓦解掉这些核心，也就瓦解了对手。

比如说，伊拉克战争伊始，美国就把伊拉克指挥中枢毁掉了，使伊拉克士兵群龙无首、各自为战，从而迅速将之击溃。利比亚战争也是如此。再之萨达姆被捉、卡扎菲之死，正是擒贼擒王的成功案例。抓住要害、抓住关键、抓住枢纽，才能以点带面，其他矛盾也便迎刃而解。

若以大攻小，以强攻弱，完全可以用胜战计作战；攻战计主要描述主动出击的打法。打草惊蛇意在扰敌，对手被扰动，则不得其安。借尸还魂意在惑敌，对手被迷惑，则不得其法。调虎离山意在疲敌，对手被疲惫，则不得其力。欲擒故纵意在诱敌，对手被诱骗，则不得其理。抛砖引玉意在愚敌，对手被愚弄，则不得其智。擒贼擒王意在制敌，对手被控制，则不得其用。当对手心志不得安、布置不得法、将帅不得力、用兵不得理、思考不得智、部属不为用时，自然随意进攻，打哪是哪。

四、混战博弈：形势不明的优胜术

混战不是打群架，也不是混着打，而是群雄逐鹿，谁都有机会一枝独秀，谁也有可能一败涂地。历史上的军阀割据、诸侯混战，现实中的各自为战、谁也不服谁，说的正是这种局面。

所谓"混战"，是指七十二方烟尘，三十六路英雄，乱作一团、敌我不明，可合可分的状态下作战，采用何种策略能立足于不败，甚至可以后来居上呢？《管子》中说此时先称王者废，后称霸者王，是从战略上来说的，具体又该怎么做呢？

釜底抽薪

三十六计中的很多计谋，都是从长期的生活经验中总结出来的。

在日常生活中，若是想让锅中的水的温度降低，一种方法是不断地加水，另一种方法，是直接把天然气阀门关掉，在古代用的是柴禾，就是把柴禾从灶膛里抽走。相较而言，第一种方法治标不治本，就像《淮南子》中说的："故以汤止沸，沸乃不止，诚知其本，则去火而已矣。"水的温度还会不断升高，直至沸腾。根本原因在于有火，那治本的办法，只能是撤火，也就是"抽薪止沸，剪草除根"。

此计用于博弈，指对强敌不可用正面作战取胜，而应避其锋芒，削减敌军气势，再乘机取胜。按语中言：

> 水沸者，力也，火之力也，阳中之阳也，锐不可当；薪者，火之魄也，即力之势也，阳中之阴也，近而无害；故力不可当而势犹可消。

锅里的水沸腾，是靠火的力量，此为阳中之阳，势不可挡；柴禾为火的来源，是火产生的势，此为阳中之阴，是可以接近的。以此比喻强大的敌人虽然一时抵挡不住，何不避其正面刀锋，冷静地寻找其主要矛盾，从根本上扭转被动的局面。更何况很多时候，一些影响战争全局的关键点，恰恰就是敌人弱点之所在。

比如断其粮草。我们常说："兵马未动，粮草先行。"没有了粮草辎重的部队，是不可能维持长久的。使用袭击敌人后方基地、仓库，断其运输线等战术，敌军就会不战自乱，从而达到釜底抽薪的效果。在以少胜多的官渡之战中，曹操之所以能胜利，最得力的一招，就是烧了袁绍在乌巢的粮仓，打了个漂亮的粮草战。

再比如说，在两军相峙时，己方要想办法把很多事物的表象去掉，不被表象束缚，要能抓住根本点，削弱敌方的气势。最好的方法是采取攻心战，运用强大的心理战术，说服敌方士兵放下武器，甚至是临阵倒戈。

宋朝的薛长儒在汉州叛军气势最盛之时挺身而出，只身进入叛军之中，用祸福的道理开导叛军。他说："汝等皆有父母妻子，决不要上当而犯下这灭门之罪。只要你们停止叛乱，我可以保证你们身家性命安全。"叛军本来就是乌合之众，还有很多人是被逼无奈的，这种晓之以情、动之以理的话，很快就把他们的心说动了。叛军的作乱之势，不攻自破。

二战时，英国的情报部门也用过这个办法。当时德国在大西洋上发动狼群战术，企图用大量的潜艇阻隔从美国源源不断运来的提供给盟军的武器。德军这一招也算是釜底抽薪。但是，英国人认识更深刻，对于近代的潜艇部队，不是只有潜艇就可以了，还要有配备的潜艇兵力，而当时德国的潜艇兵力已经空虚，正在国内紧急征兵。

英国军情五局听说了这个消息，便广发传单，还在电台上反复广播，半是劝诫、半是警告地对德国的年轻人说，潜艇兵是世界上最危险的职业之一，死神随时伴随。因为他们的工作环境在海底，若有一丁点的意外便会葬身鱼腹，再也看不到明天升起的太阳。一段时间后，英国的策略得以奏效，德军因为招不到足够多的兵源，狼群战术也就泡了汤。

釜底抽薪不仅可以用在军事中，也可以用在政治、经济上。

春秋时，齐国鲁国互为邻邦，但关系时好时坏。齐景公担心鲁国势力太大，却苦于没什么好办法。后来有个大夫给齐景公出主意，让齐景公给好色的鲁定公送一些美女过去，鲁定公贪图享乐，他的大臣如孔子们，肯定接受不了。君臣之间有了隔阂，鲁国的国力自然就弱了。齐景公依计行事，果不其然，鲁定公日夜沉湎于酒色，孔子劝谏不听，忍无可忍，便和弟子们离开了鲁国。自此，鲁国既无明君，也无贤臣，亡国之势已显，齐景公心头的一块石头落了地。这就是不直接攻打，但能运用政治计谋，从根本上解决问题。

有时候，经济管理也是如此。北宋仁宗时期财政紧张，国内货币发行混乱。更火上浇油的是，老百姓听信谣言，以为当朝铁钱即将被废掉，都急忙忙出手。一时间，人心浮动，市场大乱。丞相文彦博想出一计。他找了一家店面专收铁钱，还特别对外说，这是丞相的命令。老百姓一传十，十传百，慢慢相信了铁钱原来还是可用的，市场就又慢慢平稳下来了。文彦博用的也是釜底抽薪的策略，抓住了事件发生的根本，若是把这个最重要的环节处理好，那么整个局面就扭转过来了。

釜底抽薪，实际就是撤掉对手资以凭借的前提或者条件，失去依仗的战术优势或者战略依靠，令其两线或者多线作战，其缺少必要支撑，自然势单力薄，便鼓不起三尺浪，或者跳不上龙门，虽不能甘于认输，但气焰已然低了三分。

浑水摸鱼

浑水摸鱼，是渔民们在长期的捕鱼实践中摸索、总结出来的。原意为把水弄浑浊了，鱼儿会到处乱窜，趁机摸着捉，易于得手。后来，才逐渐被移植到社会生活的其他领域，以至于被兵家和军事指挥员们用来作为表现某种军事谋略的术语。比喻在乱糟糟的环境下，有意给对方制造混乱，趁此牟取某种意外的利益，进而消灭敌人，取得胜利。

浑水摸鱼在具体的博弈中，大约有两种形式：

第一种，当双方处于交战状态时，己方若有机会，要尽量把敌方的阵势弄乱，让敌军变得迷迷糊糊，辨不清方向。然后趁混乱之时，己方主动攻击。

二战的最后阶段，希特勒开始疯狂反扑时，就曾成功使用过浑水摸鱼之计。当时的战火已经烧到了德国境内，德军的西、南防线都岌岌可危。希特勒为了割裂盟军的部署，派出了25个师的力量，全力向西线推进，对阵英美盟军。到了前线，将帅将部队分为几个部分，从不同方向以密集的火力向盟军进攻。

值得一提的是，德军方面挑出了一千多名能熟练使用英语的士兵，组成一支小分队。在正面战场打得如火如荼的时候，这支小分队穿上美军军服，拿着之前缴获回来的美式装备，开着美国坦克，绕到了盟军的后方，很快就蒙混过关，冒充成了盟军。

在这样的大规模作战中，双方兵力犬牙交错，互相渗透，是根本无法避免的。虽然德军的小分队只有一千多人，但制造出的麻烦实在不比正面的火拼小多少。他们在盟军内部冒充得理直气壮，贼喊捉贼，盟军也没有什么好办法在几十万的士兵中辨出敌人，后来弄得是草木皆兵，大大降低了部队的机动速度。德军的反攻，一时间占据了上风。

在1944年的柏林战役中，来自乌克兰和白俄罗斯的盟军部队，也给德军制造了一场浑水摸鱼的麻烦。当时两军对垒，都不敢贸然出动，因为有时在战场上把握不好，先动便容易被对方抓住把柄，导致伤亡更大。直到4月16日的凌晨，盟军趁着月黑风高夜，发动袭击。德军应战，当他们开动到尼斯河的对岸时，盟军在此岸猛然打开了160多部探照灯，让德军猝不及防。

这其中有个常识：人在黑暗中一段时间，适应了黑暗的环境，突然间迎面变亮，人的眼睛会在瞬间失去视力，与瞎子无异。盟军就是利用了这一点，让德军陷入了一片混乱中，步兵排不成阵形，炮兵看不清炮口。趁此机会，盟军迅速突破了德军的第一道防线。而在突破德军的第二道防线时，盟军又故技重施，不过这次用的是烟雾弹，让周围环境能见度瞬间降低，把德军弄得晕头转向，然后盟军才对其进行了围歼。

浑水摸鱼的第二种形式是指，战争有时是多方力量的博弈，这时候的浑水，就是各方力量的互相纠结。当存在着多种互相冲突的力量，那些弱小的力量都在权衡，到底要依靠哪边，一时间各种力量都在观望，有的敌方就被蒙住了，无暇顾及某些方面。这时候，己方就要努力把水搅得更浑，使一切情况变得更加复杂，然后可借机行事，顺手得利。当年刘备得荆州，就是趁着荆州刘表去世，赤壁之战曹操败北，东吴势力尚未顾及，在这样的节骨眼上，把荆州划成自己的地盘。

唐朝开元年间，契丹叛乱，多次进犯唐朝。当时的幽州节度使张守圭，抓住了契丹假意与唐军讲和的机会，将计就计，离间了契丹首领可突干与部属之间的关系，让契丹内部的不同力量不能拧成一股绳，然后又诱使李过折一部为唐所用。这就把简单的唐军与契丹的对抗变成了多方力量的争利。最终，李过折突袭可突干，把可突干斩于马下，而自己又被可突干的部下杀死，战局一下子变乱了，唐军才在乱局中彻底大破了契丹军。

可以说，刘备夺荆州，是在浑水中抓到一条大鱼，张守圭平契丹，则是把可突干和李过折间的水搅浑，才抓到大鱼。前者是利用时机，后者是创造时机。

浑水摸鱼的关键，是能够洞察敌方在群龙无首状态下互不服气、互不支援、互不协助的状态，令敌方与其他力量发生摩擦，小而言之互不理睬，中而言之落井下石，大而言之龙战于野，己方便可趁机收编失败一方的散兵游勇，壮大发展。

金蝉脱壳

金蝉脱壳，原意指的是寒蝉在蜕变时，本体脱离了皮壳，但将蝉蜕留下挂在枝头，给人造成寒蝉仍旧挂在树上的假象。引申到军事谋略中，指的是己方用伪装、借口等虚实状况迷惑敌人，让敌人被己方的假目标所牵制，以实现己方真正的战略目标。在整个过程中，主要使用的是障眼法。即己方要保持阵地已有的战斗形貌，保持巨大的声势，进一步完备持续战斗的各种战备状态，让其他的盟军没有怀疑，而敌方也不敢轻易进犯。

如果己方此时处于优势，或者是与敌方对等，使用金蝉脱壳之计，就是为了发出虚假信息，掩盖己方军队运动的路线，以及欲要抢占的位置，以此转移战场，为下一步的行动做足打算。这是一种分身之法。

但更多使用金蝉脱壳的情况，是己方目前处于劣势，要以此稳住对方，使得己方能迅速撤退或转移。这样的"脱壳"，绝不是惊慌失措、消极逃跑，而是在脱离险境时，仅给敌人留下表面的形式，缓兵一招，战略目标是不会因此改变的。

金蝉脱壳的关键，是要制造一个好的"蝉壳"。"蝉壳"是手段，脱身才是真正的目的。这个"蝉壳"，先要能吸引敌人的注意力，还要能让敌人相信它是真的，进而消除敌人的戒心。要做到走而视之不走，己方军队悄然撤走，但是战斗的形势还依附在"蝉壳"上，或者说，"蝉壳"体现了我军仍在与敌方对峙的势态，敌方不知原因，被蒙在鼓里。就算等到敌方发现这一切都是己方制造出的假象，也为时已晚。

脱掉"蝉壳"，要把握好时机。一方面不能太早，太早容易丧失胜利的机会，要直至万不得已，才选择脱壳而去；另一方面又不能太晚，在失势之时，多停留一分钟就多一分危险。

当年的秋风五丈原，诸葛亮出师未捷身先死，蜀军不敢张扬，封锁消息，怕司马懿来围攻。但司马懿还是听到了些风声，带大军追赶了过来。姜维不能硬拼，只能靠计谋取胜。姜维故意造出要与魏军决战的架势，又命工匠仿诸葛亮模样，雕了一个木人。

司马懿远远观察阵势，又看到诸葛亮羽扇纶巾，稳坐车中，想到他素来是个谨慎之人，不像弄虚作假的样子，没准又在耍什么花招。于是不敢涉险，退兵为妙。姜维就趁着司马懿犹豫之时，马上指挥主力部队迅速撤回汉中。

金蝉脱壳的秘诀在于能虚张声势，制造假象，掩护自己脱离战场，用有形隐无形，用进攻藏退守。多方混战，形势不明，此时作战，能退能守，便可逐渐坐大；若好战而主动出击，则容易让别人浑水摸鱼、顺手牵羊，因而混战之中，守得住领地，藏得住实力，躲得开纠缠，避得开损耗，才能图大。

关门捉贼

关门捉贼，小而言之，是在家中抓贼要把门关严，让贼无路可逃，才能人赃俱获。大而言之，是军事上采用包围战术，也就是口袋阵、围歼战。庞涓、孙膑马陵道之战，秦赵长平之战，楚汉垓下之战等，都是利用了这个策略，把门关紧，不让对手有逃脱的机会。

长平之战时，秦国先用了离间计，让赵王起用只会纸上谈兵的赵括，替换掉坚守不出的大将廉颇。这正中了秦军将领白起的下怀。赵括到了阵前，马上改守为攻。

白起又利用赵括好骄傲的性格弱点，故意让赵括打了一次小胜仗。赵括就得意忘形，根本没想到秦军已经分兵几路，很快就完成了对赵军的秘密包围。而当赵括率领四十万大军，打算和秦军决战时，又被秦军诱敌，他率领大军追赶秦军，一直追到秦军坚守不出，一连攻打数日攻不下来。此时想退兵，才发现自己的后路、粮道都断了。

赵军足足被白起围困了四十六天，几次突围不成，到最后是粮尽援绝，杀人相食，赵括也身亡了。白起一下子俘虏了赵军四十万，全部坑杀。就此一战，赵国的有生力量几乎全被秦国所灭，自此一蹶不振。

可以说，关门捉贼和金蝉脱壳是相反的两则计策。金蝉脱壳是危急关头、极端不利时用的；而关门捉贼，则是暂时处于优势的时候去打。而为什么要先关门、再捉贼呢？原书中是这样说的：

小敌困之。剥，不利有攸往。

这里的"小敌"，不完全指的是弱小或者是数量较少的敌人，广义上是指那些善于偷袭的小部队。他们的特点是行动诡秘，出没无常，时时乘己方不备，侵扰我军。所以，己方发现了这种"贼"，绝不可轻易放其逃跑，而要设法去困围他、歼灭他。

如果己方选择将"贼"放走，再去急追或者远袭，那就是《周易·剥卦》中所预示的"不利有攸往"。一是因为，这样捉的困难增大了。就像《吴子》里打的比方那样：一个亡命之徒藏在茫茫旷野里，就算派一千人去找他，和大海捞针也差不多，难度很大。一个人的目标小，一千个人的目标大，没等我们找到他，他就先发现了我们，迅速溜之大吉了。唯一的办法就是围困，断掉所有的出路，再缩小包围圈，聚而歼之。

二是因为，"小敌"在逃跑时，有可能被敌方利用，或者他们就是敌方放出来的诱饵，牵动我军，疲惫我军，我军在疏忽大意时，很可能会中诱兵之计。

使用关门捉贼时，也有两点需要注意。

其一，防止对方狗急跳墙，困兽犹斗。因为这时候的敌军已经没有后路，我们必须有很强大的力量，才能把门里的贼抓住。所以，使用此计的原则是"关弱不关强"，是己方在对战斗力等各方面评估后，具有相当优势，胜券在握，我们才关门捉贼。否则一个弄不好，"贼"会把家里闹得天翻地覆、墙倒门破不可。

其二，防止引狼入室。有时候关门捉贼，没有捉到贼，倒被贼杀了。公孙瓒和袁绍间就是这样的例子。当时，袁绍包围了公孙瓒，袁绍久攻不下，公孙瓒也突围不出。后来公孙瓒搬来救兵，约定举火为号，内外夹击袁绍。

不料，送信的人一出城就被袁绍抓住了。袁绍知道了公孙瓒的计策，决定将计就计，按预定时间举火。公孙瓒一看火起，以为是援兵到来，便开门相接，恰中了袁绍的埋伏，大败回城。袁绍乘胜，开始在城前挖地道，一直挖到城中央。

等到准备充分，全力攻城。公孙瓒无力对抗，自杀身亡。袁绍成为了这座城池的新主人。

关门捉贼和擒贼擒王有几分相像，其实使用完全不同。擒贼擒王是在主动状态下直接攻击对方的中枢系统或者最高决策层，使对手上下不得相顾，一招制敌。而关门捉贼讲的是混战状态下，抓住机会，用最小的代价合围敌人，或歼或俘，是以消灭对方的有生力量为主，目的是在局势不明的状态下，如下围棋一样圈占领地，俘获士兵，增益自己的力量，从战术上讲，是消耗战；从战略上讲，是逼敌签订城下之盟。

远交近攻

远交近攻，语出《战国策·秦策》，其载范雎言："王不如远交而近攻，得寸，则王之寸；得尺，亦王之尺也。"这是范雎为战国时的秦国量身定制的一种策略，同时包含着政治外交与军事打击的双重意味。

当时，秦是七雄中势力最强大的。但是，即使在商鞅变法后国力迅速增强，在与六国合纵对抗的局面下，秦也是要周密考虑的，因为它的国力，顶多和六国的合力打个平手。所以，秦只能在地缘政治上周旋，采用范雎的"远交近攻"，分化瓦解六国联盟，然后再逐一消灭，也就是各个击破的战术。

这样的方式最合理。如果秦直接与六国为敌，那么六国联合打它，秦是占不到便宜的。假若秦国攻打与自己有距离的齐国，那么劳师远征，即使胜利了，也要付出巨大的代价。所以，范雎"远交近攻"的意思就是，秦先与东方临海的齐国、南方的楚国结盟，以中原为腹地，进攻韩、赵、魏，让各国处于孤立无援的境地，再从两翼出兵，先灭掉北方的赵国、韩国，继而平定南方楚国。不断吞并蚕食，使得秦国的地理疆域扩大，齐国变为"近"国，自然也成了秦国的囊中之物。正是如此，在十多年的时间内，秦终于吞并六国，实现了统一华夏的愿望。

军事博弈中，当实现战略目标的企图受到地理条件的限制和阻碍时，那么攻击近的有利，攻击远的有害。为防止敌方结盟，要千方百计地去分化敌人，暂时结交远处相隔、难以获利的敌人，直接进攻近处相邻、易于取之的敌人，这样一来，瓦解了敌方的联盟，再实施各个击破。

远交近攻，通常是政治、军事谋略上的结合，也可以说，是总司令部甚至国家最高领导者采取的外交诱骗。所谓"远交"，是伸出橄榄枝；所谓"近攻"，是拿出大棒子，拓展地盘和势力范围，冲破近敌给发展带来的阻碍。橄榄枝和大棒子双手互搏一起用，既防止树敌过多，在进攻时有所掣肘，又对邻国挥起大棒，把它消灭。从长远上看，橄榄枝是相对的，而近邻是绝对的。因为一个近国消灭后，原来隔着的远国也就成了近国，麻痹过后，新一轮征伐不可避免。

远和近，也不是完全依照地理位置来分的。一般说来，"远"，一指远处，二指间接的、能获得的长远利益，三指不能直接控制的形势。"近"，一指近处，二指能直接获得的眼前利益，三指可以直接掌握的形势。远交近攻的策略，就是分清"远"和"近"，再制造和利用它们间的矛盾。其运用的诀窍是，同时应敌，但有先有后，制人而不制于人，看人下菜碟，集中力量对付眼前的、容易攻击的敌人，打开战争的局面。

古今中外，天下大乱时使用远交近攻的案例数不胜数。比如，成吉思汗统一北方，最先对其构成威胁的，不是西夏和南宋，而是金国。所以，成吉思汗选择和西夏议和，与南宋通好，打得金国没有还手能力后，才挥师进攻西夏，西夏灭亡。继之，其子窝阔台联合南宋夹击金国，金国灭亡后，又翻脸攻打南宋，进而统一了全国。

再比如，欧洲大陆国家林立，拿破仑时期，英、俄、奥地利最先组成反法联盟，奥地利是尖兵。拿破仑不能同时应对三国，只能分化，一边与俄国修好，一边在意大利境内的米兰，尽全力出兵打击奥地利，又约定了普鲁士保持中立态度。就是这样，法国瓦解了以英国为首的敌人联盟。英军孤立无援，很快就败在了拿破仑的铁蹄之下。

远交近攻的策略在中国古代、在现当代国际关系中一直在使用，是敌对双方试图将战场引向对方或者对方的后院，令其在家门口便遭遇到重重阻力，无暇远瞻。如美国重返亚太，意在中国，因而必然强化日韩同盟，扩大、加强、深化与中国周边国家的军事交往，便是远交策略的使用。而在美洲，对古巴的封锁和对委内瑞拉的疏远，则是近攻。

化解远交近攻的策略，一是以子之矛攻子之盾，也采用远交近攻的做法；二是同交同攻，即也参与到对手的组织体系之内，既然你说不是针对我，那我为什么不参加呢？当年楚成王就是因此瓦解了宋襄公试图拼凑盟国，从体制内瓦解了对手。

假道灭虢

春秋时期，晋国想吞并两个小国，一个是虞国，一个是虢国。这两个国家关系不错，如果晋国去打虞国，虢国就会出兵；打虢国，虞国也会出兵。最好的办法是用离间计，让他们互不支持。晋国利用虞国国君贪财的弱点，送给虞国大量的宝物，向虞国借道打虢国，虞国国君拿人手短，便答应了。当晋国打败了虢国，通过虞国国境回国时，又借口军队需要休整，把大军囤在虞国国都附近，在虞国国君毫无防备下，晋国国内派大军前来，两边夹击，把虞国也给灭了。

虞国和虢国唇齿相依，唇亡齿寒，两国只有联合，才能存国。而假道灭虢就利用了小国间这种微妙的关系。如果大国想发兵攻打，又不能逼迫小国之间联合起来对抗，最好的策略是对一国先麻痹大意，对另一国用武力威逼，在前者心存侥幸时，把力量渗透进去。通俗一点说，就是借一国当桥，到了对岸办完事，回来时顺手又把桥板拿走，达到一箭双雕的效果。

在三十六计中的"假道灭虢"，还有新的引申义。原文中是这样说的：

两大之间，敌胁以从，我假以势。困，有言不信。

这是从《周易·困卦》中悟出的道理。以"困"为名，为困顿之意。其卦象是本该容纳于泽中的水，现在离开泽慢慢地向下渗透，以致泽无水而受困，水离开泽而流散。比喻处在敌我两大国中间的小国，当他受到了敌方的武力胁迫，己方即做出出兵援助的姿态，借"保护"为名，由不得他不信。借此机会，己方渗透了军事力量，再乘机突然袭击，便可轻而易举取得胜利。

此计的关键在于"假道"，"假道"是借口，"灭虢"是意图。己方对小国不是逞口舌之利，花言巧语，而是小国此时已处在危险中，己方以帮助他不被人侵犯为借口诱惑他，才能让小国放松警惕，成为形势上的中间地带。而后，己方隐藏真正意图，慢慢地渗透势力，有时候不必通过战斗，就可以把这个小国消灭了。将这个道理用在现代的政治军事外交中，那就是从大国的角度讲，我们要用武力规避小国，用利益诱骗小国，然后把自己的力量加进去，进而控制附近地区的局势。

俗话说：请神容易送神难。当年西方国家建立殖民地，都是从驻军开始，逐渐蚕食，占领一国一地。二战后美国驻军诸多国家，本为协防，实则影响该国政权，至今仍未从日、韩等地撤军，而且打算重返亚太，虽不是灭虢，但假途以实现战略控制的目的不言自明。

混战六计，说的是如何在群雄并起逐鹿中原之时令己方最终克敌制胜，很适合没有裁判、没有法规、弱肉强食的丛林竞争。釜底抽薪是削其势，浑水摸鱼是得其利，金蝉脱壳是失其算，关门捉贼是夺其兵，远交近攻是间其友，假途灭虢是得其地。只要让对手不断失势、让利、失算、损兵、无援、割地，最终己方就卓然自立，不战自胜。

五、并战博弈：寡不敌众的不败术

并战，指在被动情况下，同时要多方向作战。《三十六计》按语解释时说的是与友军作战的策略，是对"并战"望文生义的解释。仔细阅读并战六计，可知此"并"非"并肩"、"合并"之"并"，即并肩作战，而是"水路并进"之"并"，即一起、同时要面对多个对手，多线作战。一则三十六计的总体走向是由胜到败，即态势越来越严峻，有友军支援，力量增益，何以要放在混战、败战之间？二则三十六计皆立足自我，并战六计皆非言如何与友军"并战"，而是言腹背受敌、多线作战这种险境下，如何图存，如何立于不败。

多线作战，典型的例子就是《三国演义》中诸葛亮的"安居平五路"，当时司马懿联合番、蛮、吴、孟、曹五路大军联合进攻蜀汉，诸葛亮见招拆招，一一化解。由此说，并战计中的六计，皆属无奈之计，目的是立足于防守、立足于自保、立足于图存。

偷梁换柱

偷梁换柱，是隐秘地改变作战方式、目的，或者暗中调整参战人员，以彼示敌，以此迎敌。老百姓常说的狸猫换太子、调包计等，实际上就是偷梁换柱。

偷梁换柱有两种用法：

一是从备战来说，想办法让对手知道"梁"的特征、性能，并深信他有足够的能力来对付"梁"，然后暗中将"梁"调走，换成"柱"，让对手按照原定计划攻击或者防守，结果因他的准备不得法，从而丧失全部优势，而由己方掌握了主动。

赵高扶植胡亥成为秦二世，就是这种做法。秦始皇称帝后，一直没有立太子，围绕长子扶苏、幼子胡亥分别形成了两个集团。扶苏恭顺好仁，由蒙恬辅佐；胡亥娇宠昏庸，由赵高扶植。秦始皇没料到在第五次东巡途中会一病不起。慌忙中他赶紧找丞相李斯密诏扶苏为太子。但玉玺由赵高保管，扣压了密诏不发。几天后，秦始皇驾崩。

赵高便对李斯说：立扶苏的诏书扣在我这里，立谁为太子，咱俩就能定。赵高看李斯犹豫，就说：要是扶苏即位，你还能稳坐丞相之位吗？弄得李斯胆战心惊，最终与赵高合谋下诏赐死扶苏，杀了蒙恬，扶植胡亥为二世。

二是从作战来说，就是想办法调动对手，即如原书所写的："频更其阵，抽其劲旅，待其自败，而后乘之，曳其轮也。"这里的"梁"、"柱"指的是主力部队。古代的五方阵，两两相对如梁柱，照应于中央之轴，从而保证外有支撑，内有呼应。

如果作战时，己方兵少，只能以主力和对方对峙，周旋的空间很小。如果能隐真示假，暗中抽调主力去攻打对方的虚弱之处，这是己方的偷梁换柱。如果能以奇兵虚晃一枪，吸引对方的主力掉转进攻方向，然后己方精兵出击，夺取战役的主动权，如此调动敌军部署，减轻正面所对之敌的力量，这是对敌方的偷梁换柱。

曹操解白马之围便是如此。当时袁绍、曹操在官渡对峙，袁军有十万之众，曹军不足四万。袁军在白马将曹军守将刘延围住。曹操着急去解白马之围，可没有多余的士卒，只能偷梁换柱了，便依荀攸的计策，装作领兵攻打袁绍的后方延津。袁绍一听，急忙让围攻白马的部队回撤。曹操乘袁军回撤，猛攻白马，杀了袁军大将颜良。

无论是调动己方力量还是对方力量，目的都是弥补己方兵力不足，实现以实击虚，避实就虚，以实迎虚，达到以少胜多的目的。

说白了，偷梁换柱实际就是拆东墙补西墙，是捉襟见肘、兵力有限情况下不得不调兵遣将来弥补兵少将稀的不足。"梁"即是精兵悍将组成的能战、善战之师，而"柱"则为衰将残兵。在万不得已情形下，只能让精兵多跑几圈，多打几仗，好钢用在刀刃上，哪里需要哪里上呗，关键时候去替换老弱病残，让对手认为主攻方向是虚软的棉花，不料却打在钉子上。

指桑骂槐

指桑骂槐，就是借着其他事件、人物，来申诫属下，或者警诫对手。这里"桑"是对象，而"槐"只是被借助的冤枉鬼。老百姓常说的指东骂西、含沙射影，与此有几分相像。

此计一是间接训诫部下，令其警醒，有杀鸡骇猴的意味。

孙武刚出山时，吴王还质疑他的能力，便让他训练宫女。孙武便把宫女编成两队，让吴王的两个爱妾为队长。孙武给她们认真讲解了如何列队操练。结果宫女们觉得好玩，嘻嘻哈哈，乱作一团。孙武再次申诫，仍无效果。孙武严肃地说：按照军令，带队不力，当斩队长，拉出去砍了。吴王一看，玩真的呀，央求孙武快放了吧。孙武说将在外君命有所不受，随即将两个队长斩首。其余宫女一看，立刻严肃起来，很快就完成了操练。

抓住典型，严肃处理，以此严明法纪，让全军引以为戒，看似惩处了一两个人，实则避免了更多的人以身试法。

指桑骂槐第二层含义是以舆论配合行动，或警告利诱，或旁敲侧击，使对手不敢轻举妄动，或使自己的下属盟友坚定决心。

按照《三国演义》中的描述，赤壁之战前，东吴君臣一度对是战是降有过争论，其中张昭、顾雍、张纮、步骘、诸葛瑾等主降，程普、黄盖、韩当、鲁肃等主战，周瑜一时摇摆不定。诸葛亮一边听周瑜、鲁肃争论，一边不动声色。

最后诸葛亮说："我有一计，可以退兵。曹操虎视眈眈，实为江东二女而来。一是大乔，二是小乔，不如将此二女献给曹操，一如范蠡献西施于阖闾，曹操自然退兵。"周瑜不信，诸葛亮便背诵曹植《铜雀台赋》中的"揽二桥于东南兮，乐朝夕之与共"之句。诸葛亮故意将"二桥"混为"二乔"，使得周瑜怒不可遏，离座指向北方大骂："老贼欺吾太甚！"

其实，诸葛亮知道大乔是孙策之妻，小乔是周瑜之妻，以此激怒周瑜，以坚定其抗曹的决心。

这种类似旁敲侧击的指桑骂槐，往往可以兵不血刃，起到出奇制胜的目的。但在"指"的时候，要能抓住问题的要害，在"骂"的时候，要能掌握绝对的证据。不要信口雌黄，胡编乱造，结果没有成为疑兵之计，反倒毁了人品，坏了名声。

需要注意的是，指桑骂槐主要是面对多路对手时，不得不虚张声势之计，但一定要讲究策略：一是要骂，让对手的盟友或者某一路兵马能够羞愧而退，如《三国演义》中所写的诸葛亮骂死王朗；二是要含沙射影，将对手的龌龊、矛盾抖开，拆散对手的联盟，逼退某一路兵马；三是既然己方被动，那就不能直骂，会惹恼对手，令对手合力痛打，而是意在令对手心散、军散、力散，起到瓦解敌军意图的作用。

假痴不癫

假痴不癫，简单地说，就是装傻。并战状态下，对手步步紧逼，自己处于防守被动之中，只能以退为进，不动声色，看准机会，后发制人。

历史上用假痴不癫来韬光养晦的例子很多。楚庄王继位之初，三年间吃喝玩乐，待掌握实权之后，一鸣惊人；刘备与曹操青梅煮酒论英雄，以雷声掩盖自己的争雄之心；袁世凯进退维谷，不得已回老家彰化养老以自保。这些都是在内外交困，无法保全的窘境中，通过以退为进来赢得时机，赢得安全。

司马懿的一生，多次靠装傻、装病、装糊涂度过困局。

司马懿少有奇节，聪明多大略，慨然有忧天下之心。曹操曾对华歆说司马懿鹰视狼顾，不可以交付兵权，否则必为祸患。司马懿也看出曹操的提防之心，借口自己有麻痹之症，不愿跟曹操工作。曹操就派刺客去验证，刺客放火烧司马懿家的房子，结果司马懿纹丝未动，不露破绽。后来，架不住曹操以丞相身份多次征召，他才出任黄门侍郎，后辅佐太子曹丕，屡建奇功。而司马懿最大的战功，就是装糊涂与诸葛亮对抗，耗得蜀汉多次北伐无功而返。

后来，大将军曹爽也排挤司马懿，司马懿故技重演：我老了，我病了，告老还乡。曹爽一听，马上准其回家安老。司马懿待在家中，装得又病又傻又糊涂。曹爽为了提防他，令河南尹李胜去刺探司马懿的情况，司马懿就让两个奴婢扶着自己，装出拿不稳衣服的样子，还指着嘴要喝粥，奴婢把粥端过来，他用嘴接粥，淌了一身。李胜说自己要出任荆州刺史，司马懿装作没听清，大声嘱咐：你要去并州，你要小心。李胜看司马懿听力也糊涂了，只好用笔写下来给他看，司马懿说：我行将就木，你要大有作为，回本州老家好好工作。李胜回去就对曹爽说司马懿不行了，老糊涂了。曹爽就不再提防司马懿。

司马懿装病骗过了曹操，这次又骗了曹爽。他抓紧时机，暗中布置，乘曹爽不备，以谋反罪名把曹爽及其党羽何晏、丁谧、毕轨、邓飏、李胜等一网打尽，彻底控制了曹魏政权。

装病、装傻、装糊涂，要装得像，保证毫无破绽，才能保全自己。但有时装糊涂装过了头，以至于千百年都被人骂，"扶不起的阿斗"刘禅就是如此。

刘禅从登基到降魏，称帝41年，在三国中绝无仅有。蜀汉实力最弱，他能支撑这么长的时间，并不像小说写的那样，自己浑浑噩噩，单靠诸葛亮辅佐。因为诸葛亮死了以后，刘禅还坚持了29年。从史料上来看，他也有自己的权谋，那就是假痴不癫。刘备在世时，教刘禅的都是《申子》《韩非子》《管子》《六韬》之类的谋略书，后来诸葛亮又派伊籍教他《左传》。诸葛亮自己也曾评价说，刘禅"年方十八，天资仁敏，爱德下士"。但诸葛亮太强势了，"事无巨细，咸决于丞相"，尤其在北伐问题上，顽固坚持《隆中对》的计划。刘禅在诸葛丞相的影响力下，实在没有多少发言权，只能装糊涂不多管。诸葛亮死后，刘禅马上就停止了劳民伤财的北伐。

刘禅知道以一州之力敌天下，最终必然毁灭。因而当魏国决定伐蜀，很快便开门投降了。他被俘虏到洛阳后，依然乐不思蜀。司马昭认为刘禅不求上进，不会威胁自己，放弃了对他的监管，使得他得以终老。《三国志集解》中引于慎行的话说："思蜀之心，昭之所不欲闻也。……左右虽笑，不知禅之免死，正以是矣。"假痴不癫，其实正是刘禅的保身之计。

假痴不癫，是无奈时的自卫策略，是无路可退时不得不用的窝囊计，实际上就是在演戏。司马懿只演了一段，而刘禅却演了一生，但都演得逼真。司马懿骗过了曹家两代人，刘禅则骗过了司马家三代人。

多线作战，最忌上当。现实生活中，骗子最难骗到的就是聋子哑巴。在博弈中，避免上当的办法，就是装聋作哑，即不为所动，便可不为所用。不为所用，便可不为所败。时刻要记住：无缘无故的恩惠，就是上当受骗的开始；轻易得来的利益，背后或藏有更大的阴谋。多线作战，切忌以我为主，轻举妄动，小则损兵折将，大则丢城失地。

上屋抽梯

《孙子兵法·九地》中说："帅兴之期，如登高而去其梯。"本义是把己方置于有进无退之地，破釜沉舟，使得士兵不得不决一死战。但作为一计，上屋抽梯则是指怂恿、诱骗对手，或让其师出无名去攻打别国，己方乘机撤出，使其首尾不能相顾；或是给予诱惑，使其深入，进入己方的埋伏；或是鼓吹、奉承其主帅，使其骄纵，最终不计后果，劳而无功。

赵匡胤在陈桥兵变，皇袍加身之后，担心手下效仿自己，或者对自己，或者对子孙不利。他特别担心重兵在握的石守信、王审琦、高怀德等功臣，他们能想出来让老赵我黄袍加身，怎么就不会设计让他们自己也黄袍加身？要是杀了吧，杀不净；要是不杀吧，受不了，真可谓是患得患失。

赵匡胤决定采用上屋抽梯的策略，奉承他们，安抚他们，优待他们，目的则是免除他们。

怎么做呢？请客。

酒过三巡、菜过五味后，赵匡胤借着酒劲就说："兄弟我当上皇帝后，你们说幸福吗？不幸福，而且是相当苦恼啊，不知道有多少人盯着这皇位。还是你们自由自在好啊。"

大家一听，纷纷言道："现在太平天下，谁能威胁您，更何况还有我们全力保护您。"

赵匡胤说："我相信大家的忠诚，可要是有一天，你们的部下也像你们那样，把黄袍披到你们身上，就由不得你们了。"

众将一听，不由得倒吸口冷气，没明白皇上是什么意思。赵匡胤故作苦恼，说："要不这样吧，为了我们同享荣华富贵，你们也回家安享天伦之乐，解甲归田，不问国事，颐享天年，你们不担心，我也不担心。省得咱们君臣伤了和气。"

这些人跟着赵匡胤那么久，立刻明白了老赵的意思。第二天，石守信、高怀德、王审琦、张令铎、赵彦徽等人纷纷上表，声称有病，请求交还兵权。赵匡胤欣然同意，让他们或出任虚职，或出任外官，又选择一些资历浅、威望不高的人担任禁军将领，直接控制军队。为了安抚这些识时务、甘于让权的老同志，赵匡胤把守寡的妹妹嫁给了高怀德，把两个女儿分别嫁给了石守信和王审琦的儿子，又让张令铎的女儿嫁给三弟赵光美，亲上加亲，一团和气，不见刀光就实现了宋初权力结构的调整。

上屋抽梯的关键，一要使其上屋，只有前面有利诱，有人才会上；二是梯子，敌方上屋的关键是要有梯子，而且是好用的梯子，这就需要将梯子巧妙安放，让对手顺着梯子往上爬。赵匡胤正是恩威并施，以利相诱，以势相压，使得诸将们自动请求交还兵权，然后顺势而为，彻底干净地抽去隐患，使得诸将再无退路，只能居家待老。

树上开花

树上开花，就是巧设迷局，用假花装点枯枝，让人真假难辨。在战争中，己方若处在多线作战的被动局面中，要善借友军、借假象，虚张声势，目的是吓唬敌人。

本条的按语是如此解释的：

> 此树本无花，而树则可以有花，剪彩贴之，不细察者不易觉，使花与树交相辉映，而成玲珑全局也。此盖布精兵于友军之阵，完其势以威敌也。

前半截说的是本义，意在迷惑敌人，使其不知虚实真假，无从应对。己方声东击西也好，忽进忽退也罢，皆能变被动为主动。后半截说的则是要想办法拉大旗作虎皮，那扯来的虎皮，暂且也可以算作支持己方的"友军"吧。

长坂坡大战时，刘备大败，妻儿都无暇顾及，只好让张飞断后。可张飞只有二三十个亲兵，怎能直接厮杀？张飞虽然鲁莽，但肚子里还是有几根细肠子的。他命令亲兵躲到身后的林子里，砍下树枝，挂在马上，骑马拖着跑来跑去，自己则横矛立在长坂坡桥头。

曹军追到，见张飞孤身一人，立马横矛，站在桥中。正在疑惑之时，又看见桥东树林里尘土飞扬，似有伏兵之象。此时张飞瞋目横矛大喊："身是张翼德也，可来共决死！"曹军不敢近前，于是刘备等人得以安然撤退。

这其中，二三十个亲兵拖出的尘土飞扬，便是开出的花，使得曹操手下以为有重兵在身后。张飞虽是一人独立桥头，但本是虎将，又有后援，故使得曹军疑惧顿生，不敢以身涉险。这用的就是树上开花之计。

树上开花，就是以虚为实的造假。多线作战，即便再能调兵遣将，也会心有余而力不足，那就只好多布疑兵，多张旗帜，令对手不知虚实，高估己方战斗力，从而或掩护己方安全撤退，或令对手不敢轻举妄动。

反客为主

反客为主，就是客人本是被动一方，结果通过权谋、策略，反而掌握主动，还能够支配主人，控制局势。原书说："乘隙插足，扼其主机，渐之进也。"就是通过做客、乘隙、插足、握机、成功五个步骤，循序渐进，掌控局面。

在日常生活中，乘人之隙而插足，乘人之危而掌权的例子不胜枚举。而在作战中，就是要想办法找到对手的空隙，插手进去，站稳脚跟；然后合纵连横，寻找盟友，步步为营，发展力量，逐步坐大后，最终取而代之。楚成王做盟主、袁绍夺冀州，都是反客为主的典型案例。

反客为主的关键，是先要做客，即成为主人的座上宾，然后才能实现自己的计划。先要谦卑，对主人充满敬意，安守客人的本分，静以待机。

隋末造反的诸路英雄之中，李密的势力一度最大，这是因为他收编了多支农民军，其兵最多。而李渊出身军营，其将最多。李渊曾想招纳李密，但李密自恃兵强，想做盟主。他让使者祖君彦回信说："咱俩虽然不是同一支军队，但五百年前是一家。在下不才，已经被天下英雄推为盟主了，希望你能够助我一臂之力，合力灭了隋朝。"并要求李渊率兵过来结盟。

李渊拿到书信，一看，反而乐了："这李密妄自尊大。我们在关中作战，如果拒绝他，只会增加一个敌人，莫不如卑辞推奖，让其帮我们平定关东，我们则全力平定关中。等关中安定了，据险养威，鹬蚌相争，再去收渔人之功。"

于是李渊立刻回信说："俺本是平庸之人，多亏时机好，才能够做出点事业。您是大盟主，实力最强，我攀龙附凤都来不及，现尊您为宗盟之长，希望您能早日称帝，给我封官加爵。至于盟津之会，容我们再准备准备。"

李密拿到信，觉得搞定了李渊，跟大家说："唐公见推，天下不足定矣！"之后，李密便专心在关东作战，后来因在与洛阳隋军的相峙中屡屡失利，力量大减。此时王世充又发动政变，与李密激战，李渊便乘隙攻取了长安，于次年五月称帝，改国号唐，定都长安。而李密则兵败西走，最终反而投降了李渊。

反客为主，需要先把客做好，取得主人的信任，然后才能逐步扩大自己的影响，最终取而代之。做客时的谦恭柔顺，不仅是策略，更是忍辱负重。作为博弈的策略，虽事出无奈，假投降也是一种选择，为的是来日东山再起。

并战六计，皆是以弱抵强的无奈之举，偷梁换柱是以调兵遣将弥补兵力不足；指桑骂槐是通过离间对手而减轻作战压力；假痴不癫是以退为进蒙蔽对手；上屋抽梯是唆使、利诱、挑拨对手互斗，树上开花是示形于敌，虚张声势而威吓对手，反客为主是忍辱屈服于一方，借力打力，缓为远图。

六、败战博弈：败军状态的自保术

败战计是完全处于劣势、无力作战、只能自保的博弈策略。如果说并战计尚有反败为胜的可能，其所列六计皆为试图摆脱困境，立足不败，那么，败战计则是败局已定，几无扭转局面的可能，故其着眼点在于图存，即先存活下来，拖延时日，暂避一时，或可来日死灰复燃，卷土重来。

美人计

美人计是利用对方好色的本性，使其沉湎酒色，从而削弱将帅的意志，让其萎靡不振。原书言：

> 兵强者，攻其将；将智者，伐其情。将弱兵颓，其势自萎。利用御寇，顺相保也。

想办法让对方主将迷惑于酒色财货，不思进取，从而暂停或放弃对己方的攻势，使得己方暂时获得喘息的机会。

自古作战，战败一方只能俯首称臣，但有时的俯首称臣，也并不一定能够避免亡国。若割地赔款，只能增加对手的实力，而己国则积弱积贫，永远没有机会东山再起。要想自保图存，《六韬·文伐》里提出了策略："养其乱臣以迷之，进美女淫声以惑之。"以一个小国的经济实力，要举国侍奉一个大国极为艰辛，但是贿赂一个官员还是绰绰有余的。那就要尽力贿赂对方贪财好色的重臣，让其劝阻决策者，以此与之周旋。而最为有效的策略，则是安排美女直接取悦对方主帅，使其沉迷女色，贪图享受，不思进取，并离散其君臣，惑乱其国度，最终保全自己。

中国古代的四大美女，西施、貂蝉、王昭君三人皆是美人计的主角，都是在一帮大老爷们走投无路的时候，挺身而出，牺牲自我，或保全了一方，或制止了双方的相互残害。

西施是在吴越之战中挺身而出。勾践意欲复仇，以弱击强，结果兵败被俘，自己入宫侍服夫差，表示臣服。并让大夫文种挑选绝代佳人西施，随金银珠宝一起进献给夫差。勾践尽心服侍，西施陪着饮酒作乐。夫差沉湎其中，不理朝政，并且拒绝了伍子胥的劝谏，在志得意满中率兵攻齐，北上会盟。于是勾践乘机伐吴，杀了夫差，灭了吴国。

古人有言：有奇淫者，必有奇祸。在战场上征服不了的骁勇之将，往往在枕席之间却难以自持，最终亡国丧身。貂蝉便是让吕布在似爱非爱中，改变了历史的僵局。

建安年间，司徒王允见董卓残忍狡诈，阴谋篡国，便将义女貂蝉许配给董卓的得力干将，即义子吕布。王允再请董卓入府饮酒，引其恋上貂蝉，从而引起父子二人的猜忌。最终吕布迷于貂蝉之色，杀死董卓，为朝廷除了一害。

美人计看似残酷，却是以最小的代价，挽救千万将士的性命，避免更多百姓生灵涂炭。在这时挺身而出的女子，以柔弱之身，改变较量双方的强弱态势，亦不失为奇丈夫。历史上能够留名的妹喜、褒姒、西施、王昭君、貂蝉等，皆出现在国家兴衰之时，或促使乱朝早终、乱局早结，或促使对峙暂消。然就容颜相貌来说，美人历朝历代随时有之。能流芳百世者，不是仅靠她们的容颜，而是因为有君主权臣倾慕她们的美，为之迷倒，才最终彻底改写了一个时代。

虽然说英雄难过美人关，但美人计并不是百战百胜、屡试不爽的。关键在于对方是否好色。当俘获貂蝉时，曹操曾将她献给关羽，关羽听闻貂蝉事迹，不禁沉吟，转而闭眼挥手令其退下。可见对付美人计最好的办法就是：不动心。

空城计

空城计，是指在寡不敌众的情形下，不得不虚则虚之，巧妙掩盖己方力量的空虚，给对方造成错觉，使得对手不敢轻举妄动，最终赢得喘息时间。

一说到空城计，大家就会想到诸葛亮和司马懿的斗智斗勇。这要拜《三国演义》的广泛影响所赐。其实，历史早有很多真实的空城计上演了。

春秋时公子元率楚军攻郑，逼近都城，郑国城虚兵弱，危在旦夕。上卿叔詹说："这种情况，打不起，和不了。只能固守待援，向盟国齐国求助。我们眼下必须想办法赢得时间，让楚国不战而退。"于是，叔詹让郑兵埋伏起来，国都内完全按照平时的状态，该营业的营业，该溜达的溜达，大开城门，给楚军摆出一副毫不设防的样子。

楚先锋部队一看这架势，不敢轻易进攻，公子元一看，也觉得奇怪：这跟我玩的是哪出？仔细一看，似乎隐约有郑军埋伏，还是稳妥为好，就先停下来打探虚实。正在犹豫之间，他接到信马报告，齐、鲁、宋三国已发兵救郑。这还打什么啊？当天夜晚，公子元命令将士们把营寨留下，人却悄悄地撤走了。

第二天一早，叔詹登城瞭望，发现楚军给郑国留下一座空营。

这是双方都在给对手唱空城计。这一计实际是心理战，体现了兵无常势的道理，充分利用作战虚实真假的辩证关系，使得对手为假象所迷惑，犹豫不定，错估形势，放弃了绝佳的作战机会。

对己方来说，空城计是蒙混过关的弄险之计，万不得已不能使用。由于此计的主动权完全掌握在对方手里，自己即便蒙混过关，也是侥幸得之，更何况还要了解对手的心理特征和作战性格，如果对手刚直勇猛，则会直接攻城；如果对手沉稳布阵，则会持久围城；如果守方没有援军，则对手不会轻易撤兵。此计的达成，实际是因时、因地、因人而异，暂时化解危局而已，险而又险，悬而又悬，不能随意使用，更不能多次使用。

反间计

这里讲的反间计，不是用间，而是离间。即在对手内部、对手之间挑拨离间，使其发生内乱，最好上下反目成仇，甚至不惜杀害、驱逐所倚重的大将，最终达到削弱对方实力的目的。

最大的反间计是皇太极用离间计，使得崇祯帝杀死袁崇焕，从而解除了南下攻明的最大障碍。

努尔哈赤曾称："自二十五岁起兵以来，征讨诸处，战无不捷，攻无不可，惟宁远一城不下。"不仅不下，而且他还在作战中受重伤而死，遗恨终生。宁远的守将就是袁崇焕。

皇太极继位后，多次南侵，但都被袁崇焕击退。而皇太极屡战屡败，意识到了要想入主中原，就必须除掉袁崇焕。

于是，他绕过宁远、锦州，直扑北京。等袁崇焕得到情报，皇太极的骑兵已经到了北京郊区。尽管袁崇焕及时赶来救援，并击退了后金军，却引起了北京城中崇祯帝和那帮文臣们的惊惧，于是就有人散布谣言，说后金的兵是袁崇焕故意放进来的。

崇祯帝毁就毁在他的疑心太重上。恰在这时，一个从金营逃回来的太监报告：袁崇焕和皇太极已经订立密约，要里应外合攻打北京。这要是稍微有点脑子，或者稍微有点主见的人，听了这消息就会意识到：一个被关在监狱里的太监，怎么可能知道这么隐秘的消息？而且知道了这个消息还能活着回来？更何况这消息又有所指，直接针对卫国重臣。

崇祯帝立刻命令袁崇焕入京进宫，直接抓其下牢，审讯半年之后，以磔刑处死、弃尸。崇祯帝自毁了长城。后来清朝修《明史》，在《袁崇焕传》中明确记载："会我大清设间，谓崇焕密有成约，令所获宦官知之，阴纵使去。其人奔告于帝，帝信之不疑。十二月朔再召对，遂缚下诏狱。"

皇太极明知无法直接对付袁崇焕，便利用了崇祯帝刚愎自用、急躁多疑的心态，利用了晚明朝廷众臣哓哓、无谓内耗的局面，除掉了心腹之患，使得后金很快控制了辽东局势，为入主中原做了铺垫。

反间计的实行，一是需要情报，即有人能够将关键情报送至对方的最高决策层，从背后直接调配、替换对手；二是需要谣言，或是己方造谣，或是在对方中造谣，利用对手的对手形成围攻态势，造成对手百口莫辩；三是需要行动配合，给对手决策层造成误判，坚定其罢黜对手的决心。

而要避免被对手反间，一是需要审查情报，即甄别情报来源的可靠性，谨慎处理；二是需要迅速止谣，无论己方之人是否真的造反、图篡，必须快速做出判断，立刻稳定局势，避免人心浮动，因舆论压力而产生错判；三是要认真审查对方的战术佯动，明确反间对象是有心之过还是无心之过，方可避免误伤忠良，自毁砥柱。

苦肉计

苦肉计是利用"人不自害"的思维定式，自伤自损，获得对手的同情与信任，从而欺骗对手，实现打入敌营进行活动的目的。

苦肉计是苦计，是断臂求生的技巧，也是走投无路时所用之下策。往往是极其弱势的一方为了挽救败局，通过施行此计而骗取信任，接近对手主将，实现致命一击，从而挽狂澜于既倒。

要离刺杀庆忌、荆轲刺杀秦王，就使用过苦肉计。

阖闾杀了吴王僚，夺取王位后，最担心的就是庆忌为父报仇，打算斩尽杀绝。伍子胥向阖闾推荐了刺客要离。要离对阖闾说："刺杀庆忌，只能智取。智取的关键，是能接近庆忌。要接近庆忌，必须得到他的信任。要得到他的信任，只能让我仇恨大王。你砍断我的右臂，杀掉我的妻子，事就成了一半。"

真是一个比一个狠。计谋设定后，吴都便有了骂阖闾的流言，追查到源头是要离。阖闾将其抓住后，要离继续辱骂他，因此被打断了右臂，关进监狱。不料，要离却越狱而逃，阖闾又杀了他的妻子和儿子。

要离自然要跑去找庆忌，对庆忌说要报断臂杀妻之仇，庆忌便让他做了自己的贴身侍卫。之后要离找准机会，趁庆忌没有防备，从背后成功刺杀了庆忌。

在这其中，要离利用了庆忌对自己被阖闾杀妻灭子的同情，骗取了他的信任，为最后一击做了铺垫。这种断臂求生、丢车保帅的策略，在荆轲刺秦时又上演了一遍。

王翦灭赵之后，兵锋直抵燕国南境。太子丹想通过刺杀秦王，暂缓秦军的攻势。刺客荆轲说："要接近秦王，必须要取得他的信任。秦王用千金、万户悬赏，要取樊於期的头。如果能拿到人头，我再把燕国割督亢给秦王的地图献上，就能以使者身份接近秦王。"

樊於期曾是秦国大将，曾随王翦、杨端和率兵攻打赵，取邺、平阳等地，后被赵将李牧击败，怕兵败问罪，就逃往燕国，为燕太子丹收留。秦王一怒之下，就把樊於期的父母宗族全部诛杀了。此时樊於期听说以自己的人头可以取信于秦王，替自己报仇，凛然自杀。荆轲以匣子封装了樊於期的首级，带着地图上路刺秦。

燕国通过厚礼贿赂秦王宠臣蒙嘉，通过他向秦王汇报，于是秦王以九宾之礼接见荆轲一行。可惜在秦殿之上，荆轲最后一击没有能够完成，反被秦卫士斩杀。

要离、荆轲二人行刺，都是通过苦肉计骗取对方的信任，得以接近对手。然要离之所以成功，在于庆忌正是用人之际，因而要离得以贴身，能够寻找机会。而荆轲虽然以樊於期的人头和地图获得接近机会，却并没有得到秦王信任，而且在大殿之上，戒备森严，贸然行事，虽然壮烈，但成功的可能性很小。

苦肉计之苦，在于打碎门牙和血吞，需要经得起多重考验：一是心里恨得要死，行为上还得奴颜婢膝，赢得对手的同情；二是要自伤自残，假戏真做，赢得对手的信任；三是要不忘仇恨，志在复仇，而不能乐不思蜀，忘了家破人亡之恨。俗话说的舍不得孩子套不着狼，正是活生生的苦肉计。

连环计

连环计的目的是"令敌自累"，自累，就是要想办法拖住对手，让他们因为内部的问题而无暇旁顾，或者诱使他们将优势变为劣势，最终疲惫不堪，没有能力、没有时间或者没有机会再进攻己方。

将对手的优势变为劣势的经典案例，正是庞统献给曹操的连环计，这也是连环计本义的出处。当年曹操接收荆州水军，作赤壁大战之前的最后准备。但曹军久经陆战，不习水战，坐在船上，东游西荡，战斗力减损不少，庞统就给曹操出了一个主意：用铁索将战船连起来，如履平地，这样就能保持陆军的战斗力。曹操依计而行，结果没想到东吴以火攻，战船彼此勾连，无法分开，一把火就把曹军给烧光了。此计的关键，是让敌船相连，优势不能发挥出来，看似奇招，实则损招，最终削弱了曹军的实力。

连环计还有一种用法是车轮战术，即敌方兵多将广，而己方则兵力虚弱，只能轮番袭扰，令对手疲劳不堪，然后找准机会给予致命打击。

南宋名将毕再遇曾与金兵作战，此时南宋军力有限，无法再如岳飞那样举兵北伐，只能以计策寻机应战。

一次，毕再遇率领步兵与金兵作战，且打且退，一日之内连续作战到傍晚，金兵马困人乏。毕再遇再次出兵，把豆子、草料倒在地上。等金兵追击过来，马匹闻到草料的香味，都停下来就食，金兵无论如何督促，饥饿的马匹却不愿再走。毕再遇率军杀回，一路斩杀，取得大胜。

骑兵作战，马匹是关键，但如果马匹饥饿困乏，则骑兵的优势已无。这就是在对手兵多将广，己方无法取胜时，只能采用"使敌自累"的做法，把对手的优势变成累赘，这样方能保证战术制胜。

连环计最重要的使用方法，是一系列的计策组合，即做出详细的预案，每一个步骤、每一个环节都做出精心的安排，引诱对手步步深陷，最终使自己摆脱困境。张仪连横诸国，破苏秦合纵，也是使用的连环计。

张仪入秦后，建议秦王把占领的蒲阳归还魏国，并派公子繇去做人质，并借机游说魏王亲秦。张仪见魏王，是这么说的："秦国真心待魏，不仅归还土地，而且送人质入魏，魏国应该有所报答吧？我们秦国只喜欢土地，魏国也应如法炮制，秦魏皆为兄弟之国，一起讨伐他国，才会得到更多的土地。"之后，魏王割上郡十五县、少梁给秦，秦魏和好。

张仪又出使楚国，目的是拆散齐、楚联盟。见到楚怀王，他说："七雄之中，秦、楚、齐最强；三国之中，以秦最强，齐、楚相当。如果楚秦联盟，楚就强于齐；如果齐秦联盟，齐国就强于楚。对楚国来说，最好与秦联盟。如果楚与齐断交，与秦结盟，秦会归还楚商、于之地六百余里。"楚怀王一听，好事啊，便与齐国断交。一边派使者与齐断交，一边派使者随张仪入秦，要回商、于之地。

结果张仪佯装摔伤脚，回秦后三月不露面。楚王得知被骗了，立刻发兵攻秦。没想到秦和齐已联盟，楚军被齐、秦联军击败，并丢了丹阳、汉中。再举兵攻秦，又败，只好与秦讲和。

秦王乘机提出用商、于之地换黔中之地，楚王说，只要把张仪诛杀，出了这口恶气就行。张仪只好再次只身赴楚。入楚之前，他买通楚国宠臣靳尚，给楚怀王宠姬郑袖出主意说："秦王不知楚怀王恨死张仪了，才派他出使楚国。听说楚怀王杀了张仪，就会与秦和好，秦也就会派美人来赎罪。"郑袖一听，便找楚怀王哭哭闹闹，说如果把张仪杀了，秦一定攻楚。靳尚又劝楚怀王不要放弃黔中之地。怀王想了想，最后还是把张仪放走了。

楚怀王被张仪玩弄于股掌之上，一在于楚怀王轻信寡断，二在于张仪使用连环计，层出不穷，令楚怀王防不胜防，最终搭上了性命，使得楚国国力大衰。

连环计，从表面看，好像是施计的一方掌握主动，在败战状态下，强调的是不要让己方黔驴技穷，既然打不胜了，那就多动脑子呗。就像诸葛亮指挥的蜀军，兵少将缺，只能靠脑子去斗智，出岐山无数次皆无功而返，能安全撤退就行。我们常说：以大事小为仁，以小事大以智，小国柔弱，只能靠计策取胜。我们只要看看《战国策》中，夹在大国之间的东周、西周君臣琢磨的那些计策，就知道什么是连环计了。

走为上

走为上计，是指打得过就打，打不过就跑。军事作战，一般只有三种结果，胜、平、负。胜自然容易撤出战场；平，要么讲和，要么对峙，不用退出战场。关键是负时，如何全身而退、全员而退，这是衡量博弈双方智慧的关键。

再讲一个毕再遇走为上的例子。当年毕再遇和金军对垒，结果发现金兵越打越多，自己的兵越打越少，难以继续打下去。想要退兵，又怕金兵掩杀过来。怎么能够安全走掉呢？他命令士兵把旗留在营寨，悄悄撤兵。但同时又要弄出动静，造成营中有人在的样子。于是，他又命令士兵抓了几只活羊，把羊后腿绑在树上，前腿放在鼓上，羊觉得不舒服，拼命蹬腿，"咚咚咚"的鼓响声不断。这样一来，金兵以为宋军依然在坚守营寨，相持了足足一天，才觉察出不对劲，待到宋营查看，全是羊在捣鬼，宋军早就不知去向了。

敌我双方力量悬殊，有计划的主动撤退，是保存实力、以图再起的上上之策。在博弈使用时，有两种基本的策略：

一是以退为进，争取战术上的主动。晋楚城濮之战，晋文公重耳便采用退避三舍的策略，避开楚军锋芒，以退为进，取得了战役的胜利。话说当年，尚未即位的重耳来楚国避难，楚王设宴招待，情深义厚。楚王问重耳："你要是有一天回国当上国君，会怎么报答我？"重耳说："当然要与楚国友好。但假如有一天，我们不幸发生战争，我一定让军队先退避三舍，求得你的谅解；如果不行，再说交战之事。"不料四年后，重耳真的成为晋文公，且晋楚两国交恶，双方军队在城濮相敌。晋文公果然下令军队后退九十里，不料楚军见晋军后撤，立刻骄傲轻敌，晋文公抓住机会，大破楚军。

在这其中，晋军主动后退，不仅赢得了道义，并且在战术上也达到了以静制动、后发制人的效果。

二是急流勇退，争取战略上的主动。范蠡辅佐越王勾践二十余年，终于报会稽之耻，灭了吴国。他一度统率越军北临齐、晋，称霸东南。回国后，范蠡觉得自己盛名之下，难以久居，而且勾践其人狼顾豺声，可以同患难，不能同富贵。于是，范蠡留信一封，装起珍宝珠玉，变更姓名，乘舟浮海而去，最终经营有方以致家产万贯，逍遥以布衣悠游终老。

与范蠡一起辅佐勾践的文种，不听范蠡劝告，不愿隐退。不久就有人谗毁文种要犯上作乱。勾践赐剑给文种说："你有阴谋兵法，足以灭亡他国。你曾给我献九条灭亡吴国的计策，结果只用了三条，吴国就亡了，你还有六条，放在你那儿我不放心哪！"文种只好自刎。

走为上作为三十六计的最后一计，点明了博弈的最终结果，那就是胜败无常。败军能生，找到退路就活；胜军能死，兔死狗烹的例子不胜枚举。从这个角度来看，博弈的结果往往是两败俱伤，是零和游戏。

败战计，一招比一招惊险，一计比一计紧要。美人计好歹还有人出面，为了国家或者事业自我牺牲，可知此时实力犹存，民心尚在；到了空城计，如诸葛亮那样完全是主将亲自出马，侥幸逃生；反间计则只能靠散播小道消息引人内讧，暂缓攻势；而苦肉计则自损自伤，完全靠对手的同情怜悯获得喘息；连环计实际是绞尽脑汁欺骗对手；如果什么计策都没有效果，那博弈就彻底失败了，或知难而退，或远遁求生。

第四章

一部军事史，半部间谍战

何为内间？深入敌人内部；

何为反间？反用敌人的间谍；

何为乡间？田间地头情报战；

何为死间？冒死完成情报任务；

何为生间？间谍一定要活着回来！

一部军事史，半部间谍战。

"间"这个字的本义，是"门夜闭而间月光"。晚上的时候，从门缝中透出丝丝朦胧的夜光，这本就有私密的意味，后来发展出偷窥之意，能够看到别人看不见的事物，即为"间"。用间之意，也由此引申出来，即通过秘密、不为众人所知的手段，窃取、刺探和传送军事机密。

在儒家思想的影响下，间谍经常被正人君子所不齿，用间活动也常常被人视为是奸诈之术，登不得大雅之堂。但间谍自古有之，从国内到国际，无论是在战争年代，还是在和平年代，用间作为情报管理的基本方式，一直是军事活动中最重心术、最玩技巧、最惊心动魄的活动。

为什么要用间呢？

为了知己知彼。

相比而言，"知己"是比较容易做到的，只要保持清醒的头脑，通过正确的手法、方式、途径，便能把握己方的军事力量部署、周边局势、发展机遇等情况。

但是，"知彼"就没那么容易了。战场上很多事情全都是秘密，是只能应之于心，却不能宣之于口。哪一方要是不小心，被对方刺探到了自己的情报，就等于自蹈险境，被对方占得了先机。哪一方若是对敌方情况不明，单凭盲人摸象式的判断，就无法做好战略决策与战术布置。这就使得间谍和反间谍成为各行各业都能发生的故事。

从现代社会的视角看，用间可以是合法的，也可以是非法的。用间绝大多数是隐蔽行为，无论是从间谍的身份，还是在用间的过程中，都要神不知鬼不觉，带有高度的机密性，是不可能公之于众的。

但有的用间，也会是大张旗鼓地进行。现代卫星从空中可以拍到几乎任何想拍摄的地方，并可以精确到厘米，这已是大国获取情报的常用方式了。各国建交互设大使馆，互派大使驻扎，有时候也是要通过公开的途径获取对方的情报，以方便本国政治活动的开展。当我们听说某一国驱逐了另一国的外交官员，理由是他们干了"与外交身份不符合"的事，那就是收集秘密情报。

冷兵器时代，情形却远不是如此。在不能借助高科技手段的年代，用间的主体只能是活生生的人，类似现在所言的卧底、特工之类。主要通过窃密的方式，获取己方所需要的情报，再通过各种途径带回本国、本部队，方便接下来对军事战略、战术的确定。可以毫不夸张地说，有时候用间得到的一条情报，就足以让一方结合其他信息而运筹帷幄，决胜于千里之外。

《孙子兵法》中专门列了《用间》一篇，讨论相关问题，如其言：

> 明君贤将所以动而胜人，成功出于众者，先知也。先知者，不可取于鬼神，不可象于事，不可验于度，必取于人，知敌之情者也。

所谓"先知"，是圣贤明君、英明将帅得以打胜仗的关键。它不是借助鬼神、巫术之类的未卜先知，而是依靠间谍来获取信息、刺探情报、知晓敌情，在掌握了真实准确、数量足够的情报的基础之上，才能够站得高，看得远，拟定有效策略，从而制敌于先。甚至，有的时候可以通过间谍进行离间，不费一兵一卒、不毁一城一池，达到"不战而屈人之兵"的目的。

《孙子兵法·用间篇》中将间谍分为五类：

一为乡间，就是寻找向导，找熟悉眼下情况的人，去了解形势。即用其"民"。

二为内间，就是利用敌方内部的人，来给自己提供情报。即用其"官"。

三为反间，就是反用对方的间谍，获取有利的情报。即用其"间"。

四为死间，间谍如同放出去的一颗引诱敌人上当的棋子，用完之后，即成弃子，事情败露后，难免一死。

五为生间，间谍同样也进入敌方内部，但是要在侦察之后，人需活着将情报带回来。

从这个角度讲，生间比死间更难办。因为间谍身处敌国、敌军之中，身边都是敌人，一着不慎便会招来杀身之祸。如果能顺利完成情报任务，又能全身而退，那无疑要凭勇气、要凭智慧、要凭技术、要凭意志，这可不是一般人干得了的。

孙武的总结，概括的只是春秋时期用于作战的间谍，殊不知后世有以复加，使得间谍这个行当更为五花八门。由此再看孙武的分类，就值得思考：乡间、内间、反间是用间方式，也就是操作过程与操作技巧；而死间、生间讲的则是间谍的选用和命运。五者在内容上互有交叉，死间可用于反间，内间可能是生间，也可能是死间。并且，这五类只能算是通过刺探情报，达到为战时服务的目的，到了今日的间谍，还应包括通过各种手段，在对方管辖范围内，实行暗杀、恶意破坏等行为。

《孙子兵法·用间篇》已近乎成为千百年来将士们必读的"红宝书"，备受推崇，也出现了许多精彩案例。我们就按此分类，谈谈"五间"的性质和古代用间的案例。

一、乡间：深入敌人内部

《孙子兵法·用间》有云：

> 乡间者，因其乡人而用之。

所谓"乡间"，其注云："因敌乡人知敌表里虚实之情，故就而用之，可使伺候也。"这里的"敌乡人"，指的是敌军所在地的本地人。唐代著名军事家李靖的《李卫公兵法》则将其称之为"邑人"，即敌方中有同乡关系的人。

乡人居住在此地，对当地的情况，如天气、地形、民俗，更包括军队在此的驻扎、分布情况，都知之甚多、甚详。有经验的将帅们都善于利用乡人进行间谍活动，一是弥补我军对此地不熟悉的缺陷，比如大军到了陌生的地方，一般先需要寻找水源，那当然不能像没头苍蝇乱撞似的找，最简单快捷的方式，就是找个乡人，或凭着感情，或用金钱贿赂，一问便知；二是便于己方观察敌人的虚实情况，以提前做好准备，伺机而动。

使用乡间来获得所需要的战时情报，是最常见、最普通，基本算不上有什么技术含量的间术，可以说，它就是巧妙些的信息收集的方式罢了。但是，我们也不能因为它平平常常，就忽略了它的必要性。

很多时候，用"乡间"用得恰到好处，就能决定作战的成败。

有个老电影名叫《智取华山》，讲的是解放战争后期，在西北野战军解放大西北的强大攻势下，国民党胡宗南率领的大部队已经南逃，只剩下整编 29 军旅长方子乔（历史原型是国民党保安第六旅旅长兼第八区专员韩子佩），率残部三百余人逃上华山，在山口要道设下重兵，企图凭借天险负隅顽抗，等待时机，卷土重来。

古语言：自古华山一条路。这句话在今天都不是闹着玩的，更何况在五十年前。地势险峻的华山，若想到达山顶，只能依靠人长期攀爬留下的一条道路，顺势而上。即使是这样，中间还要经过危崖峭壁、突兀凌空的"千尺幢"。此处本是山势中的裂缝，陷在两旁的巨石之间，坡度接近七十度，若想爬上去，只能是踩着手工琢制的、刚刚能放下脚的"脚窝子"，一步一步攀爬。在这里，仰望天际，一线天开；俯视脚下，如临深渊。

当时国民党的残余部队，就是自恃控制了"一夫当关，万夫莫开"的咽喉要道，在华山山峰中固守不出。我军空有几千、几万的军队，也只能是望山兴叹。

解放军刘明基带着几名侦察兵前往华山侦察道路，在查访的过程中，刘明基在华山东猩猩沟两岔口找到了一位叫常生林的采药人（历史原型是一名叫王银生的猎户）。在赢得了常生林的信任后，采药人告诉他们，华山还有其他上山的路，只是路途更为陡峭，要在杂草丛生的羊肠小道中穿行、在石罅缝中匍匐前进、在直插云霄的峭壁上悬挂攀爬。

关于这条不为人知的华山之路，传说是汉武帝在祭祀华山山神时，留下的一条古老的路。据《华山志》记载，它已经存在了几千年。这条路几乎就是在跨越天险，飞跃山峰，足足要在山上攀爬十多公里，且每一步都要小心翼翼，否则脚下打滑、不慎踏空、掉下悬崖，绝无生还之理。

在山上的国民党部队怎么也没想到，解放军会出此策略，有此勇气，攀悬崖、登峭壁，飞渡天桥险境，趁夜摸上北峰，跑到了他们的眼皮子底下。刘明基一行在仅有几人的情况下，断然于夜晚实施突袭，打了他们个措手不及。敌人仓促间昏头转向，乱成一团。他们本无斗志，在想活命的情况下，只能是缴械投降了。

当然，这段史实在电影的表现和渲染下，加入了很多虚构和感情渲染的成分。

在今天看来，国民党的失败有诸多原因，如没有警惕心、轻敌自大、寄希望于后方的援助等。但解放军取胜的关键，无疑是利用了常生林的信息，才盘活了这局无法起手的棋。当然，常生林无意为间谍，但他的行为实为"乡间"。这里的"乡"，依靠的是信任与感情。

更多成功"乡间"的例子，靠的是比这更灵活、更复杂的心理战。

据《魏书》记载，当时北魏的天柱大将军尔朱荣，命令大都督侯渊去讨伐当时河北的起义军首领韩楼。尔朱荣不知出于何种想法，调拨给侯渊的兵马少得可怜，朝内很多人对此都不理解。

尔朱荣却镇定自若，对提出异议的大臣们说："侯渊此人领兵打仗的最大长处，正是随机应变。"这是聪明人带兵的方法，四两拨千斤，以少胜多，对他们来说，兵马太多也是种累赘，反倒是船小好掉头，说进即进，说退即退，奔袭起来的速度，要比大军压境快上很多倍。

还有一点，侯渊面对的是叛军，是乌合之众。他们据城叛乱，几乎是四面皆敌，在夹缝中求生存；他们又几乎全是临时拼凑，易于受到诱惑，有好处一哄而上，若是无利可得，也就如鸟兽般一轰而散了。

侯渊先使出一计，大肆宣扬军队的声威，让叛军内部人心不稳，以至于人心惶惶。然后自己率领几百精锐的骑兵，深入敌境，在遇到一支敌军后，并没有正面出战，而是暗地里先将部队埋伏好，再从敌军身后猛然发起突袭，大破敌军，俘虏了近五千人。从数量上看，侯渊的几百人，逮住了敌军的五千人，已经是打得很漂亮了。

侯渊再出一计，他善待这些俘虏，发还了他们的马匹武器，释放回韩楼所守的城中。他手下的将士们都质疑侯渊为何不将这些叛军划归到自己的部队里。如果他们不听话，那就都杀掉，不留后患好了。

侯渊解释说：首先，韩楼他们的人多，而我们的人少，当然不能硬碰硬，那样我们会吃亏的。其次，这些俘虏留在我们这边，我们没有把握让他们真心为我们所用。万一在我们攻打韩楼时，他们临阵倒戈，那我们就输惨了。所以说，最好的办法是使用离间之法。这些俘虏回到韩楼的守城中，如果韩楼多疑，就会误以为这些俘虏已经被我们招安，由此引发内讧，便加大了我们的胜算。

当他估量着释放的俘虏们都已经跑回到守城里面后，便率领骑兵连夜前进，在拂晓时分兵临城下，做出要攻城的样子。韩楼心中疑窦重重，怀疑安然无恙逃回来的士兵现在要与侯渊里应外合了。于是他弃城逃跑，被侯渊的精兵追上俘虏了。

侯渊所用的"乡间"是刻意设计的，抓住了对方心理上的弱点，让敌军内部怀疑有"间"而离心离德，由此获得了战机。

后来北魏分裂成了东魏、西魏，叛乱、夺权的戏码经常上演，用间的战例自然越来越精彩。据冯梦龙编纂的《智囊补》记载，东魏的谋士杨侃也曾利用投降的人为乡间，消灭了叛军。

当时，西魏刺史萧宝夤举起反叛的大旗。萧宝夤本是南朝齐的王室贵族，是齐明帝萧鸾的第六个儿子，他的胞兄就是历史上臭名昭彰的"东昏炀侯"萧宝卷。当年，在萧宝卷肆意挥霍着齐朝资源的时候，也有大臣拥护萧宝夤，希望他能登上大宝，挽救已经岌岌可危的齐朝。可惜没有成功，萧宝夤也被关押起来。萧宝夤谎称他是被人所骗，自己并没有一丝篡权的意思，萧宝卷居然听信了他的话，把他给释放了。

在萧宝夤大约十五岁的时候，岌岌可危的齐朝已经不能再给萧宝夤这个皇亲国戚任何的保护，他差点死在发动政变的萧衍手中。他再度逃过了劫难，在侍从的帮助下渡过长江，狼狈地跑到北魏。

入北之后，萧宝夤常思复国，梦想南伐征战宿敌。但他毕竟是南来之人，即使是娶了公主，表明了忠心，还是处处受到北人猜忌。加上有人吹耳边风鼓动，于是想到了拥兵自重，自立为王。

这时已经是东魏了，魏明帝令尚书仆射长孙稚讨伐萧宝夤。开始，形势对长孙稚确实不太妙。敌军薛修义部包围着河东，薛凤贤部占据着安邑，基本上构成了夹势，长孙稚的大军若要行进必然会暴露，受到牵制，寸步难行。谋士杨侃献计策说：薛修义部中的很多士兵是被强迫着围城的，在这样朝不保夕的时候，他们一定会担心留在家中的妻儿老小。我们应该利用他们心中的脆弱，使用这种民心向背的趋势，分化他们的军队。

于是，长孙稚放出风声，说那些愿意归降的士兵，我们一定不会侵害，在战后必会将他们送回家里。并且让人去兵士们原来所住村子里面，找到他们家属相商，如果同意投降，就等看到烽火台上有三处烽火被点燃时，也点燃烽火作为呼应，那么，家中当兵的人若被俘虏就会安然送回来，凡是不点燃烽火的，就视为是贼党而按死罪论处，绝不轻饶。两三天内，村民们互相转告，大部分人都想通了：还是投降好。

然后，长孙稚命令自己的儿子长孙彦在石锥山上点燃三处烽火，果然四周的村子里面烽烟四起。围城的敌军们弄不清状况，以为是自己的家乡被军队攻占了，于是纷纷逃回家里以为援助，甚至连薛修义都逃窜了回去。长孙稚乘势攻破了潼关，进入河东，逼得萧宝夤弃城逃跑。之后发生的事情是，萧宝夤的反叛最终以失败而告终，被魏庄帝赐死在太仆寺。

在今日看来，萧宝夤的复国，在当时的形势下是个不可能实现的"空想"。他又耳根子太软，听了别人几句劝就拉起兵马反叛，忽略了民心向背。无论是士兵还是将领，多年来怎能不厌倦战争？

而长孙稚正是看清楚、并抓住了这一点，几乎没有动用什么兵力，就取得了绝对意义上的军事胜利。他同侯渊一样，有效地收买或者制造了与敌军内某些人的特殊关系，将他们设为"乡间"，引起敌方的怀疑，让他们从内部崩溃，进而众叛亲离，收到了事半功倍的作战效果。

二、内间

《孙子兵法·用间篇》有云：

> 内间者，因其官人而用之。

这里说的"官"，包括任职者、失职者，还有那些被处分的、被杀戮的官员的子孙和家人，利用他们对政权的仇恨，可以获得必要的情报。这些人因为都在对方的机构之内、管辖之下，可以成为内间。

清朝朱逢甲编撰《间书》时以为，《孙子兵法》和《十一家注孙子》中都是将利用敌人管理部门的人员或与此有直接关联的人，划归到内间的范畴，他认为利用在敌方地区切身利益受到侵害的百姓充当间谍，也可以叫内间。

朱逢甲说的内间，与乡间在性质上有些重合了。我们认为，乡间与内间的主要区别在于，内间与敌方的关系，大多数情况下是所属关系，比如说君主的亲信、将帅的参谋，是在一定程度上能接触到军事机密的人。也就是说，他们本来应该是一伙的，或称之为党羽。之所以可作为"间"，是为弱点所困，或为利益所驱使。而乡间，一般说来在态度上是中立的，对敌方称不上忠诚，有时候是出于感情因素，有时候则是在不知不觉的状态下，为己方所用，成为乡间。

能被用为内间者，肯定是有嗜好者，被人抓住了性格中的弱点。最多的是贪婪财货，其次是色欲，还有的是虚荣。也有的是在无奈的状态下被逼迫的。总之是被"结其心"的心理战而利用了。

《李卫公兵法》中曾详细讲解了如何从侧面引诱入手，将敌方阵营中的某些人发展为内间：

> 若敌有宠嬖任以腹心者，我当使间遗其珍玩，恣其所欲，顺而旁诱之。
>
> 敌有重臣失势，不满其志者，我则啖以厚利，诡相亲附，探其情实而致之。
>
> 敌有亲贵左右之多词夸诞，好论利害者，我则使间，曲情尊奉，厚遗珍宝，揣其所间而反间之。
>
> 敌若使聘于我，我则稽留其使，令人与之共处，矫致殷勤，伪相亲昵，朝夕慰谕，倍供珍味，观其辞色而察之。仍朝暮令使独与己伴居，我遣聪明者潜于复壁中听其所闻。使既迟违，恐彼怪责。必是窃论心事。我知计遣使而用之。

朱逢甲的《间书》则将其归纳为精炼的四句话：

> 敌之腹心，旁诱以间之。敌之失势，利啖以间之。夸诞者，尊奉以间之。稽留者，潜听以间之。

对于敌方中被君主、将帅宠信的心腹，这些人若非正人君子，而是奸诈圆滑的佞臣，眼睛只看着权势、金钱，善于见利忘义，见风使舵，那么，我们就可以用大量的珍奇宝物去收买他们，尽量满足他们各种各样的欲望，利用他们人性中贪婪的恶性，挑拨他们、诱导他们为己方所用。

对于敌方中因为各种因素失势不得宠的官员、将士们，他们往往心怀不满，有愤懑之情。那么，我们就可以顺势引导，假装同情他们，与他们亲近，在言语交谈中套话，摸出敌方的底细。

对于敌方中的有些将领，天生虚荣，妄自尊大，非常喜欢说大话，夸夸其谈，那我们就可以派人去他那里，假意地奉承他、吹捧他，当他们利令智昏、飘飘然之时，也就对己方没有戒心了，极有可能向我们泄露他们的机密。

对于敌方派遣来的使者，我们可以用各种托词，拖住他们。然后派人和他们朝夕相处，早晚招待慰问，加倍关心他们，在他们的举止言谈中，抓住他们的一些把柄。而且，当这些使者超过了回去复命的期限后，心中一定会生出恐惧，害怕受到上层的指责。这时候，我们一是可以再投其所好，让他们就留在己方；二是可以在了解了敌方的事情计谋后，将他们放回去，以备反间之用。

纵横家张仪是个以三寸不烂之舌为武器的人。他一生相魏、相秦，先是凭借着一张利口，计破苏秦的合纵；又在齐国、楚国之间挑拨离间，游说六国依附秦国，巧施连横之术，辅佐秦国日益强大。当时有人说他是"一怒而诸侯惧，安居而天下熄"。像行得直、走得正的孟子，就鄙视张仪不是大丈夫，干的都是嚼舌根的妾妇之道。

鬼谷子教徒弟都是一对一对的，一个教用矛，一个教用盾，孙膑、庞涓师兄弟斗得你死我活；苏秦、张仪，一个要合纵，一个要连横，拿着天下瞎折腾。看似有强国强兵之术，但最主要的还是要满足自己的荣华富贵。

张仪刚学成出师时，入楚国找工作，初练手，就用内间之术，从楚怀王和妻妾那里掘到了他从业道路上的第一桶金。事见《战国策·楚三》。

张仪当年去楚国，虽然见到了楚怀王，但楚怀王根本没有要封他做官的意思。忍了一段时候后，张仪对楚怀王说："既然您不用我，那我还是北上去见韩王吧。"

楚怀王不置可否，行啊，走呗。

张仪接着说："我若见到韩王，您有什么要求吗？"言外之意是，我能顺便帮您做点什么事？

楚怀王倒是很自信："我们楚国物产丰富，还需要什么呢？"

张仪说："据说韩国的属国郑国与周国的女子，姿色都非常地漂亮。面如桃瓣，目若秋波，粉白墨黑，飘飘若仙。能亲眼目睹的，都以为是仙子下凡。"

楚怀王不禁心动，因为他正是个好色之徒，时人都有所耳闻。楚怀王觉得张仪的这个想法倒是不错，可行且可用。于是，楚怀王给了张仪五百金，让张仪帮他留心物色。

这个消息很快就传到了楚怀王内宠郑袖的耳朵里。当然，她最不希望张仪能找到美女送给楚怀王，与自己争宠。于是，郑袖就派人也给张仪送去了五百金，那意思大家心知肚明，不言而喻。

此外，南后对此也颇为担忧，同样找人去见张仪，说，听说您要到韩国去，没有什么东西送给您，只有一千金，权当您路上的车马费吧。

张仪在临走之前，又去拜见了楚怀王。觥筹交错间，张仪说："现在诸侯国间战事不断，道路隔阻，我这一走不知什么时候还能相见，我请求与您的左右亲近一块儿畅饮。"

楚怀王便叫来了郑袖与南后。张仪一见到两人，马上离席，向楚怀王叩头请罪。

楚怀王诧异得很，这是为何？

张仪说："我从来没有见过像郑袖、南后这样国色天香的美人。之前我竟然还和您夸下海口，要替您找美人。我这是欺君之罪啊！"

张仪的这点马屁，拍得正是地方，把这三人都拍得非常舒服，既夸奖了郑袖、南后的美貌，也满足了楚怀王的虚荣心。

当然，张仪的这点伎俩，是他事先做好准备的。他成功利用了楚怀王的嗜好，设了个圈套让楚怀王往里面跳，又让郑袖、南后在不自觉之间，成了他的帮衬，轻飘飘地就拿走了二千金。这与张仪后来的舌战相比，看起来好像挺小儿科，但张仪在其中信手拈来的"空手套白狼"的策略，正说明了他对用间的娴熟。

内间最典型的例子，还有汉高祖刘邦靠收买匈奴阏氏，解除了白登之围。

据《史记·匈奴列传》记载，刘邦与大军因为轻易冒进，被匈奴单于冒顿围困在白登山。匈奴一方是要将刘邦等人困死，让他们内无粮草，外又联系不上援兵，进而吞并汉朝。

刘邦在几次突围不成功后，采取了陈平之计，用重金贿赂匈奴阏氏，又说要进献汉朝的美女，送给单于，请求退兵。阏氏收了好处，劝单于说："如今单于将汉军围了个水泄不通，非要置汉军于死地。这对匈奴来说，未必最好。我们匈奴虽然人强马壮，但是作为世代的游牧民族，即使得到了大汉的领土，也无法定居下来统治。更何况汉王朝政权情况复杂，我们杀了一个刘邦，未必就没有其他人来报仇，来夺取？而且，刘邦能得天下，也一定是有神明暗中的护佑。如此，我们岂不是可能会得不偿失？现在，匈奴需要的无非是金银财宝，还有粮食、丝绸等，只要汉军能满足我们，何乐而不为呢？"

冒顿一听，挺有道理。于是将包围圈放开一角，刘邦趁此机会，带领士兵们拉满弓，箭锋向外保护自己，从缺口处冲了出去，最终与后援的汉军会合。冒顿也鸣金收兵，回到自己的草原去了。

在这个故事中，匈奴的阏氏即是陈平之计中的"内间"，她充当了汉朝的说客，使单于决策失误，让刘邦赢得了机会，得以脱出重围。

内间的关键是要对方有人可以为我所用。若无"内间"，那也要设计出"内间"为我所用，甚至敌国的所有耳目，都可以为我所用。

《隋书·贺若弼传》记载，隋朝大将贺若弼计划进攻陈朝的京口。如果硬攻，很容易两败俱伤。于是，贺若弼先是用了虚实之法，示之不能。他将战船暗藏起来，只让陈朝看到他们的几十艘破船，造成假象，让陈朝派来偷偷刺探的间谍，得到了错误信息。回去一报告，陈朝的将帅们就放松了警惕。

贺若弼又命令士兵们每天按时换防，而在换防的时候，要大张旗鼓，故意让陈朝看见。最开始的时候，陈朝以为隋军要来攻打，于是紧急集合，做好战前准备，而隋兵这边却再没有任何行动。后来才知道，他们是在正常换防。

一次这样，两次这样，这就像狼来了的故事似的，次数多了，陈军思想上越来越松懈麻痹。结果，贺若弼瞅准形势，在陈军几乎完全放松警惕的情况下，率大军一夜之间渡过长江，迅速攻破了陈朝边境。

这里的"内间"，就是陈朝自己派出刺探情报的间谍。因为他们得到的是相反的情报，所以恰好被贺若弼所用。

三、反间：反用敌人的间谍

中国一部军事史，半部都是间谍史，其中最精妙的则属反间计。兵法历来崇尚武德，以兵不血刃为最高明的策略。熟读兵法的将帅们，大都试图从敌方内部瓦解、分化他们，以达到剪除敌将的目的，这样不战即可有胜算，至少也可以小战而大胜。很多时候，运用反间在消灭敌人有生力量方面，能收到正面战场上所达不到的奇效。诸如赵王杀李牧、大宋以莫须有的罪名杀岳飞、大明崇祯皇帝杀袁崇焕等，都是因为中了反间计，给这些将军们扣上了通敌的罪名，让他们百口莫辩，含冤而死。

用间之术，本就诡诈难辨，而反间计更是将术、计、略等结合运用到了极致，虚虚实实、真真假假，一计上心来，让敌方大军溃于一旦。甚至是一张纸条、一封假信、一句似有意又无意的话，都可成为反间计的工具。用之者得心应手，被用之者却不识真面目，让后代看客，击节叹服。

《孙子兵法》中言：

> 反间者，因其敌间而用之。

所谓"反间"，即利用敌方的间谍来为己方做事。按照具体做法，可分为几种方式：

第一种，策反。如《间书》所云："敌使间来视我，我知之，因厚赂重许，反使为我间也。"当己方发现了敌方的间谍，并没有必要杀之而后快，利用比弃之更有好处。有的时候，我们可以晓之以情，动之以理，现在通常叫"策反"，就是鼓动间谍倒戈到我这一方；有的时候，我们还可用财货贿赂，买通他们，给他们以更高的工钱、更好的保障，让他们在两者相较间选择己方。

明朝的冯梦龙说过这样一段话：

> 能用谍不妨舍谍，然必先知谍，方能用谍；必能使民不隐谍，方能知谍；必恩威有以服民，方能使民不隐谍。
>
> （《智囊》）

大致的意思是说，在发现间谍后，我们应该先考虑舍弃他，因为在我们不知道这些棋子究竟是什么秉性的情况下，他们未必好用。但若是我们已经了解了他们，不妨先对他们宽大处理，恩威并施，然后再考虑利用他们。这样，让老百姓也知道了我们的政策，就不会窝藏间谍了。

反间计中的一个原则，即是对待抓获或者投诚的间谍胁从不问，既往不咎，赢得敌方间谍内心里的感恩与信任，为我所用。

据《宋史·李允则传》记载，李允则抓了契丹的一个间谍，给了他宽厚的待遇。这个间谍直言说，他是敌方的燕京大王派遣来的。而后，又细细地说明了他所知道的宋军这边的情况。李允则说：你所刺探到的情况，很多并不是我军的真实情况。但是，为了你能回去交差复命，我可以把一些真实的情况告诉你。于是，李允则叫来了手下，当着这个间谍的面，打开军事文书，将宋军兵马的具体数量又写了一纸文书，给了他。这个间谍知道这是军事机密，要求李允则加章密封，李允则也答应了。

而后，这个间谍带着李允则给的大量金钱，打算回到契丹去。不过没过了多久，这个间谍就掉转马头回来了，归还了李允则提供的文书，依旧密封如故。而且，他还把他所知道的契丹军的兵马、钱粮、地理等情况，详细报告给了李允则。

这则故事说明的就是"彼间皆转为我间"。间谍一是被重金收买，二是被恩情感动，于是投诚到对方的阵营中。

反间的第二种方式，利用。萧世诚注《孙子》时说：

> 言敌使人来候我，我佯不知而示以虚事，前却期会，使归相告，故曰反间。

当我们发现了敌方的间谍，要不动声色，故意将一些假情报泄露给他们，让他们误以为这些是真情报，再将情报传递给敌方，实际上，我们是借此找到了一个可以影响对方情报机关的渠道，获得己方想要的结果。

反间计多是针对间谍的。如果反间计用得好，那么，敌方间谍的生死基本上是控制在己方手中的。

如何让敌方的间谍在离开己方后还能得生呢？己方可以透露给敌方间谍一个真实的情报，当这个真情报应验了的时候，敌方一定会以为，这个间谍已经打到了己方内部，因此会对他深信不疑。然后我们再想其他的计策，让这个间谍再也无法拿到情报，持续一段时间后，对方如果放弃了他，他就成为了一颗死棋，也就无用了。

如何让敌方的间谍在离开己方后，被敌方猜忌、怀疑，以至于丢掉性命呢？这样的方法就更多了。

最简单也最实用的办法是，给这个间谍提供一个假情报。当他把情报传递回敌方之后，我们再让敌方清楚地知道，这个情报是假的。敌方因为这个情报，偷鸡不成反蚀把米，定会迁怒于这个间谍，那他自然就凶多吉少了。

《李卫公兵法》中说过具体的方法：

> 若敌使人来，欲推虚实，察我动静，觇知事计而行其间者。当佯
> 为不觉，舍其厚利而善啖之。微以我伪言诳事，示以前却期会，即我
> 之所须，为彼之所失者，因其有间而反间之。彼若将我虚以为实，我
> 即承其弊而得其志矣。

当我们发现敌方的间谍后，要先推之虚实，也就是要考量这个间谍，包括
他的身份、他的性格、他知道己方的多少情报等等，都在调查范围之内。在他
丝毫没有知觉的情况下，找人与他亲近、聊天，似乎无意地透露给这个间谍以
我军的信息。当他不以为诈，将这些信息传递回敌方，实际上就是被我们的反
间计利用了。在这种情况下，我们用虚实、真假变幻，让敌军弄不清楚哪一个
信息为真，哪一个信息为假，就可以顺着我们掌控的形势，控制战场。

由此可见，反间计的目的，绝不仅止于除掉对方渗透进己方的间谍，而是
反着使用他们，以便有利于战事。

当年岳飞奉皇帝之命，招降岭南的叛军，但叛军首领曹成借助地势负隅抵抗，
不肯投降。在这种形势下，岳飞并不急于开战，但是也控制着局势，使得叛军
不再发展。

他给朝廷上书说："历来的叛军，如果在他们人多势众的时候，他们就硬气
得很；如果他们的力量弱小了，看到与朝廷的力量悬殊，就会被招安。有时候
是权宜之计。现在曹成的兵马不少，我们如果不围剿，他们恐怕难以接受招安；
但要是我们硬攻，打到他们服软，恐怕也是口服心不服，不知道什么时候，就
又举旗造反了。"

于是，岳飞一边行军，一边寻找更好的策略。恰巧这时候，宋军抓住了曹
成派过来潜藏的间谍，绑在营帐外的空地上。岳飞便走出营帐，找到管粮草的
官吏，叫他去调拨粮食。粮草官直言说，粮草已经马上要用完了，我们大军该
如何是好呢？

岳飞长叹了口气，说："那我们先撤回茶陵，等到后方粮草陆续赶到，再考
虑进军的事情吧。"岳飞说完这句话，回头看到被俘的间谍，于是显得更加懊恼，
跺了跺脚，回到了营帐里。

其实，岳飞是联合了粮草官，演了场戏给敌方间谍看，让敌方间谍故意看到这一幕。到了晚上，岳飞又让看守放松，暗中让人把敌方间谍放跑了。接下来发生的事情，全在岳飞的预料中。敌方间谍回到曹成军中，向曹成报告了这一切，曹成急于求成，派兵攻击岳家军驻地。

岳飞早已率兵绕过山岭，连夜直捣曹成的后院。曹成留守的兵将们根本想不到岳飞会从后面包抄，仓促之下溃不成军。岳飞大军一鼓作气，趁机大举进攻，接连夺下叛军的许多险关要隘。

没过多长时间，叛军就陷入了困境。这时候，岳飞才对他们晓以大义，施行招安，使叛军们心服口服。

善用反间计的，还有明朝的王阳明。王阳明在中国哲学史上是个重要的人物，他的"阳明心学"，发展了孟子的"尽心"、"良知"和陆九渊的"心即理"等学说，以"致良知"与"知行合一"为根本。也许是王阳明有哲学性的思辨思维，他在用计时也常能用常人所不能用，收到出奇制胜的效果。

当时，宁王朱宸濠想谋取帝位，联合李士实、刘养正在南昌起义。因为事出突然，王阳明的军队尚未集结，而朱宸濠怎么也算是有准备，如果叛军突然发起袭击，王阳明势必招架不住，即使马上向朝廷申请派兵支援，也是远水解不了近渴。

王阳明想了个办法。他让人到处贴檄文，命令各郡县准备军饷，做出好像有许多大军马上要开到的样子。同时，他知道李士实、刘养正是迫于朱宸濠的淫威，才被胁迫成了叛军的。他写密信给这两人，信中说："你们可以怂恿朱宸濠尽快发兵，他一旦离开了根据地，接下来的事情就好办了。如果帮助朝廷消灭了叛军，朝廷一定不会忘了你们的。如果你们像朱宸濠一样执迷不悟，那接下来的事情，我就很难保证了。"其实，王阳明这是大棒子加胡萝卜，威逼利诱双管齐下。

另一面，王阳明抓了朱宸濠的间谍，扬言要将他斩首，把他扔到了监狱里。王阳明也是在演戏。用间就如同上演一出戏码，人就是戏，戏就是人，不知何为真，何为假。他私下找了个头脑灵活、嘴皮子又会说的狱官，假意做出对朝廷不满，也想造反并效忠于朱宸濠的样子，不仅夜晚偷偷放了这个间谍，还把王阳明给李士实、刘养正写信的事，包括信中的内容，杂七杂八地告诉了他。

间谍好不容易死里逃生，捡了条性命，跑回朱宸濠的军中，就把他的所见所闻告诉了朱宸濠。朱宸濠这个人本来生性多疑，患得患失，一听说这个情报，马上心里面就犯了嘀咕。他找来李士实、刘养正商量军情以试探他们，两人异口同声地让朱宸濠带兵攻打南京，先夺了陪都即位再说。这样一来，朱宸濠便更犹豫不决。

就是在朱宸濠思来想去的时候，王阳明成功地赢得了时间，等待支援。

第三种反间方式，离间。借助多种方式，如传递假信息、放风造谣、栽赃陷害、伪造信物等，在敌方的阵营中挑拨，让其内部互相猜忌，动摇敌方阵营内部的团结，尤其是敌方当权者对将帅的信任，使之或将其放弃不用，或干脆直接杀掉。

岳飞就是离间了金兀术和刘豫的关系，借刀杀人。

刘豫是金统治者扶植的傀儡，有其名而无其实，与大将金兀术关系并不好，貌合神离。岳飞便利用军中金兀术派来的间谍，来做这件事。

有一天岳飞故意装作偶然碰见这个间谍，并假装认错了人，还破口大骂他："你这个张斌，不是我的人吗？怎么不听我的话呢？我派你去大齐，邀约刘豫诱骗金兀术，你怎么突然回来了呢？"

这个间谍自己心里有鬼，不敢声张，也没弄明白是怎么回事，只好假意敷衍着。

岳飞接着说："你这等于是背叛，按律应该处斩。"

间谍为了活命，至少不能糊里糊涂地丢了性命，就满口答应，说："将军，我再去大齐便是了，这次一定不辱使命。"

岳飞说："这回我给你个密函，一定要亲手交到刘豫手中。我们约好了日期，一起起事。"为了保密起见，岳飞还把密函放在小小的蜡丸中，藏在了间谍的腿肚子里。

间谍从岳飞军中出来，当然不会去找刘豫，而是带着所谓的"情报"，跑回到金兀术军中，向金兀术报告这个近乎爆炸性的消息。

金兀术也觉得此事可怕得很，要是刘豫真的叛变归顺了岳飞，那自己还打什么仗，说不定连命都没了。最要命的事，最让人紧张，一紧张就忘记了思考，丝毫没觉得其中有蹊跷。他迅速报告了金太祖，马上刘豫就被废掉了。

这类离间计在军事史上屡见不鲜，且每每生奇效，有着极高的成功率。这都是利用了君主或者说统领者善疑的心理特性。其实，在谋略中谨慎行事、考虑周全是必要的，但有的时候，对方用间计真的是螳螂捕蝉、黄雀在后，尤其是连环借刀杀人，常常令人防不胜防。

四、死间：冒死完成情报任务

所谓"死间"，顾名思义，就是间谍要丢性命。《孙子兵法》中说：

> 死间者，为诳事于外，令吾间知之，而传于敌间也。

为了迷惑敌人，故意把虚假的情报传递出去，让己方间谍知道，再通过他传递到敌方那里。接下来的事情，就像《间书》所言：

> 作诳之事于外，佯漏泄之，使吾间知之，吾间至敌中，为敌所得，
> 必以诳事输谕敌，敌从而备之，吾所行不然，间则死矣。

当敌方得到了这些信息，必然会根据这些假情报进行准备。而当敌方发现这些情报是迷雾弹，与己方的行动不一致，差点让他们吃亏的时候，那己方的间谍肯定是凶多吉少，小命难保了。

由此看出，间谍这个职业有多么危险，尤其是被派到对方去的间谍，现在多称之为卧底，就是玩命。有的时候，自己被当作死间，最初并无什么征兆，在懵懵懂懂间，就成为双方互斗的牺牲品。有的时候，间谍在去卧底的时候，就知晓自己最终的命运，知道一旦身份暴露一定会被敌方所杀，即使没有刻意地传递假情报，结局也不会好到哪里去。

所以，能主动将自己作为死间而参与用间活动的人，必然是有坚定的信念之人，才能有勇气将自己置于危险之境地。这些人身负双重身份，戴着面具生活，掩饰着自己的真实身份，带着崇高的使命壮烈牺牲，是值得敬佩的。

死间也未必是一定要派到敌方阵营中去的。有些情况下，死间就是己方做样子给敌方看的一招棋。用通俗点的话来说，就像作秀，杀了个人，示意对方，好让对方放松对己方的戒心。所以说，古代兵书所说的"间"，在间谍身份上，要比我们今天理解的"间谍"的范围要大得多。今天的间谍基本上是职业人员，

而古代的"间"是随机生成的，在不同场合下，军队中的官员，包括他们的家人，甚至还包括一些无直接相干的人员，只要为"间术"所用，都可以称之为"间"。

楚汉战争时，郦食其就被当作死间，结果嘛，自然死了。

据《史记·淮阴侯列传》记载，刘邦为了灭掉齐国，在做好攻击准备的同时，又派遣郦食其去说服齐王，并约好了与韩信一起攻齐。

两路人马都太强了。齐王被郦食其说动，于是收兵回营，准备要归降汉王朝。

韩信这时也打算停止进军。可谋士蒯通却不这么认为，他劝韩信道：虽然汉王派郦食其劝降了齐国，但是我们并没有收到停止进攻的命令啊。

于是韩信继续进军，当他的大军渡过黄河时，郦食其正在和齐王开怀畅饮。齐王听说韩信大举进攻，真是火冒三丈，认为是郦食其出卖了他，让他上当受骗，心里面怎么能咽下这口气，就把郦食其以"烹"的极刑处死了。郦食其做了冤死鬼，韩信则兵临临淄城下，大获全胜。

郦食其虽是使者，但从军事上看，实际是刘邦派去麻痹齐王的间谍。也有的研究者认为是韩信嫉妒郦食其的功劳，故意借刀杀人。由此事可以看出，郦食其狠，韩信更狠，最狠的则是刘邦。他就是用死间以麻痹齐王，保证韩信足以取胜。因而，郦食其死不是出乎意料，而是在预料之中，只是刘邦不动声色罢了。

在应用反间计时，我们可以让敌方的间谍生亦可生，死亦可死。《间书》又补充说：

> 故间来，闻我诳事，以持归，然皆非所图也。二间皆不能知幽隐深密，故曰死间也。

敌方间谍来己方刺探情报，被我们故意蒙骗后，带着一些假情报回去汇报，然而这些情报并非己方的真实意图，那自然对敌方有害无利，至少也会耽误他们的时间去调查，或者折腾得参谋部的人员不得安生。这时候，即使对方内部有己方的人员，他其实也不知道何为真、何为假，两间都不了解己方军事的最高机密，在这种情况下，两间谍都可以归之为死间。

檀道济率领宋军讨伐北魏，在进军至历城的时候，遭到了魏军轻骑兵的拦截，焚烧了宋军的粮草。宋军要做的，只能是退军了。

北伐，就是在敌占区作战，胜能进，败难退。更何况力疲粮绝？

檀道济知道军粮已尽，活着回去就是胜利。可惜，屋漏又遇连阴雨，有一名士卒逃跑投降了魏军，把宋军的情况都告诉了魏军。于是魏军紧追不舍。而檀道济这边的将士们已经人心惶惶了。

檀道济此时只能用计。到了晚上，他让粮草官清点粮食数量，用沙子冒充军粮，在称量的时候故意高喊数字，以示存量充足。最后，只将剩余的一点米盖在沙子上。檀道济放出如此的迷雾弹，让魏军间谍远远看到，好眼见为实，以为檀道济军粮绰绰有余，而那个投降士卒报告的是假情况。

果然，魏军以为敌情投降的是个间谍啊，差点上了他的当，立刻将之斩首示众。

檀道济巧用计谋，在己方形势已经很危险的情况下，巧妙利用了魏军先入为主对投降士卒的信任，不失时机地实施反间计，将投降士卒用为"死间"，既除掉了叛徒，又解除了危险，赢得了时间，化被动局面为主动局面，

除以上三种，还有一种死间，就是故意让间谍死。萧世诚《孙子》注中专门论述道：

> 所获敌人及己叛亡军士，有重罪系者，故为贷免，相救勿泄，佯不秘密，令敌间窃闻之。吾因纵之使亡，亡必归，敌必信焉。往必死，故曰死间。

当己方俘虏了敌方的将士或者叛逃、包括身犯重罪的人，可以先赦免他们，留他们性命，严厉警告他们不能泄露己方的情况。但在表面上又装作不怎么在乎的样子，有意在他们面前谈论"机密"之事，其实一切都是虚假的。之后按照约定，放他们走。这些人必定会逃往敌方，将他们所见所闻一五一十地告诉给敌军将领已正是通过了这些人的口传，轻而易举地找到了以虚为实、欺诈迷惑且影响对方制定战术的渠道。

而当敌方发现了这其中的圈套时，为时已晚，恼羞之怒下，这些人难免一死。这听起来好像很阴险，从己方角度看，他们本来就是"死人"，不过在临死之前又被借用下性命罢了，一举两得，让他们多活几天，对己方有利而无害。

还有一种死间，死给间谍看。就是杀掉一个并非间谍的人，以假象让对方上当。《韩非子·说难》中就记载了郑武公利用关其思，进军攻胡的故事。

当年，郑武公想要讨伐胡国。为了麻痹胡国的斗志，为自己赢得时间，就

先把自己的女儿嫁给胡国国君为妻,这类似于后世的和亲,目的是用女人换和平,暂且稳定局势。

后来,当郑武公准备得差不多的时候,有一次,他公开问大臣:"我想对外用兵,哪一个国家可以攻打?"

他手下的大夫关其思不知道领导在下一盘很大的棋,不假思索地说:"可以攻打胡国。"

郑武公马上勃然大怒:"难道你不知道,我的女儿是胡国夫人吗?我和胡国是兄弟之国,你却出主意要攻打他,居心何在?"

盛怒之下,郑武公把关其思给杀了。胡国国君听闻此事后,认为老丈人就是老丈人,郑国是真心实意地亲近自己,所以毫不提防。于是郑武公看准时机,突然发动袭击,灭了胡国。

在这个故事里面,说到底,关其思是无辜地充当了炮灰,被郑武公借了脑袋用用,其实他何罪之有?郑武公连自己的女儿都用上了,还可惜你一个脑袋?

用一个无罪的人,甚至是一个有功之臣充当死间,绝不是品德纯正的行为。但是,这也并不是说,用犯错有罪之人作为死间就无可厚非。君子应该有好生之德,每个人的生命都是平等的。只是用兵之人很少考虑到这些,毕竟争斗时,都是在拼个你死我活。

但有仁心的大将会考虑到借脑袋不能借有用的脑袋,要借该死的人的脑袋。《李卫公兵法》将其称为"缓罪庚",比如找到一个罪犯,让他们冒充军中的谋士,并威胁着告诉他:明天早上,在将军与谋士们聚会讨论对敌方是马上剿灭,还是缓棋一招的时候,你必须要站起来大声回答:"坚决剿灭!"那就会赦免你的死罪,否则马上推出中军帐,就地斩首!

罪犯为了保住性命,在第二天开会的时候,一定会按着设计行事。然后,借着这个罪犯的话,将其杀掉,然后当众宣布,我们暂时按兵不动,观望一段形势再说。

当然,做这些要给敌方的间谍看到,要不岂不是白杀了?将这个消息传递过去,对方就会放松警惕。己方就可以伺机而动,在敌方不经意间,出奇制胜,一网打尽。

五、生间：间谍一定要活着回来

生与死相对，生间，就是间谍要活着回来。《孙子兵法》云："生间者，反报也。"
《间书》云：

> 择己有贤才智谋，能自开通于敌之亲贵，察其动静，知其事计，
> 彼所为己知其实，还报，故曰生间。

能活着回来不容易啊。古时候通信设施没有现在发达，最多的方式即为书信，还要通过人来传递。灵巧一点的办法，也不过是用飞鸽传书。在这种情况下，挑选足智多谋的人作为间谍，使之能打通与敌方上层亲贵之间的关系，侦察敌军的行动，探听敌军的战略战术，并能带着自己掌握的情报生还来汇报，这样的生间是很重要的。

兵法是高智商的游戏，间谍更是危险系数最高的职业。无论是出于什么目的的间谍，一旦事情败露，被对方揭穿身份，发现动机，恐怕都是凶多吉少。所以，能为生间者所具备的素质，就比乡间、内间、反间中用到的间谍要高得多。或者说，生间是己方经过精挑细选，然后才派遣到敌方去的，与那些临时因计而用之的间谍，不可同日而语。

一般说来，生间都是德才兼备之人。首先要有德，有德才能忠诚，忠于己方，不会因为钱财、色相而被对方引诱，反而背叛我们。这不是虚妄之言，最坏事、最可怕的间谍就是双面间谍，像个信息中转站似的，先把敌方的信息传给己方，同时又把己方的信息传递给敌方，两方其实都是受害者，双面间谍则从中间渔翁得利。从这个角度说，间谍的忠诚度最重要，在与敌人周旋的过程中，不能因各种因素被敌方所同化。

其次，间谍都是智勇双全之人，唯有大智大勇，随机应变，又能有镇定自若的气质，才能应对各种突发的状况，获得情报，并且保护自己安然无恙。

《左传·宣公十五年》记载的华元智退楚军，就是生间。

宋国虽然是个小国，但因为处于军事要略之地，无论是齐国西进、晋国南进、楚国北进、秦国南进，都需要利用宋国这块地势。所以，宋国经常被卷入战争之中，成为各国争霸时的必争之地。楚国派大军攻打宋国。宋国坚守了九个月，

楚国也没能征服宋国。

楚共王觉得有些拖不起，有了退兵的打算。他手下的大夫申叔却建议说："我们已经围困了宋国足足九个月，我们快要打不动了，按理说宋国也已经濒于绝境，他们应该坚持不了多长时间了，不如我们下定决心，在此盖房种地，长期包围，也许宋军心理上坚持不住，也就出城投降了。"

楚共王采纳了申叔的建议，真的打算打"持久战"了。

宋国看到此情况，只能出险招制胜。宋君派遣了武艺高强的大夫华元，趁着夜黑风高夜，潜入楚国军营之中，径直登上主将子反熟睡的床榻，叫醒子反。估计当时子反的胆子都要被吓破了。

华元对子反说："我呢，并没有什么恶意。我是国君派来的，他让我把城中的困难情况告诉你。其实，宋国已然是强弩之末，各户人家都劈开死人的骨头当作柴禾烧；没有食物，甚至开始易子而食。尽管如此，我们是不会屈服的，更不会受楚国的逼迫，签订城下之盟，我们宁愿与国家共存亡，也不可能轻易从命，当作你们争霸路途上的傀儡。但如果你们能退军三十里，有些事情还好商量。"

华元越是这样说，子反越是害怕，凉气都要从背后升起了。试想宋国城中已经是这个样子，居然还能有像华元这样的人，出入楚军军营，如入无人之境。更关键的是，华元还不怕死，想要在无声无息中杀掉自己易如反掌。

子反在惶恐之下，只能答应华元的要求，和华元订立了盟誓，随后报告楚共干，把军队后撤三十里，宋国由此得救。

华元有勇有谋，能只身入敌军，胁迫了敌军主帅，还能悄然退回来。他没有鲁莽地直接杀掉子反，因为若是杀了子反，弄出动静，恐怕他自己再也不能看到明天的太阳了。他选择的是连吓带哄骗，深谙进退之道，这才是兵法中的大智慧所在。

还有，朱元璋灭陈友谅也是用生间而成计。

朱元璋、陈友谅本是元末起义时的战友，但当二人势力强大、都要占领江南时，就反目成仇了。朱元璋与部下协商如何对付陈友谅，刘基主张趁陈友谅大军立足未稳，给予迎头痛击。

怎么痛击呢？

朱元璋想起了属下康茂才与老陈相识，就鼓励部下假装投降作为内应，吸引老陈的大军来攻。康茂才便派出自己的老部下去见老陈，与他约定，到时康茂才在应天府那座江东木桥上接应。

朱元璋一看老陈信了，立刻把木桥拆换成石桥，用重兵把守各关口。

结果当老陈率军到了约定处，发现没有木桥只有石桥，按照约定信号喊了半天，也没有援军，方知道真的上了当。

要撤退，来不及了，朱元璋立刻命令全军进攻，陈友谅的水军基本被朱元璋俘获，老陈元气大伤。

而在这其中，康茂才和他派去的老部下，就是"生间"。

六、间法：各种间术的智慧调和

乡间、内间、反间、生间、死间，是《孙子兵法》中归纳出的用间的五种基本类型，它们之间互有交叉，相辅相成，在应用时可以两三种共同使用。朱逢甲的《间书》中曾有这样的论断：

> 五间相济成，而以反间为乡间、内间、生间、死间之本。

尤其是其中的反间计，当它与其他四种合用时，集合骗术、假象、错觉等手法于一体，在间计中再设间计，在圈套中再设圈套，不按常理出牌，让人防不胜防。我们打个比方，这五种间法就像五种颜色一样，各有光环，各有不同，在战场上等待高明的将领，将它们混合调用，调成变化无穷的战法。

朱逢甲分出间君、间亲、间能、间助、间邻、间左右、间纵横七种间法。对此，我们也不能"泥其词而刻舟求剑"，固执刻板地去分类理解，而应知晓它们的用意，师其意而变通之，在烂熟于心的基础上，视情况随机择用。

间本

"间本"即间之本。《孙子兵法·用间篇》开篇有这样一段话：

> 凡兴师十万，出征千里，百姓之费，公家之奉，日费千金，内外
> 骚动，怠于道路，不得操事者，七十万家。相守数年，以争一日之胜，
> 而爱爵禄百金，不知敌之情者，不仁之至也，非人之将也，非主之佐也，
> 非胜之主也。

凡兴师动众，出兵百万，出征千里，用百姓的耗费，用国家的开支，每天
都要花费数千金。举国骚动，民众服徭役，疲惫于道路，导致众多民众不能从
事农业之本。两军相持数年，最终目的都是为了取胜，在此期间，若在间谍的
使用上还吝啬爵禄和金钱，因不能了解情况而遭受失败，那就太不"仁"了。
这段话蕴含了三个要点：

一是间之"本"在情报。要意识到情报是决定战争胜负的重要因素，双方
使用间谍的根本是为了"四两拨千斤"，有了间谍，才能拥有"先知"，也就能
掌握战争中的相关信息，以便更好地制定战略与战术，方能不战屈人。

在不得已的战争中，怎么才能有效减少战争中对国力的消耗，对民众的损
害呢？其中的捷径便是用间谍。反过来说，使用间谍只是种手段，是种正当的
军事策略，并不是阴险的旁门左道，更不是奸邪小人的罪恶勾当。所以说，"明
君贤将，能以上智为间者，必成大功，此兵之要，三军之所恃而动也"。后世儒
家所崇尚的贤臣，如伊尹、姜尚等，甚至都曾亲身从事用间活动，作为用兵作
战的要事，但丝毫没有损害他们的圣贤之名。

那么，间谍所要收集的重要情报是什么呢？《孙子兵法》说：

> 凡军之所欲击，城之所欲攻，人之所欲杀，必先知其守将、左右谒者、
> 门者、舍人之姓名。令吾间必索知之。

凡是我军想要攻击的敌军，攻占的城邑，就必须预先了解主管将帅及其左右亲信，还有掌管传达通报的官员，甚至负责守门的官吏以及门客幕僚的姓名，务必命令己方的间谍侦察清楚。

这些都是为了知彼，把握住战争胜利的致命咽喉。换句话说，无论是在只能依靠人为间谍的冷兵器时代，还是在可以通过卫星、电话监听、密码解密、网络黑客等用间的现代战争中，用间最基本的工作，仍是情报收集。只是随着时代的发展，情报所涵盖的范围越来越大，大而言之，包括一个国家的政治决策、经济方略、军事统战实力等；小而言之，包括国家各个层面的统计数据、发展走向等。

第二个要点是要能间本。这个本是国之根本，即能够通过间谍彻底动摇一国政治、经济基础。典型的例子，就是秦修郑国渠。

秦打算统一六国，必须先拿韩国下手。韩王万般无奈，想出了一个疲秦之计。让韩国人郑国入秦，游说秦国修一条渠贯通泾水和洛水，以发展秦国农业。由于修筑这样的引水工程需要耗费大量的人力物力，韩国人打算以此来牵制秦国无暇东侵。

秦国正苦于关中旱涝不均，立即动工，让郑国主持兴建。正在施工之中，疲秦计暴露。秦王嬴政要杀郑国。郑国说："我是间谍没错，但这渠修成对秦国有利。与其杀我，不如暂且留我几年，让我来完成这利秦的工程。"秦王一看，反正秦也无人能接着干，就让郑国坚持修筑。虽然修筑郑国渠耗费了物力人力，为韩国赢得了十几年的生存时间，但渠建成后，使得关中变成了千里沃野，再不受旱涝影响，反倒成为秦国国力上升的重要基础。

《南唐书·浮屠传》记载了一个故事，用的也是间本之计。

宋主想统一天下，准备进攻南唐。时值后主李煜在位。李煜是个生性就不适合当皇帝的人，没事吟吟风月，写写诗词，不知道怎么命运的转盘非要把他推上这个位置。他对于治国丝毫不在行，与他的文学能力差得实在太远了。

当时有个北来的和尚，法号叫小长老，自称是沿途化缘来到南唐。李煜本就信佛，对小长老丝毫不排斥，还将他列为座上宾。

小长老劝说李煜多修宝塔庙宇，这样佛才能保佑南唐一方水土，百姓安居乐业。李煜怎么能想到这是诈计，不疑有他，开始修庙宇、立金佛，耗掉了国库内的许多钱财，国力愈加虚弱。

小长老还请求李煜，在牛头山上盖了一千多间僧房，聚集了许多和尚，每天供应丰盛的斋饭，吃不完就把它们倒掉，还美其名曰"折到"。其实，这话是相当不吉利的，"折"和"到"都不是什么好意思。谣言开始随风扩散，人心慢慢浮动，李煜却丝毫没有知觉，仍旧夜夜笙歌，戒心不存。

在这里，我们还应该明白一个道理，也即间本的第三个要点，那就是经济消耗与综合国力的问题。小长老设下的迷魂阵，让李煜建寺庙、养和尚，大兴土木，等同于釜底抽薪，从南唐国家的根基削弱它。这就像两个人要决斗，一个人想办法把另一个人饿得皮包骨，这样胜算就大多了。小长老浮夸着李煜，香火繁盛之下，南唐已经是外强中干。

后来，宋军打过长江，还把这些寺庙和僧房作为宋军的营房。这时候，南唐后主才顿悟，这些寺庙的选址都是在军事要害之地。这等于说是南唐用着自己的国力，给宋军建起了一座座军营。如此行事，南唐何能不亡？

间密

间密，是指用间之事需要高度机密。朱逢甲《间书·成间篇》中言："秘密以神其用，厚赏以结其心，始可以用间。"用间是绝密之事，知道的人越少越好。要能让间谍保守秘密，死心塌地为己方所用，就需要不惜重金培植、收买、使用间谍。

关于间密，有两层含义：

第一，重用间谍。间谍在活动过程中，只有有了充足的经费，才能更好地获得情报、传递情报。这里面也许会有些反对的声音，说间谍有时候的活动，看起来与用间活动毫无关联，那么，这些都需要国家来买单吗？实际上，有些活动在外人看起来也许是在扫外围，但可能在间谍本人，施行这一活动是非常必要的。如果吝啬这些小钱，不去深入地了解敌情，最后很可能会因为没有有效地掌握敌情，导致战争失势，劳民伤财。那才是丢了西瓜，捡了芝麻，得不偿失。情报的效用，是绝不能用金钱来估量的。

我们看史书中的一些记载，秦国为了收买晋鄙的门客，离间信陵君与魏王的关系，动用了万斤黄金；刘邦派陈平离间楚霸王项羽与范增的关系，也给了陈平四万斤黄金，听凭陈平自由使用；宋主赵匡胤用巨额资金贿赂镇守边境的边防军，就是为了刺探敌人的机密情况，后来甚至对敌军将领的饮食起居情况都了如指掌。在近代战争中更是如此，间谍的花销与支出，现在统称为情报经费，在军费开支中是必须预算的一部分，甚至在这些巨额资金的应用上，都没有规定的条件和使用的上限。

第二，重赏间谍。《孙子兵法》中有言：

三军之事，莫亲于间。赏莫厚于间，事莫密于间。

孙武认为，在军队中，间谍应该是最受恩宠的，没有人会比间谍受到更多的抚慰，没有人会比间谍得到更多的赏赐。而如果对他们不信任、不恩宠，假如他们从敌方那里得到了更多的好处，就有可能反过来被敌方利用，泄露了己方的机密，那对己方是双倍的损害，真的是件天大的坏事。

从这个意义上说，间谍往往是由国家、战略或者战役最高决策层直接领导或指挥，以保证情报能够直接到达或者进入决策系统，而间谍组织系统和人员安排，更是国家绝密中的绝密。

尤其是深入敌方内部的间谍，处境险恶，每天都在演戏，一个场景演不好，丢掉的可能就是自己的性命。有人说卧底是在"刀锋上的游戏"，看过谍战电影的，或者读过相关资料的，都知道此言不虚。所以说，若不给予间谍高官厚禄的保障，使他们死心塌地地为己方服务，万一他们感觉或者是错觉到自己家的后院起火了，那么，任何一名间谍首鼠两端、变节投敌，也许就是一念之差。对于间谍来说，这只是他一个人的事情，但对于己方，也许就会导致整个战术的失灵、整体战略的瘫痪，造成不可挽回的巨大损失。

间君

诸侯之间的战争，并不仅仅是两国战场上的刀戈交锋，常常要波及和牵动邻邦。各国国君在外交政策上的选择，很大程度上影响着一时局势的走向。通用的办法是，根据眼下局势，确定哪些可以成为己国的盟友，哪些是己国的敌人，盟友间组成利益集团，相互策应，协调兵力，共同牵制与打击敌人。

在这其中,用间被很多的"行人",即外交使臣发挥得淋漓尽致。他们以"伐交"为目的,通过"间君",致力于改变各国间的联盟关系,或者是拉拢,或者是离间,上演了一出出朝秦暮楚、反复无常的外交戏码。

最精彩的案例,就是在《孔子家语》里面记载的"子贡救鲁"。

子贡是孔子的高足,懂经商之道,擅辞令外交。他曾经商于曹、鲁两国之间,富致千金,车肥马、衣轻裘,是孔子弟子中最富有的人,被后人推之为儒商之祖。尤其是,他还同时官佩鲁、卫两国相印,"存鲁乱齐",最见其智慧。

当时,孔子在卫国客居,听说齐国的大夫田常图谋夺取国君之位,但又担心国内其他重臣的反对。田常为了转移视线,也为了借战功扩大自己的势力,除掉心腹之患,于是向齐景公奏请伐鲁。齐景公被蒙在鼓里,居然同意了。

鲁国是孔子的父母之邦,他自然要想办法救鲁。他召集自己的弟子商议对策。

孔子对自己的弟子们说:"鲁国是我的先人骨骸所安放的地方,也是我将来的坟墓之所在。现在齐国田常打算攻打鲁国,谁能代替我去游说田常,阻止他们的进攻,拯救鲁国?"

子贡自告奋勇,请求出使齐国。孔子欣然同意。

子贡即刻去了临淄,请求拜见田常。他对田常说:"据我愚见,鲁国是难伐之国,您为什么要去征伐呢?"

这让田常很是困惑。子贡接着说:

"您看,鲁国的城墙又薄又矮,地理面积小,老百姓弱,国君愚蠢,大臣们吃喝玩乐不务正业。这样的国家,您打了有什么意思?您应该攻打吴国才对。吴国的城墙既高又厚,护城河又宽又深,贤臣主政,战士们骁勇善战,武器辎重装备精良。"

田常听了勃然大怒。因为在表面上,子贡说的没道理,哪有放弃打弱国,而去打强国的逻辑呢?

子贡解释说:"我听说过这样的谚语,忧在内的宜攻强,忧在外的宜攻弱。我知道将军您三次请封不成,所以,您打仗的根本目的并不在于灭鲁国,而是通过战争立军功,除掉心患。试想一下,如果您把鲁国灭了,那么齐景公一定会因此骄傲自大,其大臣也会在此中分一杯羹。您的汗马功劳,非但不会给您带来多少好处,反而功高盖主,引起齐景公的怀疑,还有他人的提防,这就相对地削弱了您的势力。

"但是，将军您若是去打吴国呢？吴国兵强马壮，攻打他们不是一朝一夕的事。您正可趁此机会，让自己厌恶的人上战场，借刀杀人也便除掉了。而且战事紧张，齐景公一定会把军事掌控大权授予您，您可随机应变，目的很容易就达到了。"

　　田常一想，确实有些道理。但此时田常派去的兵车已经快到鲁境了，不能改道，这该如何是好？

　　子贡给田常出主意，让田常下令军队缓进，子贡自己去游说吴国，让吴国作势攻打齐国，那田常的大军就师出有名，可以直接对吴军作战。

　　子贡南行至吴，入朝向吴王奏道："有句谚语说，王者不灭国，霸者无强敌。称王于天下的人，不会灭绝别人的后代，称霸天下的人，也不能允许有强敌的存在。现在实力强大的齐国打算攻打人单势薄的鲁国，目的就是吞并土地，增加筹码与吴国争霸。这样无论从哪方面来看，您都马上要有忧患了。吴王您应该赶快主持正义，发兵攻齐，拯救鲁国。这样既消灭了吴国潜在的敌人，也抚慰了泗水之滨的诸侯，赢得了天下的心。"

　　虽然吴王认为子贡的话很有道理，但他还是有些担心，因为越国近在咫尺，越王卧薪尝胆，招贤养士，心心念念的要报仇雪耻，万一吴国大军离境，越国趁虚而入，从背后给吴国一刀，怎么办？

　　子贡接着说："越国比不上鲁国，齐国也比不上吴国。大王现在想放弃伐齐，而去伐越，等您伐越成功之时，恐怕鲁国已经是齐国的地盘了。您本应该救危存亡，如此一来，机会全错过了。您是勇者，应该不避危难；您是仁者，应该不会爽约；您是智者，应该抓住时机；您是义者，应该当机立断。所以，在越国与齐国之间，您应该选择齐国，伐齐救鲁示天下以义；不应该去攻击越国，示天下以仁。同时又可以威慑晋国，威加海内，诸侯必然相继前来朝见。那时您若想完成霸业，易如反掌。

　　"如果您还是担心越国会乘虚复仇，那就让我前去越国，说服越王，让他出兵随您伐齐救鲁，您还可以让越国军队当先锋以立功，借此削弱越国兵力。"

　　子贡又去拜见了越王勾践。勾践很重视子贡，驾车出城，入馆迎候，以上宾之礼接待。

　　子贡对勾践说："我从吴国到此，吴王打算马上发兵攻齐救鲁，但又担心越王您乘虚袭吴，所以要先讨伐越国。我已经劝阻了吴王。现在来和您商量。

"我知道越王您曾受到屈辱，大丈夫报仇十年不晚。但在报仇的过程中，最忌讳被人看出您的真实意图，让吴国怀疑、提防您。您已经把您自己置于危险之境地。其实，吴王为人凶残暴戾，本无仁厚之德，穷兵黩武，臣下们难以忍受，百姓们也叫苦连天。伍子胥那么忠心的臣子，都被吴王残忍杀害，而太宰嚭贪色贪财，却得宠当朝，吴国的灭亡，不过是迟早的事。

"越王您需要的只是个合适的机会。先做出对吴国的一番态度，麻痹吴王，然后怂恿吴国伐齐，发兵帮助吴军征战，同时进献重宝取悦吴王的心，低声下气地奉承吴王，以表示尊敬、顺从。

"这场大战，若吴国失败，越国坐收渔翁之利；若吴国战胜，以吴王贪心不足蛇吞象的野心，一定会乘胜移兵攻晋。那么，请允许我北上拜见晋君，让晋君做好准备。吴军刚刚与齐军交战，兵马疲惫不堪，再被晋军围攻，肯定是顾头不顾尾，朝不保夕。那时岂不是您越王报复的最好时机？"

子贡又回到吴国，报告吴王他和越王谈判的结果。五天之后，越王果真调集了越国士兵，又带了许多的珍珠宝物，毕恭毕敬地向吴王请求，希望能协助吴王攻齐。吴王完全不疑有诈。

之后，子贡又去了晋国，和晋君商量。

子贡和晋君说："有句谚语说：虑不先定，不可以应卒；兵不预办，不可以胜敌。意思就是说，没有预先考虑好应对的措施，那就无法应对突发事件；如果没有预先操练军队，那就不能在战争中制敌取胜。眼下的战势是，吴、越两国合军攻打齐国，假若齐国赢了，那么恐怕离越国灭掉吴国的时日不远了；假若吴国赢了，那么恐怕晋国的战事之忧也时日不远了。晋国现在的形势，好像很不妙啊！"

晋君一听，慌了。应该怎么办？

子贡建议，晋国应该做好战斗的准备，修治兵器，休整士卒，厉兵秣马，以备随时来犯的吴国大军。

忙完了这一切，子贡回到了鲁国，静观事态。

后来这件事情的发展，是吴王亲率中军和齐国在艾陵之地展开大战，吴国胜而齐国输，齐军被吴王抓了七员大将。接着，吴王想一鼓作气，挥师进军晋国，又在黄池之地与晋国开战。果不其然，晋军胜而吴国输，且输得很惨。接下来，越军登场，趁吴国国内兵力空虚，渡江偷袭，马上就要攻进了吴都。吴王只得撤下与晋国的战事，赶紧带兵回师营救，一是为时已晚；二是兵困马乏，在五湖之上与越国的交战三战三败，城门不守。勾践终于在卧薪尝胆后，手刃了阖闾。

从此，越王成了春秋时代的最后一个霸主。

在这复杂的事件过程中，鲁国是丝毫未动，仅凭借着子贡当世无双的纵横捭阖，就让鲁国安然无恙地度过了危机。司马迁在《史记·仲尼弟子列传》中评之为：

> 子贡一出，存鲁，乱齐，破吴，强晋而霸越。子贡一使，使势相破，十年之中，五国各有变。

间亲

间亲之"亲"，不能狭义地理解为具有直接亲属关系的人，而应该理解为广义的，有相关的亲属关系或者亲密朋友。所谓"间亲"，也就是离间对方与重要支持者之间的关系。

在两个诸侯国相争的过程中，或者说在双方争夺的过程中，不仅有在战场上拼杀出来的胜负，其实更是综合国力的较量。在"家天下"的封建时期，一国国君定国安邦，不会是靠他单枪匹马的力量，而多数是得到了亲人或朋友的鼎力支持。为了瓦解对方的实力，己方通常可以离间对方集团间的关系，让其疏远甚至反目，使得对方兄弟阋于墙，亲近之人由于龃龉而引起倾轧，无力再"外御其辱"。在此时机，己方就能乘虚而入。

战国四君子之首的信陵君（其他三位是齐国的孟尝君、赵国的平原君、楚国的春申君），就曾被秦国间亲的计策陷害，以至于郁郁不得志，酗酒而亡。

信陵君名魏无忌，他是魏国的皇亲国戚，是魏昭王最小的儿子，更是魏国第六任君主魏安釐王同父异母的弟弟。战国时，各国贵族都有"养士"之风，信陵君自幼饱读诗书，修养极好，为人宽厚且礼贤下士，无论对方出身如何，他都很谦和，从不以富贵而轻慢他人，因此周围几千里以内的士人都争先恐后来投奔他，最高峰时门下曾有三千食客。

信陵君虽然不掌管魏国大权，但他的存在及其拥有的贤德与势力，使得其他诸侯在十多年内都不敢贸然对魏国用兵。而秦国则一直视信陵君为心腹大患，恨不得马上除之而后快，因为秦国担心，假若信陵君有朝一日在魏国兄终弟及，那极有可能成为天下之共主。

秦国的担心，确实不是多余的。在此之前，信陵君已是秦国的劲敌，他一人的力量可比得上千百兵力。当年，秦国的军队包围赵国都城邯郸，赵国危在旦夕。因赵平原君的妻子是信陵君的姐姐，两国也算是姻亲之上的兄弟之邦，出手相助是理所当然。

但是，在救赵这个问题上，魏安釐王和信陵君的意见并不一致。魏安釐王惧怕强秦的威胁，打算坐视不理，隔岸观火，而信陵君则出于仁义，通过魏安釐王的宠妃如姬偷盗出兵符，假传了魏安釐王的旨意，领兵去救援。最后在楚国春申君的帮助下，成功解除了赵国的邯郸之围。

在这件事情之后，魏安釐王和信陵君之间出现了些隔阂。信陵君担心魏安釐王不能原谅他，客居赵国足足十年。后来，在秦国进攻魏国之时，信陵君放下了心中的顾虑，毅然回国抗秦。而正是有了信陵君佩大将军印，统率军队抵抗秦军，又派使者通报其他诸侯，诸侯听说信陵君回国，便派兵救援魏国。信陵君率五国军队大败秦军。经此一战，信陵君更是声威大震，名贯天下。

秦国见来硬的不行，只能寻求"杀人不见血"的办法，除掉侵略魏国路上的这只拦路虎。秦国打算在信陵君与魏安釐王的关系上再加一把火，做做文章。秦国派人带着重金去魏国，专门找一些目光短浅的"鄙人"，这些人只顾眼前的蝇头小利，从不考虑此事的仁义与否，将这些人用金钱布帛收买，让他们四处散布谣言，说信陵君本人德高才俊，身边又有大批的俊杰相助，堪称魏国的中流砥柱，而信陵君也认为自己功高盖主，应将魏安釐王取而代之。

俗话说，苍蝇不叮无缝的蛋。魏安釐王本来对信陵君就挺忌讳。信陵君在赵国十年光阴，虽然没有接受赵国大片的封地，依旧以魏国人自居，但究竟都干了些什么、心里在想些什么，魏安釐王确实没谱。更何况，信陵君确实有自立为王的能力，他的手下信任他，天下的诸侯也敬重他。

魏安釐王最开始可能不信，但耳边这种诽谤的话听得太多了，三人成虎，不由得让他心里不是滋味，越看信陵君越像想夺权的样子。这真的是谎言被说了太多遍，于是乎变成了真理。

更过分的是，秦国还专门派使者，带着大量的礼物去拜见信陵君，口中居然连声说：恭喜、恭喜，公子您快要做魏王了。信陵君是堂堂的正人君子，他严厉斥责了这些人，拒绝了他们的礼物。但魏安釐王知道了这件事后，却又多想了，他认为信陵君是在做戏给他看，是为了让自己麻痹大意。就这样，信陵君要"谋反"的罪名就算是在魏安釐王的心中坐实了。

不久后，魏安釐王撤销了信陵君大将军的职务。信陵君心中已然明了是怎么回事，为了明哲保身，便推托有病，不再上朝。他在家中与宾客们通宵达旦地宴饮，或是与美女寻欢作乐，终日沉溺于酒色之中。这样纸醉金迷的生活，仅仅四年就夺去了信陵君的生命，让他彻底成为了悲情英雄。同年，魏安釐王也去世了。

秦王得到信陵君已死的消息，马上率军进攻魏国。魏国没有了信陵君这根护国柱石，被秦国像蚕食桑叶一样，一点一点地侵占着领土，终在十八年后，遭到了灭顶之灾。

间能

间能之"能"，所指为能臣，即让有能力的人不为国家所用。无论是在治世，还是在乱世，能臣都是保证国家兴旺发达、行政井然有序的中流砥柱。

能臣，一有忠心，忠肝义胆；二有贤能，不是碌碌之辈，两者兼而有之。忠而无能曰庸，能而不忠曰奸，都不算能臣。但有忠、有能还不够，还得能得到大家的认可与承认。能臣最容易遭遇的困境，就是被人所嫉妒。木秀于林，风必摧之，行高于人，众必非之。这是几千年来官场的通病，有些小人为了自己的攀爬，不择手段；而有些帝王，也担心手下能臣功高盖主，继而震主、继而变主，江山易姓，换了天下。

所以，让能臣在一个国家内被贬做不了官，却让溜须拍马的小人当道，等于是将这个国家打成内伤。假以时日，时弊无人可改、吏治无人可管，国家的境遇也就江河日下，若真是到了病入膏肓之时，那就无良药可医了。

话说在《战国策》中记载了这样一则故事：

当时，秦国的名将白起领兵前去攻打魏国。魏国的谋士苏厉听闻后，马上跑到周王面前，好心好意地提醒周王说：

秦国白起带兵打败韩、魏国，杀死魏国将领犀武，攻破赵国，一将即下三城，用兵谋略精当，可以称得上是百战百胜了。现在白起还没有对梁国用兵，假若梁国也遭到不幸，那么周四周没了屏障，岂不是也岌岌可危?

这时候的周王朝，虽然名义上是天下共主，实际上就是个面子问题，根本没有力量抗击强秦。周王的心里面对此也清楚得很。所以，当苏厉向他提出要出面制止这一切的时候，周王不置可否。

苏厉又去见了白起。苏厉这招，有点像连环套，同时给对方都下了套。

苏厉给白起讲了一则百步穿杨的故事。他说："楚国的著名射手养由基，射箭百发百中无虚弦。有人建议他，既然你善射，现在保持着这么高的水平，就不应该到处彰显你的能力，而应该懂得适可而止。因为在大家的潜意识中，你是不会失败的，如若你力气倦怠，有一次射偏没中靶心，那你百发百中的声名，一定会受到很大的影响。"

苏厉是用这个故事在暗示白起，阁下已经战功赫赫，若是还在不停追求战功，带兵出东、西两周，占领韩国，攻打魏国，一旦战败，被国君与世人们指责，莫不如带着现在的一身荣光，急流勇退，免得一着不慎，前功尽弃，过去的丰功伟绩随之全部消失了，自己也黯然神伤。

白起觉得苏厉说得有道理，便称病不出。苏厉用了个故事，就达到了自己想要的效果。可以说，苏厉所用的"间"，只是针对了白起，并没有在底下施什么诡计，用什么拿不上台面的手段。从这里也能看出，古代兵书中所谈论的"间"与间谍，与我们今天所理解的"间"与间谍，无论是在所指范围，还是在使用意义上，都有着不小的差别。

间助

这里面的"助"，是协助的意思。西汉编订的三十三篇《战国策》，其所言"策"，就是记述了大量战国时期谋臣策士游说诸侯和论辩时事的政治主张，他们使用的纵横捭阖、正合奇胜的技巧，在宽泛意义内都算作用间的一部分。其中有些实行了，而有些却没有实行。

春秋、战国两个历史阶段的分割点，是三家分晋。三家即韩、赵、魏，而在此之前，三家先联合灭掉了同为晋国四卿的智伯。

最初，智伯的力量是最强大的，差不多是其余三家的总和。他们之间为利益所驱，一直在明争暗斗，你给我一拳，我给你一脚。有一次，智伯联合了韩、魏两家的军队，兴师动众地进攻赵所在的晋阳城。

这事说起来也有些缘由。智伯存心不良，想霸占韩、魏、赵的土地，于是出了个馊主意，让三家每家拿出一百里土地，当然也包括上面的人口，来归给公家，实际上就是假公济私。韩、魏觉得自己得罪不起智伯，先后答应了。只有赵国咬紧牙关不答应，于是乎火冒三丈的智伯便唆使三家攻赵。

赵国的赵襄子带着将士们苦苦守城了两年多。赵襄子也知道如此下去，城破是迟早的事情，他只好让大臣张孟谈去秘密会见韩、魏的君主，对他们申明利害。

韩、魏两国对智伯的依附，是无奈之举，哪是心甘情愿的。他们也认识到自己与赵国是唇亡齿寒的道理。赵国灭亡后，恐怕同样的结局用不了多久就会发生在自己身上。如此这般，还不如听从张孟谈的建议，韩、魏、赵三家合力反过来一起攻打智伯，将智伯逼入死地。

当时，智伯的军队屯集在晋水的下游，韩、魏、赵三家秘密约定了日期，杀掉了守大堤的官兵，掘堤放水淹了智伯的军队，智伯也被活捉了。之后，韩、魏、赵三家势力均衡，任何一家都难以吞并另一家，才出现了"三家分晋"的局面。

这样的形势，有些类似于三国的魏、蜀、吴。现在看来，在赤壁之战前，曹操有着战略上的失误。以曹操的兵马不足以同时将两家灭掉，只能选择一个一个地来。在顺序上，曹操不应该选择势力稍强、由江东贵族组成的吴国政权，而应该先入蜀。这样，刘备无立足之地，占领蜀后，再从长江上游顺流而下，占据有利地形，统一江南才容易实现。

多家形成鼎足之势时，各家选择自己的战略同盟，不仅是自家存亡的关键，也是之后大势导向的源头。在此过程中，游说者用间都是既打压又联合，在信任和猜忌之间，寻找利益的平衡点。

间邻

"邻"，现在我们一般理解为邻居。在军事学以及地缘政治中，其专业的术语是战略支持，间邻即是离间战略支持力量。用最通俗的话来讲，就是让敌人家的"后院起火"。

曹操要统一北方，必须先平定盘踞在西北的韩遂、马超。

韩遂、马超都有万夫不当之勇，曹操的魏军还没渡过渭河，就被韩马联军击退了。曹操不得已，只好堆沙灌水，结冻筑城，立足防守，以拖待机。韩遂、马超也知道自己打不过曹军，便想联合起来打。

曹操的谋士贾诩说：二人联合，必生罅隙，何不离间二者关系，让他们内斗，便可各个击破。于是，曹操派使者先联系韩遂，约定二人阵前相见。

到了阵前，曹操、韩遂只身策马上前，曹操对韩遂深情地回忆当年和韩遂父亲的友好情谊，两人谈笑风生，气氛友好融洽。马超骑着马远远观望，听不清两人说什么，但觉得很是蹊跷，等两人聊完，回营便问：韩遂你俩谈了半天，说的是什么啊？韩遂如实说：什么都没讲，就是叙旧啊。

马超能信吗？

两天后，曹操给韩遂写了封信，信中胡扯了一通与他父亲的革命友谊，只不过好多关键地方被涂抹去了。韩遂一看，真是莫名其妙啊，原来曹操写信这么不认真。

写信这事当然得让马超知道。马超知道后，找韩遂要信看。马超一看，啊，上面最重要、最关键的地方全被涂抹了，由此更加怀疑韩遂。

马超越想，越觉得韩遂这人不可信，便另找两员大将商议联合攻曹。曹操一听：韩马反目，这事成了。不久先诱敌深入，而后前后夹击，那两员大将战死，马超独木难支，不得不西遁，韩遂也只好南撤。两家不仅没联合成打曹操，反而是怀疑来怀疑去，各自损伤，倒让曹操省了不少的气力。

在今日的军事外交上，"邻"是强调重视国与国之间的战略联盟。拿中、俄、美举例子，不难发现，中、俄关系温和的时候，中、美关系也比较平和；而中、俄关系不怎么样的时候，中美关系也进入冷冻期，不断摩擦。这就是在联盟巩固时，双方都会受益，在政治市场上共同占有更大的份额，是一加一大于二；而若是关系破裂，则是双方互减，是一减一小于零。

间左右

顾名思义，左右即是统帅者的左膀右臂。战国晚期，赵国任用李牧保卫半壁河山，李牧一生的战绩可分为两个阶段，第一个阶段，是在赵国北部抗击匈奴；第二个阶段，是在赵国西部抵御强秦。

李牧因事需要，从北部边境调回朝中前后，正值赵国大将军廉颇投往魏国之时。赵国兵中无大将，李牧成了最重要的倚重之人。秦国本以为这是个攻赵的契机，没想到李牧一人足以抗击秦军，相继在肥之战、邯郸之战中两败秦军，让秦国打不开局面。虽然李牧率领的是长平之难后的弱旅赵军，但毕竟有"胡服骑射"的优势，并不是任由欺负的，秦国仍旧不敢小觑。

但赵国经过连年战争，再加上地震饥荒，国力已像久病之人。李牧只是为苟延残喘的赵国注入了强心剂，在回光返照后快到了尽头，历史的天平不再向赵国倾斜。当王翦再次攻赵时是志在必得，再用间计，给秦国加上了双保险。

王翦派人用重金买通了赵王的宠臣郭开金，让他在赵王面前蛊惑、造谣，说李牧及副将司马尚想要拥兵自重。更要命的是，李牧与秦王私下有盟约，李牧将投奔秦国。

耳根子软的赵王，对郭开金的话深信不疑，不加调查证实，就委派赵葱和从齐国投奔过来的颜聚去替代李牧的大将军职位。李牧是对秦、赵形势看得很清楚的，心知若阵前换将，赵国也就穷途末路了。所以，他一开始并未从命，打算背水一战，结果引起赵王更大的猜疑，直接诛杀了他，司马尚也被遗弃不用。

赵国其后的国运可想而知。不出三个月的时间，亡。可以说，赵国的灭亡不在于外部，而在于内部的崩塌，廉颇与李牧几十年的不世战功，竟抵不上佞臣的几句谗言。

历史上的反间计，基本离间的都是能臣、良将与国君的关系，这些间谍之所以能够得逞，须有两个基本的前提：一是国君没有主见，或偏听偏信，或疑心太大；二是旁边必有奸臣，挑拨离间，搬弄是非，谗毁能臣良将。手法都是一个：用金钱、美女满足奸臣的私欲，使其蛊惑君主，最终赶走重臣，或者杀掉良将。

间纵横

这里的"纵横",专指合纵连横之术,实际是在盟国之间纵横捭阖,或使之联合,或使之分裂,从而为己所用。诸子百家中有"纵横家",其鼻祖为鬼谷子,因有高徒苏秦、张仪、孙膑、庞涓四人,即使没有可信的只言片语传世,却丝毫不妨碍他在权谋、策略、游说等方面的传说。

张仪主张连横之术,苏秦提倡合纵之术。所谓纵、横,视东西为横,齐、秦联手使用武力,迫使弱国听命,继而兼并它们,为"视一强而攻众弱";视南北为纵,以魏、韩、赵为中心,北联燕国,南联楚国,东联齐国,形成战略平衡,共同对付秦国,为"合众弱以攻一强"。但是,六国合纵都是从自身的利益出发,各怀鬼胎,根基不深,使得秦国有效利用了离间法,远交近攻,瓦解合纵之术,实现了统一中国的霸业。

不难看出,在连横、合纵的策略中,齐国都是需要被拉拢的对象。齐国的态度曾影响了战国大局势的走向,作为可与秦对峙的东方霸主,地位不容小视。

齐国趁着燕文公去世,国君易主、国内忙乱之时,攻占了燕国十城。燕王和苏秦商量:燕国毕竟曾和您有交情,您每次到燕国,燕国都视为座上宾,礼貌对待。您身携六国相印,其中也有燕国的一份。但如今六国相互攻伐,还以"先生之故为天下笑",不知现在您还能否帮助燕国,取回被齐国抢走的土地呢?

苏秦在羞愧之下答应了燕王,起身到齐国游说,演绎了他"舌剑天下谁堪敌"最后一场辉煌。

苏秦见了齐王,首先向齐王朝拜,庆祝齐国夺取城池的胜利;随后又站起身来,仰起头对齐王做哀吊状。

弄得齐王很诧异,这样的庆吊相随,到底是为何?

苏秦解释说:"有这样的一句俗语:饥饿的人,即使再难耐也不肯吃乌头(附子的别名,根茎块状植物,可作镇痛药物,有毒),是因为这东西虽然能暂时填饱肚子,但最后结果是一样丧命,不比饿死好到哪里去。现在您拿下了燕国的十个城池,实际上不就是要在巨大的压力下,逼着燕国投降齐国吗?尽管燕国弱小,它毕竟还是秦国的亲戚之国。恐怕您前脚灭了燕国,后脚秦国就起兵攻打齐国。这就好比燕国是一只飞行的孤雁，猎人看了，当然忍不住要射击，殊不知这只孤雁的后面，是跟着一只强有力的大猛鸢的。您射下了孤雁，大猛鸢就迅速以保护弱小为名，来侵略你了。

"如此看来，齐国为了区区十座城，岂不是得不偿失？"

齐王听了这样一席话，吓得脸色都变了。那齐国应该怎么办呢？

苏秦开始给齐王出主意："您要懂得转祸为福、因败为功的道理。福兮祸所依，祸兮福所倚，福祸是可以相互转化的。您应该马上归还燕国这十座城，燕国必然会欢喜得不得了。当秦国知道后，心里明白您这是给了秦国面子，也会非常高兴。如此一来，齐国是'弃强仇而立厚交'，将敌人变为了朋友。诸侯们都会尊重您，您再号令天下，何有不从？"

苏秦这样寥寥几段话，说服了齐王，帮燕国取回了十城。

纵横家眼中的天下，不是国与国之间的对等，而是国与国之间的分与合。是分是合，靠的是外交策略和军事实力。外交要的是利益，军事取决于强弱，因而天下的游戏规则是弱肉强食，游戏的结局是胜王败寇。只有国与国之间真的斗起来，才有兴衰成败之事，才有纵横家们的天地。从这个意义上说，纷乱之时最需要纵横家来纵横捭阖，使得天下风生水起，局势日渐明朗。但纵横家也需要纷乱才有用武之地，在太平时期，他们唯恐天下不乱，历朝历代的皇室内斗，三分为兄弟阋于墙，七分出自谋臣策士的怂恿。

第五章
将帅的成功之道

　　曾国藩一手缔造的湘军，成为了晚清史上的主角，他又培养出李鸿章、左宗棠、胡林翼这样的名将，左右晚清政局。李鸿章培养出了袁世凯，袁世凯又培养出北洋军阀的众多将领。这些人能够脱颖而出成为地方大员或国事倚重的重臣，正是领悟了兵法里的将帅之道。

为什么说军队是效率最高的组织呢？

一方面，凡是国家有急难险重的任务，最终依靠的还是军队，这是因为军队有严密的组织和严格的纪律，系统运转有序，能够沉着应对突发事件。另一方面，军队是一个高危行业，尤其在战乱年代，对个人而言，胜则生，败则死；对国家而言，胜则兴，败则亡。非智勇之士不敢为、不能为。高人、豪杰、英雄、贤才、志士聚集在一起，若是没有效率，岂不辜负了此类美名。

但是，高人、豪杰、英雄、贤才、志士就像刺猬，各有锋芒，一旦靠近了就要相互扎。如何既能用好这些刺猬，一致对外，又能让他们保持合适的距离，不相互伤害？这只能有两个办法：一是寻找那些不惹是生非的"好刺猬"，这就需要去选将；二是让他们各安其所，这就需要去组织。

一、将德：敢于露才、善于藏拙

在军队里，一支队伍组织得好不好，不是取决于兵，而是取决于将。历史上的岳家军、湘军、淮军都很能打仗，就在于他们的将领皆为一时豪杰。俗话说：兵熊，熊一个，将熊，熊一窝。千军易得，一将难求。一把手不行，部队要么陷于瘫痪，要么一事无成，谈何发展？谈何稳定？那么，作为一把手的"将"，应该具备哪些基本素养呢？

北宋时，皇室也总是在寻找可资培养的官员，认为可堪朝廷重用的，就先贬官观察他们的反应，以此来考察这些官员的修养与品行。有的人一被疏远，立刻连骂带牢骚，最后气得不行，如屈原；有的人一被贬谪，悔恨生气哭开了，最后郁郁而终，比如贾谊；有的人贬官之后，吃喝玩乐，放荡不羁，比如苏轼。

《孙子兵法》中对将领提出了五个要求，即"智、信、仁、勇、严"。一个将领能不能打胜仗，看的就是这五方面，这些素养即是选将最重要的依据。

一是智，也就是智慧。在传统文化中，智与慧是两个不同的概念。智的含义是"日知"，也就是每天学一点，即"聪明在于积累"。那么，智的特征是什么呢？举个例子，几个小孩子在一块玩，提出一个问题，有的孩子反应比较快，我们就说他聪明。从这个角度来说，"智"是比别人反应得快一点，利索一点。聪明有好的一面，也有坏的一面，传统文化中最忌讳一个人"聪明外露"，因为反应快、脑筋急转弯之类的，都是"小聪明"。聪明的人往往是起步快，但坚持难。聪明是条件，而对于人的成长、事业，坚持往往起到更为决定性的作用，是根本。

在一个社会中，在一个组织里，最重要的不是"聪明"，有的人"机关算尽太聪明，反误了卿卿性命"，而是要能比别人看得远，看得深，看得广，这就是慧。"慧"是人经过思考所悟到的东西，比如下象棋不是步步紧逼，而是走一步看三步，最终一将制敌。"慧"是佛教传进来之后逐渐形成的概念，孙武写兵法时，佛教还没有传进来。但我们要理解这里讲的智，不是聪明，而是睿智，凡事看得很透彻、很广远。

二是信。信就是诚信。管理者失去威望，往往是因为有诺不行。传统文化中要求君子应该"轻然诺，重践诺"，就是说不要轻易地答应别人，一旦答应就要认真践行诺言。从商业的角度而言，信指的是公司的诚信，品牌的价值；从个人角度来说，信是周围人对你的认可。将无威不立，民无信不立。我们想：一个人有多少钱，一个人当多大的官，对你周围的邻居和单位的同事来说，并不重要。但是作为一个人，讲不讲信用，有没有德行，却对大家很重要。

无论治军还是治国，都要首先立信。有个历史典故叫"徙木立信"，讲的是商鞅变法，出台了许多新法，对于这些新法能否得到认真的贯彻落实，秦国上下颇不以为然。于是，商鞅在南门外立了一根大木，发出布告说：谁能将这个大木搬到北门，就给谁十镒黄金。始终没有人来搬，最后涨到五十镒黄金，终于有人抱着试试看的态度，把这根木头搬到了北门，商鞅马上把五十镒黄金赏赐给他。这一下，秦国人都认为商鞅是个说话算话的人，他立的奖惩制度一定能够如实执行。

古代军队在执行一些急难险重的任务时，要立军令状，类似于现在的责任书。《三国演义》中关羽就曾立下军令状，说若遇上曹操，绝不会放走。但最后关羽仍放不下一个"义"字，"华容道义释曹操"。回来后，诸葛亮就拿军令状来说事，在刘备劝说后，才雷声大雨点小地发落了。还有，马谡痛失街亭，诸葛亮也是拿出先前立下的军令状，挥泪斩马谡。这就是立信中的赏罚分明。

这样的例子很多，战国时齐国任命司马穰苴为大将军，率军应对来犯的燕国军队，军队出征前，他向齐王提出两个条件：第一，将在外，君命有所不受，齐王不能牵制我的指挥权；第二，要求派给自己一个监军。齐王便把自己最宠信的一个宦官庄贾派去做监军，司马穰苴与他约好中午见面会合出征。然而，等到下午庄贾才醉醺醺地来，司马穰苴不顾其他将领的反对，将庄贾以军法问斩。全军一看，新任的大将军不是个善茬，谁都敢杀，立刻肃穆起来，气势俨然。燕国本来要趁齐国文恬武嬉，乘虚而入，一听说这件事，立刻意识到敢情齐国还有这么狠的主儿啊，算了，别跟他斗了，便撤军返回了燕国。司马穰苴"杀一人而三军皆惊"，未曾交战而致胜千里，正在于其信。

信，讲究"赏不避小，罚必就大"。惩罚问责，要从高官下手，才能服众；奖赏鼓励，要从卑微的职位入手，才能激励一大片。要是获得奖励的都是领导，代罪受过的全是下属，干得好，功劳是领导的，干不好，罪责全是自己的，干得少错误少，要么索性不干了，要么干脆，想办法当领导。这样一来，看着大家都很努力，但不是在做事，而是为了往上爬。不做事而往上爬的，其实只顾自己的利益，久而久之，组织就会贤者畏退，小人蜂拥。

将领的第三个要求是仁。"仁"和"爱"不同，"爱"在于珍惜，是一己之私情。仁，从字形来讲，是由"二"字和人字旁组成，二人在一起，便有了人际上的关系。因而，"仁"更多用于形容人际关系，如扶老携幼、济困救危之类的美德，这都属于"仁"的范畴。孔子主张"仁"，在《论语》里有很多种解释，最通俗的是"仁者爱人"，就是尊重别人、关怀别人、爱护别人。《孙子兵法》里的"仁"，主要讲的是关爱下属，平等对待手下，关心他们的发展，"己欲达则达人，己欲立则立人"，体谅他们的苦楚，"己所不欲，勿施于人"，这样慢慢地就会得到大家的拥护，最终天下归心。

四是勇。这里讲的是勇敢。在中国传统文化中，"勇"有三种：一是匹夫之勇，就是外在的凶狠；二是战卒之勇，将勇气用于杀敌报国，这是英勇；三是最高层次的心性之勇，即善于认错，敢于认错。子路当年曾以决斗之心去挑战孔子，但最终被孔子的仁德感化而向他拜师学习。儒家讲的"勇"，更多的是要敢于自我批评、自我反思、自我约束，不断拓展自己，让内心足够强大。只有内心足够强大的人，才能无私无畏，不忧不惧。

古代考察干部都是暗中进行，比如北宋，皇室总是在寻找年轻有为、可资培养的官员，认为是未来国之栋梁、可堪朝廷重用的，就先贬官观察他们的反应，以此来考察这些年轻人的修养与品行。我们知道，有的人一旦被疏远，立刻连骂带牢骚，最后气得不行，自杀了，如屈原；有的人一贬谪，悔恨生气哭开了，最后郁郁而终，比如贾谊；有的人贬官之后，吃喝玩乐，放荡不羁，比如苏轼。当然，要通过贬谪得到锻炼，但贬谪不一定都是锻炼。关键是有的人就能不受罢黜的影响，安心做好自己的事。比如白居易、范仲淹被贬后，读书写文章，安心理政事，态度端正，而且毫不懈怠，表现出怡然自乐的坦然与平静。最典型的是欧阳修，他生性刚正坦荡，但缺少一种浑然包容之气，被贬的磨砺使他能够反思自己，改变自己，被召回后，参政理事，最终成为国家栋梁之材。

五是严。带兵作战，必须严格法令。"师出以律，失律则凶"，要求军纪严明。军纪之严，在于"严正辑众"，即通过严明法纪，达到严密组织、严肃纪律，来管理士卒、团结部属。无组织、无纪律的军队是没有战斗力的，托名诸葛亮的《兵要》也说："有制之兵，无能之将，不可以败；无制之兵，有能之将，不可以胜。"湘军之所以能战，在于曾国藩强调"溺爱不可以治家，宽纵不可以治军"，他经常申诫部属，湘军要立法行令，做到"规矩森严"、"进止画一"。由于日常管理能够"待勇不可大宽，平日规矩宜更整严，庶临阵时勇心知畏，不敢违令"，才铸造出了一支纪律严明、能征善战的部队。

严明军纪，一是要严肃群众纪律，不害民、不扰民、不滥杀、不掘焚、不抢夺。岳飞靠着"冻死不拆屋，饿死不掳掠"的军纪，得到沦陷区百姓的拥护。二是要严肃军事纪律，令行禁止，犯命者戮，从命者赏。时刻做到部伍不乱，进退有节。三是严肃军容营规，平时军容整肃，营垒整洁，衣甲鲜明，操练有序，作战才能不失其次，井然有序。可以说，勇，是指堂堂正正，没事不惹事，出事不怕事；严，则是作为领导者，一定要管理好手下人，建立起威信。

这五条只是《孙子兵法》中的见解，到了秦汉时，《吴子》、《六韬》等对将德的要求又出现了很多的描述，而且，这一时期将帅的个性特征日趋明显，开始意识到应该充分地尊重、发挥将领的不同长处，有智谋的人可以做参谋，坚持原则的人可以做监军，各尽其才，各尽其用。桓范的《世要论》说："古之论将者，言长于计策，则课以将敌；言善于治军，则考以事政；勇于奋击，则责以战斗。若无此三者，则不委之以境外之任，付之以安危之事。"谈及的就是这个问题。

历朝历代，无不把"忠"视为评价官僚士大夫的首要标准，今天的"忠"，内涵却很复杂，一是这个词很容易和奴颜婢膝联系在一起，带有明显的人身依附关系。二是由于任人唯亲随处可见，不进入圈子很难有所发展，为了避嫌，我们只好提倡"德才兼备"。

《六韬》中，把"将德"分为"勇、智、仁、信、忠"，相较《孙子兵法》而言，《六韬》增加了"忠"，且把它列为"将德"的重要标准。这是因为，战国时的国君最怕的就是手下将领不忠于自己。

这在秦始皇的身上表现得尤为突出。秦国功臣名将常被他除掉，其中包括兢兢业业、辅秦强盛的秦始皇义父吕不韦，在征伐六国中立下汗马功劳的大将白起等。但唯有王翦能得以善终，这在于他很清楚秦始皇内心深处的恐惧，那就是担心手下统兵的大将不忠于自己。当时王翦率领六十万大军伐楚，国之精兵，皆在王翦手中。他每打下一座城池，就向秦王上表请求赏赐土地，嬴政也很高兴地把土地封赏给他。这种小商小贩式的斤斤计较，连王翦的部下，包括他的儿子都很不理解，王翦却笑而不答。他最终率领秦军灭掉了楚国，回到秦国后领到了嬴政赏赐给他的大片土地，终老一生。王翦之所以每每攻城拔寨立下功劳时，就向嬴政请求赏赐土地，意在通过这样的举动来让秦王相信，自己的最终目的不过是想通过军功来获取些土地，并没有什么政治野心，以此消除秦王的防备之心。王翦能够善终，正在于他清楚为臣的本分，即是"忠"。

历朝历代，无不把"忠"视为评价官僚士大夫的首要标准。今天我们看到"忠"时情绪很复杂，一是这个词很容易和奴颜婢膝联系在一起，带有明显的人身依附关系；二是由于任人唯亲随处可见，不进入圈子很难有所发展。为了避嫌，我们提倡"德才兼备"，即把忠于事业、忠于组织之类的品行操守都涵盖在其中。

关于德、才的关系，司马光在《资治通鉴》里有精辟的论述：

> 夫聪察强毅之谓才，正直中和之谓德。才者，德之资也；德者，才之帅也。……是故才德全尽之谓圣人，才德兼亡之谓愚人；德胜才之谓君子；才胜德之谓小人。……君子挟才以为善，小人挟才以为恶。

德出于品行，才出于能力。圣人德才兼备，君子德胜于才，小人才胜于德，最愚蠢之人无才无德。期望天下士人"苟不能得圣人君子，与其得小人，不若得愚人"，这是从道德修养上来说的。可惜自古圣人不可多得，历朝历代统治者只能在君子和小人之间选择，政权能用君子者，以德治国，国家蒸蒸日上；政权爱用小人者，以权治国，国家江河日下。翻检史册，察亡国之所用，多为无才无德之人。

从理论上，几乎所有人都明白：有德有才要破格重用，有德无才要培养使用，有才无德要提防着用，无德无才坚决不用。问题是，现实中总有无才无德之人飞黄腾达。他们何以能扶摇直上？一用谄媚，二用贿赂。昏君喜欢逢迎，庸官最恨才士，贪官最喜财货，无德无才之人便利用了人性之私，成一己之发达。但是，无才无德之人只谋私不治国，不是把从政看成责任，而是把当官看成生意，结果身败名裂不说，还拉了个政权作陪葬。

那么，"有才无德提防着用"如何理解呢？看看诸葛亮用魏延的例子吧。有才无德的人，虽能力超群，而不知报恩、不顾情义，会轻易背叛，敢胆大妄行。诸葛亮很早就认为魏延有弑主投降的倾向，脑后有"反骨"，早晚会叛变造反。但蜀国真是缺乏人才，诸葛亮只好暂将魏延留下，任用为将领，但一直没有对魏延委以重任，魏延也因不能提拔、不受重用而心存不满。等诸葛亮一去世，他就"反相毕露"。多亏诸葛亮生前早已设下对策，魏延才被马岱斩于马下，没有给蜀国造成大的损失。

吴起在《吴子》一书中把"将德"理解为"理、备、果、戒、约",也不妨可以看成战国时期对将的新理解。

在其中,理即条理,行军备战要有条理、有秩序。备即全面,作战要考虑方方面面,细致入微。果即果断,勇敢,作决策的时候要当机立断,犹犹豫豫只会贻误战机乃至全军涉险。戒即当行当止,能够约束住自己。约即简约,军规军法应该简约凝练而不应繁冗驳杂,这样做是为了使士卒能够清楚、直白地了解和遵守军法军规。

做人与做事,要求不同,做事关键在于能否"扬长",能将长处发挥到极致,就是有用之才;而做人的关键在于能否"避短",要知道自己会毁在什么地方。

这一点在吴起本人身上表现得尤为突出。吴起既不像孙武那样能够功成身退,也不像姜太公那样能够成就大业,他只是个执行力很强的将领,战术高明,战略却一塌糊涂,一生辗转三个国家,最后落得个走投无路而被杀。所谓"戒",就是要知道自己的短处,清楚自己最后因为什么而败亡。可惜吴起一生没想明白,毁在了只看眼前,不顾未来。

《孙子兵法》所说的"善守者,藏于九地之下;善攻者,动于九天之上",从做事做人的角度来看,也颇为贴切。

一个将领,对于自己的缺点要想办法去改,如果不能彻底改过,那就要想办法去藏,藏的时候要藏得住,不能让对手发现,否则会成为战略战术的隐患;而自己的优点则要充分展现出来,利用的时候要无所不至,让对手无法抵挡。

曾国藩一手缔造的湘军,成为了晚清史上的主角。他又培养出李鸿章、左宗棠、胡林翼这样的名将,左右晚清政局。李鸿章培养出了袁世凯,袁世凯又培养出了北洋军阀的众多将领,直接影响了中国近现代的国家进程和政治格局。这些人能够脱颖而出,成为地方大员或国事倚重的重臣,正是经过曾国藩及其后学认真选拔,着力培养。

《三略》里讲"能清、能静、能平、能整",这是从黄老学说(指战国时期借黄帝与老子思想,结合诸子百家的观点所形成的哲学与政治思想流派)的角度,对将领德行提出的要求。

"清",是人的内在气质。曾国藩在《冰鉴》里说,观察一个人,首先要看他的清浊,"清"指的是清纯、清雅、清高,能够给人神清气爽的感觉。人分三六九等,唯清者能洁身自好,不染尘俗,绝伦超逸。

"静",《孙子兵法·九地》讲行军作战:"始如处女,敌人开户;后如脱兔,敌不及拒。"前者说的是静,军队静穆如山,岿然不动,而急动如水,龙腾虎跃。古代相术中判断一个人能否成就事业的重要参照,就是看他能否静得下来,即所谓站有站相,坐有坐相,站如松,坐如钟,说明此人沉得住,静得下,不轻狂躁动。三军作战,主将渊静沉稳,才能稳定局势,才能从容应对。

"平",为人处世时要力求用平等、公正、公平的态度来处理事情。作为领导不能对下属怀有私情私见,不要厚此薄彼,不要因私损公,而是要做到就事论事,法度一致。

"整",即整齐,即整个作战队伍要统一思想、步调一致。《孙子兵法》中说"道者,令民与上同意",讲的正是上下思想一致,精诚团结,才能克敌制胜。

《孙子兵法》、《吴子》和《三略》所讲的"将德",无论是外在的能力还是内在的修为,都是作为一名优秀的将领所必备的。

曾国藩一手缔造的湘军,成为晚清军事史上的主角,他又培养出李鸿章、左宗棠、胡林翼这样的名将重臣,左右晚清政局。李鸿章培养出了袁世凯,袁世凯又培养出了北洋军阀的众多将领,虽不能振穷起弊,却也直接影响了中国近现代的国家进程和政治格局。

这些人能够在众人中脱颖而出,成为地方大员或国事倚重的重臣,正是经过曾国藩及其后学认真选拔,着力培养的。曾国藩曾说:"治兵之才,不外公、明、勤。"(《曾胡治兵语录·将材》)

公,是公允、没有私心。这样才能树立起真正的威望。"吏不畏我严,而畏我廉;民不服我能,而服我公;公则明,廉则威。"(《清稗·官箴》)将领只有充满人格魅力,才能号召属下,指哪打哪。

明,是明察秋毫,能够察人所未察,知人所未知。曹操在给《孙子兵法》作注时言"发于未萌",在事情还没有发生的时候,就已经预判出它的存在和结果,强调作为领导要能够明察秋毫，洞若观火，审时度势。

勤，是勤勤恳恳，兢兢业业。一要眼勤，察言观色，善于发现问题；二要口勤，要经常督促进展，询问工作，慰问下属；三要心勤，思虑出于心，领导要常思考，越想越能通，通则明；四要手勤，要经常动笔记录一些工作内容，养成随手记笔记的习惯。

手勤还有助于养成一个好习惯："急事缓做，缓事急做"。遇到急迫的事情不要毛手毛脚，不经思量考虑就去做，应该先冷静考虑一下，大致想好应如何处理应对再去做。当遇到不要求紧急完成的事情的时候，也不要一再拖延，要督促自己按时按量地将任务完成。

二、将品：避实就虚的"逐恶法"

有的领导靠拍桌子耍横，震慑不住自己的下属，原因就在于缺乏这种"气场"。"气"不是能装出来的，而是由内到外的人格修为、襟怀韬略所形成的综合影响力。

做人要有志向。诸葛亮在《将苑·将志》中讲道：

> 兵者凶器，将者危任，是以器刚则缺，任重则危。故善将者，不恃强，不怙势，宠之而不喜，辱之而不惧，见利不贪，见美不淫，以身殉国，壹意而已。

将领是用来救危存亡的，需要经得起多方面的考验。既要能担负重任，又能不恃强凌弱，骄傲自大，做到宠辱不惊，受到侮辱不会畏惧，看到利益而不贪婪，看见美色而不淫荡，如此则豪气干云。

说了这么多，其实就是要求将领能够有理想、有坚持、有操守，而不要轻易地被私欲放倒，被利益引诱，被环境改变，被权力迷惑，要有点志气，有些追求。

刘邦原是一个嗜酒好色之徒，他攻下咸阳后，却"财货无所取，妇女无所幸"。项羽的谋士范增说"其志不在小"，建议项羽尽快将刘邦除掉。项羽一时糊涂也好，一时心软也罢，在鸿门宴上放走了刘邦，让刘邦获得了喘息的机会，卷土重来，最终灭掉了项羽。

由此可见，一个人要是有大志向，很容易克制住自己的不足，为了梦想而改掉身上的毛病。这就是要选用有志向的人做将领的原因，因为他们有着远大的理想和坚贞的操守。项羽之所以没有取得成功，是他自以为是，故步自封，一心只想做他的西楚霸王，而不是统一天下，成就帝业。气得谋士范增说他"竖子不足与谋"！

就一个军队而言，若不能吸引有志向的精英加入管理队伍，不能容纳有追求的官员坚持操守，而只欣赏唯唯诺诺、浑浑噩噩的投机者，这支军队只能日暮途穷，江河日下，最终如八旗子弟一样，平时汹汹，临战即溃。

骠骑将军霍去病年少时，汉武帝替他建造了府邸，命令他去看看。他回答说："匈奴未灭，何以家为。"意思是说，讨伐匈奴的大业还没有完成，我怎么能够谈家事呢。朝中大臣听到这样的话，无不为之动容。霍去病在剿灭匈奴的战争中立下了汗马功劳，在他病逝后，汉武帝让他陪葬在自己的茂陵边上，并以马踏匈奴的石雕来表彰他的丰功伟绩。

看来名将不是吹出来的，而是打出来的，更是坚守出来的。李广先后做过七个郡的太守，在这四十多年中，每当因公获得赏赐，他都分给麾下士卒，平时与士卒吃住在一起，家里没有什么富余财产，更从来不提赚钱的事。正是这种远大志向和洁身自好，才使得李广成为彪炳千古的"龙城飞将"。

为何对将帅的志气要求这么高呢？蔡锷所辑的《曾胡治兵录·将材》中载有曾国藩的说法：

> 将以气为主，以志为帅。专尚驯谨之人，则久而必惰；专求悍鸷之士，则久而必骄。兵事毕竟归于豪杰一流，气不盛者，遇事而气先慑，而目先逃，而心先摇。平时一一禀承，奉命惟谨，临大难而中无主，其识力既钝，其胆力必减，固可忧之大矣。

"气"指的是气度，是能够彰显人的全部精神修养的内在气质。我们常说某人很有气场，就是由非凡气度、镇定气质所形成的外在特征。有的领导震慑不住自己的下属，靠拍桌子要横，原因就在于缺乏这种"气"。"气"不是能装出来的，而是由内到外的人格修为、襟怀韬略所形成的综合影响力。

"志"指的是志向，就是将领要有追求、有理想、有坚持。一军之将领，需为全国考量；一国之将帅，需以天下考量。只有选拔那些有理想、有追求的良将作为统帅，才能振弊图远，不因私利而误国，不因贿赂而擅权。

言行过分拘谨的人，志气不能干云，久而久之，必然会心劳体乏，不思进取。言行桀骜不驯的人，不知守成，久而久之，必然会骄傲自大。真正优秀的将领，一要能坚持不改初衷，不会因为任用日久而倦怠，二要能始终如一，不会因为地位提高而松懈。

战略决策、战术执行，充满风险，需要有豪气有才气。如果豪气不足，临战必然会气馁恐惧，目光游移，心乱志摇。如果才气不足，平时定会事无巨细地向领导报告，领导很容易欣赏这类唯命是从的人，但一旦打起仗来，这种人遇事缺乏主见，临阵犹豫不前，不敢决断，缺乏魄力，不能独当一面，小则贻误战机，大则一败涂地。

> 将帅身边的恶事、恶人、恶习，往往会成为对方进攻的焦点。日常生活中，好像这些人、这些事并不常见，那是因为平淡的生活，不足以显现人们深藏的本性。

逐恶，是指改掉自己和属下的恶习陋癖，并坚决摒弃那些有才无德、无才无德的人。《孙子兵法》讲"以己之实攻人之虚"，是战场上的"避实就虚"。将帅身边的"恶"事、"恶"人、"恶"习，恰恰也是薄弱的"虚"处。俗话说，苍蝇不叮无缝的蛋，这些缝隙往往成为对方进攻的焦点，导致一方败亡。

诸葛亮在《将苑·逐恶》中说，无论治军治国，有五种人是一定要摒弃的：

> 夫军国之弊，有五害焉：一曰结党相连，毁谮贤良；二曰侈其衣服，异其冠带；三曰虚夸妖术，诡言神道；四曰专察是非，私以动众；五曰伺候得失，阴结敌人。此所谓奸伪悖德之人，可远而不可亲也。

这五类人，是国家的蛀虫，是军队的祸害。若这些人在军队横行，则很快会把军队折腾得乌烟瘴气，逼走才德之士。

治军，首先要提防这五种人：

一是喜好结党营私，心中毫无公道天理，凡事都以能否得到利益作为唯一标准的人，对那些公正贤良的人不断诋毁攻击。这种人若得到任用，不论在国家，还是基层小单位，都是典型的害群之马，他们的职务越高，对国家、军队的损害就越严重。

二是虚荣浅陋、喜新厌旧之人。这些人爱慕虚荣，缺少操守，意志薄弱，很容易被手下腐蚀，被敌手拉拢，被美色俘获，这类人往往是反间计应用的对象。这种习气日久，国家便由盛转衰。

三是听风就是雨，喜欢到处散播小道消息，传播政治谣言的人。这种行动，小而破坏人际关系，导致是非纷争；大而混淆视听，扰乱决策。这一风气不仅影响一军的团结，而且紊乱一国的稳定。三国时魏军主簿杨修，听到以"鸡肋"作为巡夜的口令时，自负地猜测"鸡肋者，食之无味，弃之可惜"，并扬言军队要撤军，率先打点行装，准备离开。曹操一见杨修所部骚动不安，整装欲退，得知是由杨修的猜测引起的，便立即下令将杨修处决，借此斩断谣言，以正视听。

四是专门查访别人的是非过错，并以此作为要挟控制别人的手段的人。这类人心怀叵测，行事阴险，最不能用来当道当权。爱说是非者，必是是非人。那些整天说三道四，东家长西家短的人，他本身就是一个马蜂窝，其心中只有自己，觉得天下人皆对不起他，觉得世上唯有自己最高明，常以他人隐私胁迫对方就范。这类风气若演变为行政习气，则官场永无宁日，军队离心离德。

五是脚踏两只船，阳奉阴违，投机钻营之人。这类人只有一己之私利，毫无忠信可言。奸邪、伪诈、悖逆之事，皆出于此类人，因而将领对于此"可远而不可亲"。

日常生活中，好像这些人、这些事并不常见，那是因为平淡生活，不足以显现人们深藏的本性。疾风知劲草，板荡识诚臣，一部二十四史，多少兴亡事。察其缘由，出于时势者寡，由乎人事者众。因而为将者、为领导者，若要成就利国利民之事业，该选用哪些人呢？《将苑·腹心》对此做了总结：

夫为将者，必有腹心、耳目、爪牙。无腹心者，如人夜行，无所措手足；无耳目者，如冥然而居，不知运动；无爪牙者，如饥人食毒物，无不死矣。故善将者，必有博闻多智者为腹心，沉审谨密者为耳目，勇悍善敌者为爪牙。

要想成为一名能打硬仗、能打大仗、能打胜仗的将领，身边必须有三种人：

一是"腹心"，后世常称作"心腹"。一方面是指那些志同道合，能共同经历血雨腥风，共创事业、同甘共苦的人；另一方面是指那些虽然能力上不够突出，但能够忠心耿耿，绝无二心的人。

二是"耳目"。"耳"指耳朵，代指听到的消息；"目"指眼睛，代指看到的情况，合起来泛指消息的来源。无论是古代还是现代，无论在战场还是商场，情报信息是制定战略方针、赢取胜利的关键。因而，一支军队必须建立起独特的情报系统和稳妥的消息来源，才能做到对局势了如指掌。这就要求身边的工作人员、情报分析人员和信息收集人员，能够如实反映情况，不溢美，不隐恶，使得军情、政情、国情系统成为决策的耳目。

三是"爪牙"。这里指代贴身警卫和得力干将。贴身警卫往往承担安全保卫工作，而得力干将则是执行战略策略，遂行战斗部署，能够创造性地完成交代的任务。俗话说，强将手下无弱兵。一是强将善于带兵；二是无弱兵才得以有强将。同样，任何决策和任务，没有敢于献身、勇于负责的手下出色完成，也只能是空谈和文案。

这就要求将帅要培养得力的助手，得力干将，使之能够随时承担急难险重的任务，挽狂澜于既倒。就常人来说，一个人如果没有好朋友的扶持，很难想象如何凭借一己之力去开创一番事业。何况管理一个组织的将领，没有"腹心"就会变得孤助无援，一筹莫展；没有"耳目"就会变得消息闭塞，无法及时准确地获取信息，三尺之外，浑然无知，八方之内，不知深浅。

那么，如何选择"腹心"、"耳目"、"爪牙"呢？

一要找那些博学多才、睿智多谋的人来出谋划策，用他们作为军师、参谋、智囊团。比如周武王手下的姜太公、刘备手下的诸葛亮、朱元璋手下的刘伯温等，这些人既有过人的胆识，又有卓越的才能，还能对主上尽忠职守，兢兢业业。

二要选择那些沉稳谨慎，又体察入微的人来收集情报。既要能于细微处发现问题，能够分析辨别信息的真假虚实，又能遇事沉稳果断，游刃有余。电视剧《潜伏》中的余则成,《悬崖》里的周乙,这两人的性格特征就符合"沉审谨密"的要求。

三要选择那些勇猛彪悍,善于应敌作战的人做得力助手,如刘邦手下的韩信,唐太宗手下的李靖,朱元璋手下的徐达,曾国藩手下的胡林翼等,皆能独当一面。

> 战争时期,谁都不敢拿自己的身家性命开玩笑。诸葛亮明知魏延要反,还是要用,为的是军队实力;曹操明知徐庶不为己用,仍要想尽心思挖过来,为的是削弱对手实力。但在和平时期,缺少衡量优劣的机制,不吹不擂就不为人所知,所以浮夸风日益盛行。

所谓"不骄",就是说作为领导人不能骄傲自大,自以为是。《老子》中说:

> 以道佐人主者,不以兵强天下,……果而勿矜,果而勿伐。

"勿矜"就是不要自以为是,"勿伐"就是不要自夸卖弄。河上公注:"当果敢推让,勿自伐取其美也。"面对荣誉或功劳时应谦虚退让,不要自以为是,迷恋名利。只有懂得退让自谦的人,才能长远地发展自己、保存自己。

将领不可以骄傲,自以为是就会怠慢下属,导致军队各顾己私,其结局必定众叛亲离,成了真正的"孤家寡人"。

蜀汉关羽位列五虎上将之首,一生战功卓著,彪炳千古,最后却落得个身首异处的下场,其根本原因就在于关羽骄傲自大,拒绝了吴主的联姻,毁了吴蜀联盟,"败走麦城"便是他自大轻敌、刚愎自用的结果。而同样位列五虎上将的赵云,其武艺并不在关羽之下,若按照"一吕二赵三典韦,四关五马六张飞"的说法,赵云武艺实在关羽之上。同样是出生入死,戎马一生,却得以善终,正在于赵云为人谦逊沉静,不骄不躁。

强将谦和、名将知退的典型,莫过于被称为"大树将军"的冯异。据《后汉书·冯异传》记载:

> (冯异)为人谦退不伐,行与诸将相逢,辄引车避道。进止皆有表识,

军中号为"整齐"。每所止舍，诸将并坐论功，异常独屏树下，军中号曰"大树将军"。及破邯郸，主更部分诸将，各有配录。军士皆言愿属大树将军，光武以此多之。

冯异为人谦虚退让，有功又不自夸自大，当与其他将领相逢时，都主动给别人让路，言谈举止皆有礼有节。每逢将领们论功的时候，他都独自倚靠在大树下面，不去与人争功，将士们都称他为"大树将军"。光武帝率军攻破邯郸城，调兵遣将，将士们都说愿意跟随冯将军，于是，光武帝便分给冯异更多的军士。

正是因为冯异能够与世无争，谦退自持，把功劳都让给属下，士卒们也愿意跟随他。冯异不仅得到了光武帝刘秀的赞许，精兵强将也都愿追随作战，形成了良性循环。正是冯异的谦和礼让，使他成为名将的代表。唐之名将李勣亦是如此，他一生胜战无数，然所得赏物，皆分赐部下，每有战功，常推功于别人。

"不骄"，要求将领在工作和生活中，谦和平淡。曾国藩认为要达到此种境界，在于胸怀广大，心性平淡。《曾胡治兵录·尚志》中说：

> 胸怀广大，须从平淡二字用功。凡人我之际，须看得平。功名之际，须看得淡，庶几胸怀日阔。做好人，做好官，做名将，俱要好师、好友、好榜样。喜誉恶毁之心，即鄙夫患得患失之心也。于此关打不破，则一切学问，才智，实足以欺世盗名。

这里所说的"平"，是指以平和、平等的态度来看待事物和处理人际关系，即"人我之际，须看得平"，不要以尊卑之心看待人际关系，即使是领导与部属、父母与子女、师长与弟子间也是如此，虽然道义名分上有上下之分，但就人格而言，则无贵贱之别。

"淡"，指的是淡泊，就是不要把金钱、权力看得太重。军队战胜时论功行赏，企业年终评优分红，作为主官、主管，尤其要看得开，要利用这个机会，为明年更好地开展工作打下基础，而不是借此中饱私囊。

相对战场上的生死存亡，钱财不过身外之物。可惜承平日久，有些将领、官员、管理者便习惯了商业法则，产生了"有钱能使鬼推磨"的心理，认为只要待遇好，招来的就都是精英，只要津贴高，军队留下的就都是精兵强将。要是这样，当年条件艰苦的延安，怎能成为有志青年心中的革命圣地？建国之初，无数科学家放弃海外富足生活，回国奉献毕生。真正的精英，是不重物质享受的，他们不会将待遇和报酬看得比事业还重要，在他们心中，能实现个人价值，能有一个平台，能做成一番事业，要比单纯的物质享受更有吸引力。因此，想要吸引有才有德者为己服务，就要理解、尊重、成就有志气的人，给他们施展抱负的机会。

曾国藩要求将帅自己先要"做好人，做好官，做名将，俱要好师、好友、好榜样"。同声相应，同气相求，将帅若能胸怀广大，情志高尚，就会感染身边的工作人员，获得他们的敬重、拥护、支持和帮助。

《司马法·天子之义》认为不骄不躁、不伐不争之人，最值得器重：

> 上贵不伐之士。不伐之士，上之器也。苟不伐，则无求，无求则不争。国中之听，必得其情；军旅之听，必得其宜。此贵不伐之士也。

"上"指的是居上位的人，用今天的话讲就是领导；"伐"，意为"夸伐"，自我感觉良好，经常自我表扬。"不伐之士"就是不自吹自擂、不自高自大的人。

这段话告诉我们一个道理：领导们看重与欣赏的是那些不汲汲于名利的人。因为他们无争无求，一心做好本职工作。这种踏实耐劳的骆驼精神，使得他们能够了解实情，能够认真思考如何使军队、国家各得其宜。

战争时期，谁都不敢拿自己的身家性命开玩笑，有时用人选将不得不打破常规。诸葛亮明知魏延要反，还是要用，为的是蜀国的实力；曹操明知徐庶不为己用，仍要想尽心思挖过来，为的是削弱对手的实力。在你死我活的拼杀中，增加自己的砝码，削弱对手的实力，延揽天下的豪杰，便能成就大事业。但在和平时期，缺乏锻炼将才的机会，也缺少衡量优劣的机制，不吹不擂的人不为人所知，这便助长了好大喜功、好高骛远之风在军队的盛行，而低调内敛、官兵一体、实事求是的作风日渐削弱，志士叹不遇的逆向淘汰，更助长了空虚浮夸。官场风气往往积弊难返，历朝历代至于此等境地，即便有帝王、将相强行振作，亦为利益集团所控制，只能空怀抱负，而无力回天。

选拔将领，一定要充分意识到看似太完美的人，完美很可能是掩饰出来的。不知其长，不能用其攻；不知其短，不能用其守，必须要对他们的品性有着根本的了解，才能大胆使用，放心使用。

无论是平民百姓，还是帝王将相，"忠义"都是人在社会上安身立命的基本要求，是衡量人品格高低最重要的标准之一。在识人任将中，"忠义"有着更为具体的要求。

对于将领的忠义，诸葛亮堪为典型：

> 诸葛武侯之辅蜀，七擒孟获，六出祁山，食少事烦，流汗终日，尝曰："鞠躬尽瘁，死而后已。至于成败利钝，非臣之明所能逆睹也。"是以崛强汉中，三分鼎足。
>
> （《草庐经略·忠义》）

诸葛亮一生竭胆尽忠，南下征服叛乱，七擒七纵以真心降服孟获；北上讨伐曹魏，六出祁山，以忠心辅弼刘汉。朝中军中，事无巨细，亲力亲为，其所著《出师表》言"鞠躬尽瘁，死而后已"，他是这么说的也是这么做的。在他的一手经营下，才奠定了蜀汉立足汉中、三分天下的格局。

郭子仪也向以其忠义报国而为人称道：

> 郭汾阳之复兴唐祚也，栉风沐雨，先复二京，单骑讲好，身为虏饵。鱼朝恩等谗间百端，诏书一纸征之，无不即日就道。此两者，皆仗忠义以立功者也。
>
> （《草庐经略·忠义》）

老将郭子仪在安史之乱中，为李唐王朝尽忠职守，半百之年仍不辞辛劳，厉兵秣马。光复东都洛阳和西京长安时，还曾单枪匹马入城与叛军谈判。尽管朝中有鱼朝恩这样的奸佞之徒向李隆基诋毁进谗，然而圣旨传召时，郭子仪却还是当即觐见。诸葛亮、郭子仪都是因为秉持忠义之心，最终才赢得千古美名。

传统文化中对"忠"有着很高的要求。当然，"忠"有很多层面，大到国家社稷，中到工作事业，小到家庭朋友，都讲求"忠诚"、"忠心"。

选拔人才的时候，其是否能够忠于本职工作是最起码的要求。而唯有忠义之人，才能刚正不阿，以大局为重。曾国藩说：

> 天下强兵在将。上将之道，严明果断，以浩气举事，一片肫诚。其次者，刚而无虚，朴而不欺，好勇而能知大义。要未可误于矜骄虚浮之辈，使得以巧饰取容。真意不存，则成败利钝之间；顾忌太多，而趋避愈熟，必至败乃公事。

（《曾胡治兵语录·将材》）

将领应该军纪严明，遇事果断决绝，用浩然正气来做事，用赤诚之心来对待自己的事业，做到刚正不阿，朴实无华，既勇敢善战又懂得是非道义。关羽在三国众将中，最受后世尊崇和爱戴，被视为忠义的化身，乃至于佛教、道教都将其列入神祇。究其原因，在于关羽一生秉持忠义，将这一品德践行得无可挑剔。

忠义之人有追求，有坚持，刚强不可凌。《将苑·将强》中说：

> 将有五强八恶。高节可以厉俗，孝弟可以扬名，信义可以交友，沈虑可以容众，力行可以建功，此将之五强也。

这里说的"强"，不是武力上的争强斗狠，而是德行上的足够强大。这五种优秀品质，不仅能成就个人，还可以改变一个单位的风气。

> 高节厉俗，通过选用那些品德高尚、严于操守的人，可以改变单位中恶俗的风气；
>
> 孝弟扬名，通过选用那些孝敬长辈、关爱兄弟的人，可以弘扬正气、稳定团结，营造和谐局面；
>
> 信义交友，通过选用那些诚实守信、恪守道义的人，可以使单位上下互助互信、和睦融融；

沈虑容众，"沈"，通"沉"，有深入、成熟之意。通过选用那些想问题缜密周到、深刻成熟的人，可以保证单位的计划、措施科学合理；

力行建功，通过选用那些身体力行、刚正果决的人，能使决策得以全面贯彻实施。

这五种人是因为品行优秀，成为坚决要使用、坚决要重用的人。不过，《将苑·将强》还指出八种不可用，至少应该提防的：

谋不能料是非，礼不能任贤良，政不能正刑法，富不能济穷厄，智不能备未形，虑不能防微密，达不能举所知，败不能无怨谤，此谓之八恶也。

对大多数人来言，这八种缺点一个人不可能都具备，但也不可能一点都没有。人之所以平庸，常在于中庸得过了头。这类人，最大的优点是没有缺点，最大的缺点是没有优点，好像什么优点都具备，但什么优点都不突出。

谋不能料是非：工于心计，善于出谋划策，但是没有是非观念，该做的做，不该做的也做。这样的人如果被任用，会给单位带来麻烦和危险。

礼不能任贤良：不懂得礼贤下士，甚至目无尊长，这样的人往往狂傲不羁。

政不能正刑法：主持政务，自身却不能按纪律办事，赏罚不当、执法不严，这样的人如果被任用，必然会给单位的正常运转带来混乱。

富不能济穷厄：经济条件很好，但是过于吝啬，遇到有困难的朋友、同事，就成了铁公鸡。这样的人过于自我、自私自利，很难在单位中与同事搞好关系，不利于单位的团结与发展。

智不能备未形：作为单位的"智囊"人员，在认识问题的时候不够深刻长远，不能在问题未发生时，就发现、处理，做到防患于未然。《孙子兵法》里提到，优秀的将领要做到"发于未萌"，如果没有这个能力，就会是"事后诸葛亮"，贻误时机，不但无法给单位帮助，还很可能会给单位带来危险。

虑不能防微密：想问题不够缜密精微，反倒马虎粗糙，这样的人在工作中往往漏洞百出，错误连连。

达不能举所知：一旦有所成就，就忘乎所以，把功劳都记在自己身上，考虑不到共同工作的同事，给他提供过帮助的朋友。这样的人往往狂妄自大，久而久之会变得孤立无援。

败不能无怨谤：一旦面对失败，首先想到的不是自己有什么过失、不足，反而将责任都推到别人身上，怨天尤人，这样的人往往没有责任心，工于算计。

这几类人很类似《荀子·劝学篇》说的"鼫鼠五技而穷"：能飞不能上屋，能缘不能穷木，能游不能渡谷，能穴不能掩身，能走不能先人。在选拔将领时，要能够充分意识到有些看似太完美的人，要么是粉饰出来的，要么是隐藏起来的，不知其长，不能用其攻；不知其短，不能用其守。作为领导需要对一个人的品性有着根本的了解，才敢大胆使用，放心使用。

三、将器：格局决定一切

器，本义是器具，这里引申为人的格局、气象。《大学》所说"八条目"即：格物、致知、诚意、正心、修身、齐家、治国、平天下。前四项是"内圣"之道，后四项是"外王"之术。"内圣"是"外王"的基础，而"格物"是这一系列活动得以实现的前提。所谓"格物"，是探究事物的道理，并由此推物及人来考察自己的不足，通俗点说，就是看一个人的"眼光"。不同的人，他们所思所想的境界有差别，看待同一问题的视角高下、因果深浅、目标长短也不同。

朱元璋平日细心观察几个儿子的言谈举止，意欲从他们当中挑选出自己的接班人。有一次他和众皇子外出狩猎，便命皇子们对对联，他出的上联是"风吹马尾千条线"，其中一位皇子对的下联是"雨打羊毛一片毡"，朱元璋听后沉思不语。而四子朱棣则对了一个下联"日照龙鳞万点金"。朱元璋当即开怀大笑，非常高兴，认为朱棣气度不凡，是可塑之才。虽然后来他并没有立朱棣为太子，可朱棣最后仍以"靖难之役"，推翻了自己的侄子建文帝，建号永乐，开创了一代盛世。

一个人的格局气象，决定了其思考问题的层次有高有低，这种差异会随着人的成长越来越大，最后取得的成就也大相径庭。有的人家财万贯，所思所想也不外乎多买几处房子，多买几亩地。有的人虽然现在穷困，所思所想却是国家大事，即"身无一文，心忧天下"。这种人表面上看起来似乎不切实际，实则有着高远的追求和不懈的动力，如果抓住机会，必然会一鸣惊人，成就功业。所以，无论是选拔人才还是教育孩子，都应该要求和培养他们有"大气象"、"大格局"。

谨严：官场上经常可以听到一大堆空话、废话，之所以这样，是因为说空话、废话不会犯错误，很多"不求有功，但求无过"的官员，习惯了这些看似无用却很安全实用的说话方式。我们不主张这种不作为的工作态度，但也不可否认这是一种"谨慎"的表现。

"谨"指谨慎，"严"指严格。无论从事行政、经商还是行军打仗，管理者都要坚持"谨严"的作风，言谈举止都要谨慎，因为一些看似细枝末节、无关紧要的事情，往往会成为一个人失败的根源。在官场上经常可以听到有人说了一大堆话，基本上都是些空话、废话。他们之所以这样，是因为说空话、废话不会犯错误，很多"不求有功，但求无过"的官员，便习惯了这些看似无用却很安全实用的说话方式。当然，我们不主张这种混日子、不作为的工作态度，但也不可否认这是一种谨慎做事的表现。

对于"谨严"这一素养，诸葛亮在《将苑·谨候》中有着深刻的认识：

夫败军丧师，未有不因轻敌而致祸者，故师出以律，失律则凶。律有十五焉：一曰虑，间谍明也；二曰诘，谇候谨也；三曰勇，敌众不挠也；四曰廉，见利思义也；五曰平，赏罚均也；六曰忍，善含耻也；七曰宽，能容众也；八曰信，重然诺也；九曰敬，礼贤能也；十曰明，不纳谗也；十一曰谨，不违礼也；十二曰仁，善养士卒也；十三曰忠，以身徇国也；十四曰分，知止足也；十五曰谋，自料知他也。

指挥官如果"严于律己"，就会逢凶化吉，克敌制胜，轻懈必然会面临危险。诸葛亮是个一生慎谨的人，我们取法乎上，不妨以他的看法作为谨严的参照。

一要能"虑"。为将者要勤于思考，善于发现问题，这样才能够发现隐藏的间谍，发现细微的隐患，制定周密的计划。在日常管理、人员调配、作战计划、战术布置等方面，深思熟虑是基本的素养。

二要能"诘"。即"诘问"，就是能设问，能反问。设问是多提出一些假设，使得预案更加完善；反问是多从对手的角度，试着推翻自己的设想，保证作战策略更加有针对性。

三要能"勇"。为将者要八面威风，善于谋略，敢于作战，成为国之栋梁，军队的砥柱有"泰山压顶亦不惧"的胆气，这样敌人就不敢轻易来侵犯。"勇"不是那种鲁莽冒进的匹夫之勇，而是在军事活动中的沉稳冷静、从容不迫。

四要能"廉"。将领在面对金钱、美色诱惑的时候，能够以道义去抵制心中的贪念，不为诱惑所动。为官者一定要廉洁自律，不要因一时不慎，一念之差，为自己的仕途和人生自掘坟墓。

五要能"平"。赏罚严明，处事端平，做到"罚不避大，赏不避小"。

六要能"忍"。作为国家的决策者、军队的高级将领要能够忍辱负重，忍常人所不能忍。看一个人修为好不好，要看他能否控制住自己的情绪。兵法中讲"将不可因怒而兴兵"，盛怒之下，人的头脑往往比较混乱，这时冒进只会中了别人的奸计，所谓"小不忍则乱大谋"，到时即使头脑冷静下来了，也悔之晚矣，只能坐以待毙、任人宰割。韩信能忍胯下之辱，才有他日后的成就，倘若图一时畅快杀了那混混，他的一生也就毁了。

七要能"宽"。任何组织都有内部矛盾，也都会引发冲突，更何况人性情各异，人生志趣各不相同，作为一个将领，要能够宽容那些性格怪异的部下，要容得下别人的批评意见。蔺相如正因能宽容廉颇的狂傲与自大，才维持了赵国内部的团结稳定。

八要能"信"，即言必行，行必果。为将要守信，才能立威，威立才能严肃。

九要能"敬"。敬有两个含义，一是敬重事业，二是敬重人才，礼贤下士。将领这样去做，才能吸收人才为自己的团队服务。

十要能"明"。要明辨是非善恶，既要听从别人的建议和批评，也要辨别是非，不被小人的谗言所迷惑。作为管理者，千万不要偏听偏信。自己没有辨别能力，结果只会让"小人得势君子危"，导致整个团队丧失公正信义，成员们各怀己私，毫无凝聚力和战斗力。

十一要"谨"，是要谨慎、严谨。这样做事情，就不会违背"礼"。这里所说的"礼"

不仅仅是礼貌、礼仪，更主要的是制度和秩序。管理者言谈举止、思虑行动要缜密，工作严格按照规律办事，才能不出差错。尤其是在战争中，将领要预先想到战场上可能遇到的各种情况，并制定出应对措施。《三国演义》中写刘备在赵云的护送下去东吴娶亲，临行前诸葛亮送给赵云三个锦囊，以备不时之需。这些锦囊恰好在刘备遇难之时帮助他脱离险境，最终偕孙尚香同回成都，使得东吴"赔了夫人又折兵"。诸葛亮之所以能够防患于未然，是他清楚地看穿了周瑜出此计策的目的，细致地分析了刘备进入东吴后可能会发生的困难，并找出解决的办法，可谓"知己知彼"，这才产生了锦囊妙计。

十二要能"仁"。为将者要有仁爱之心，以仁爱之心善待士卒。这不仅仅是指前面提到的"爱兵如子"的爱护，更重要的是让手下能找到自身价值和发展前景。只有这样，才能真正地将手下的积极性调动起来，单位才会有积极向上的士气和紧密团结的和谐。

十三要能"忠"。对于军人而言，"忠"主要体现在对上级、对国家的忠诚，在战场上是否奋勇杀敌，将生死置之度外。对于企事业单位而言，就是要看职员们能否真心实意地为单位办事，能否将单位的荣辱与个人的发展紧密地联系在一起。所以，我们将爱岗敬业视为最起码的职业道德，就是要求职员对单位"尽忠职守"。

十四要能"分"，意思是要安守本分，知道什么事情该做，什么事情不能做。安分守己、脚踏实地做好自己的本职工作，既不要越权行事，也不要对权力和财货想入非非，要时刻保持谦恭谨慎的态度，切不可狂傲浮躁，露才扬己乃至夸耀炫富。

古往今来，那些谋反叛乱的人都是十足的野心家，对权力与钱财的欲望达到了无以复加的地步，当然这其中有些人成功了，有些人失败了。但了解中国历史的人会发现，那些成功的人之所以造反，其目的不在于贪求一家之权力，而在于深刻地意识到现有政权、秩序的问题，认识到现有体制的腐朽与不堪一击，寄希望于建立一个新的合理的秩序，才会得到大多数人的拥护和支持，最终取得胜利。那些失败者往往贪求一己之私，全无是非善恶之念。

所以，那些在腐朽的王朝末年揭竿而起的起义军领袖往往能够成功，原因在于他们替天行道，顺应时势。如秦末陈胜吴广起义、东汉末年黄巾起义、唐末黄巢起义、元末红巾军起义、明末李自成起义。那些在王朝鼎盛时期发动叛乱的人往往难逃失败的命运，原因在于他们的所图所为，皆与大义背道而行，不得人心。比如春秋时期卫国公子州吁的叛乱、西汉初年的七王之乱、西晋末年的八王之乱等。

十五要能"谋"。既要清楚自己的优势与劣势，更要把握敌人的虚实情况，这样才能够用自己最强大的地方，去打击敌人最薄弱的地方，即"以己之实攻敌之虚"。除军事角度外，无论是行政管理还是商业运作，无论是治国安邦还是交友理家，都需要认人、识人，既能自料，也能知他。

> 明察：一个国家的精英如果能够集中在政府机关、军队系统，这个国家、这支军队就会无往而不胜。但如果一个人是因为进入政府机关、军队系统而成为国家精英，其作用正好相反，这个国家、这支军队只会无利而不往。

"明"指"明辨"，意喻像日月一样普照万物；"察"本义是祭祀，意喻祭祀的时候要光明正大，即《说文解字注》所说的"祭祀必天质明。明，察也"，引申为体察，发现。"明察"就是要求指挥官能够明辨事物，体察入微，及时准确地发现问题。

兵法里说的明察包括两个层面：第一是对人的明察，即知人；第二是对事，也就是在战场上对种种情况的辨识能力，即晓事。战场上只有知己知彼，明察秋毫才能取得胜利。《孙子兵法》开篇即是《计》篇，讲的是在作战之前，要做好敌我双方的综合力量评估。孙子反复强调："兵者，国之大事，死生之地，存亡之道，不可不察也。"后来，《将苑·揣能》里也讲：

> 古之善用兵者，揣其能而料其胜负。主孰圣也？将孰贤也？吏孰能也？粮饷孰丰也？士卒孰练也？军容孰整也？戎马孰逸也？形势孰险也？宾客孰智也？邻国孰惧也？财货孰多也？百姓孰安也？由此观之，强弱之形，可以决矣。

善于用兵的人，能够从双方的敌我力量对比中，判断出战争的基本走向。其判断的主要标准是：

一要思考哪方的君主或统帅更圣明。"圣"字的繁体写作"聖"，圣，通也。《说文解字》说的是"耳顺之谓圣"。《管子·四时》也说"听信之谓圣"。作为君主要明辨是非，知人善任。将领统率军队在外作战，如果君主不能做到"疑人不用，用人不疑"，而是犹豫狐疑，偏听偏信，这样不仅掣肘前线的军事活动，还会直接影响到战争的胜负，国家的兴亡。

赵孝成王七年（前259年），秦军和赵军在长平对峙。此时赵奢已死，蔺相如又病得很严重。赵王派廉颇率领军队抵抗秦军，秦军一再打败赵国，廉颇命赵军加强防备，坚守不出，即使秦兵一再挑战，廉颇也不理会。

要命的是，赵王听信了秦国的离间计。秦国间谍说："秦国最忌讳的是让马服君的儿子赵括做将领。"赵王信以为真，用赵括换下了廉颇。

蔺相如进谏说："大王仅仅凭借虚名而任用赵括，这就像是用胶漆黏住弦柱，然后再弹琴一样啊。赵括这个人，只不过是能熟读他父亲留下来的兵书罢了，并不能体悟到战略上因时而变的变化啊。"赵王不听，坚持派赵括为将。

赵括只会"纸上谈兵"，最终使得赵国四十万降卒尽皆被坑杀，赵国从此一蹶不振，无力再与秦国对抗。这样的例子还有很多，比如南宋抗金名将岳飞，明朝抵抗清军的袁崇焕，都因君主不辨是非而丧命，也最终导致了战争局势的转变。

二要比较哪方的大将更贤能。前线指挥官作为决策者、执行者，他的贤能与否，直接决定了作战的成败。所谓"千军易得，一将难求"，素质过硬的指挥官是强国安邦的前提。蜀汉在三国鼎立的局势中不断处于劣势，就在于诸葛亮只用人不培养人，蜀汉政权后期的人才构成无法与早期相比，如廖化早期只是诸葛亮帐下的一员偏将，到了蜀汉后期，国中无将可用，廖化反而成为冲锋陷阵的主力，所谓"蜀中无大将，廖化作先锋"。

三要分析敌我两方的下层的军吏，哪方更有能力。下层军官是军队系统的基石，承担着最基础的行军布阵、后勤补给等烦琐的日常工作，他们的工作能力如何，直接关系到军队的运转效率。仅就后勤补给而言，如何保证数万、数十万人的吃穿用度，保证粮草运输的安全是一个重大的挑战。历史上多次战争都因后勤补给的成败，决定了战争走向。官渡之战曹军之所以能够以少胜多，正在于奇袭袁军粮草重地乌巢，断绝了袁军的后勤补给。

四要辨别哪方的士卒更英勇善战。普通士卒的素养，决定了一支军队的基本战斗力，士卒是否英勇善战、是否坚定团结，不仅体现了部队的战斗力，更决定了这个国家的发展实力。蒙古骑兵之所以能够横跨欧亚大帝国，其勇敢与顽强是最重要的原因；近代湘军挽狂澜于既倒，在于其良好的作战能力和严密的军事组织。

从这个角度来说，一个国家的精英如果能够集中在政府机关、军队系统，这个国家、这支军队就会无往而不胜。但如果一个人是因为进入政府机关、军队系统而成为国家精英，其作用正好相反，这个国家、这支军队只会无利而不往。

五要审察军容是否整齐。军容军貌呈现的不仅仅是外在的形象问题，更是一支军队军纪军规状态的直接反映，是体察一支军队是否管理有法、行进有序的重要参数，更是军队正规化的根本表现。

通过体察敌军的军容军貌，就可以对敌军的实际情况进行把握和判断，进而制定对敌策略。《孙子兵法·行军》中就说：敌兵拄着兵器站立，是饥饿的表现；负责打水的士兵先喝水，是干渴的表现；敌人见利而不争夺，是疲劳的表现；敌人营寨上空聚集飞鸟，是空虚的表现；敌军夜间有士兵尖叫，是恐惧的表现；敌军纷乱扰动，是敌军将领没有威严的表现；敌人的旗帜摇动得不整齐，是敌军队伍管理混乱的表现；敌军军吏容易发怒，是疲劳的表现；敌军用粮食喂马然后宰杀马匹吃肉，收拾起一切炊具，不回营舍，是陷入绝境的表现；士兵絮絮不休地议论，是敌将失去人心的表现；不断地犒赏士兵，是敌军一筹莫展的表现；不断地处罚部下，是敌军陷入窘境的表现；敌军将帅先强横后又畏惧部下，是将领最不精明的表现；派来使者委婉地谢罪的，是敌军想休兵的表现。敌军盛怒而来，但总是不与我军交战，又不肯撤兵，遇到这种情况，更要谨慎地观察敌军的意图。所以，通过观察敌军军容军貌，可以大致推断出对手所处的具体情况，这是一手情报。

六要判断敌我的劳逸情况，看谁疲敝不堪，谁以逸待劳。兵法讲究"避实击虚"，疲敝不堪的军队就是"虚"，以逸待劳的军队就是"实"。为将者要善于观察敌我劳逸状况，若己方处于疲敝的"虚"势，而敌军处于"实"势，那么，就要避免与敌军正面接触，保存好自己的有生力量；若己方处"实"势，而敌军处"虚"势，那么，就应该抓住战机，以己之实击敌之虚。

七要明白"形势孰险"，哪一方能够占据有利态势。这种"态势"可以指国际国内环境，也可以指具体的驻军作战环境。就地形而言，要求指挥官能辨别、且借助地形，实现更有利的作战态势。《孙子兵法》把地形分为死地、衢地、生地、高地、泽地、平陆等众多类型，并根据不同地形制定了不同的驻军、作战策略。

体察并利用地形，被历代兵家重视，并灵活多变地运用到实际战争当中。比如马陵之战，孙膑之所以用退避三舍的计策将庞涓引进马陵，就是因为马陵地形利于伏击。诸葛亮之所以派刘备、赵云做佯兵吸引敌人，命令关羽在博望坡设下埋伏，就是因为博望坡地形像口袋一样，易进难出又处于低位，适合进行伏击和火攻。

当然，地形不仅指较小环境中的具体地理形态，也指在整个战争过程中，要争夺与把握那些具有重要战略意义的地点。比如关羽镇守的荆州，是魏蜀吴三国纷争之地，荆州一失，蜀国失去的不仅仅是荆州几个郡的土地百姓，更为严重的是失去了与曹魏、东吴争夺天下的桥头堡。此外，国内国际环境也是"形势孰险"的一个重要方面，军队应该在充分了解敌国内政外交不利态势的基础上，趁机发动进攻，这样必将使得整个战争事半功倍。

八要分析"宾客孰智"。"宾客"大致包含两类人：一类是往来各国的"行人"，也就是外交官和纵横家，这些人凭借三寸不烂之舌往来各国，为国家营造有利的国际环境。比如秦国的张仪数次出使楚国，先是假以城池来诱使楚国背弃盟友齐国，从而成功地破坏了齐楚联盟，继而使楚国在盛怒之下发兵伐秦，并将其打败。苏秦更是身佩六国相印，合纵六国来进攻秦国。

另一类则是替国君和前线指挥官出谋划策的智谋之人，他们凭借自己的聪明才智和满腔韬略，为国家和军队制定战略战术。这些人往往要比冲锋陷阵攻城拔寨的前方将领更重要。比如伊尹之于商汤、吕望之于文王、张良之于刘邦、诸葛亮之于刘备等等。孙子深刻认识到这些"宾客"之士的重要性，认为要不惜钱财拉拢这些人才。

九是思谋"粮饷孰丰"、"财货孰多"。表面上看，一场战争拼杀的是敌我双方的武装力量，较量的是智慧谋略，可究其根本，这一切得以进行的基础是"财货"和"粮饷"，归根结底是两国综合国力的较量，这种综合国力的直接体现是经济实力。

法家主张"耕战"，积蓄国力以备攻伐。孙子也认为，行军作战必然是"内外之费，宾客之用日费千金"，所以"不尽知用兵之害者，则不能尽知用兵之利"。隋炀帝好大喜功，数次发动征讨高丽的战争，使得国库空虚、百姓疲敝，最终导致隋末农民大起义的爆发。二战时期，日本之所以发动太平洋战争，是因为美国断然决定对日本战略物资和武器装备实行禁运，切断了日军在东南亚战场的补给线。

十要看"百姓孰安"。这里的"安"字，一方面讲国内百姓对战争的支持与否，另一方面讲国内局势是否稳定。前者即孙子所言"令民与上同意，可与之生，可与之死"，得民心者得天下，"民心"在某种意义上，是军队和国家最值得依靠的力量。

以上是从整个战局出发而作的宏观把握。那么，具体到应对不同类型的敌军将领时，又该如何操作呢？《将苑·情势》中谈道：

> 夫将有勇而轻死者，有急而心速者，有贪而喜利者，有仁而不忍者，有智而心怯者，有谋而情缓者。是故勇而轻死者，可暴也；急而心速者，可久也；贪而喜利者，可遗也；仁而不忍者，可劳也；智而心怯者，可窘也；谋而情缓者，可袭也。

这可是对症下药，看将领下菜。当面对勇敢无畏、置生死于度外的将领时，可以引诱他们与我军交战，并提前做好埋伏，使得敌军将领冒死一战，这样就可以将之打败；对于那些心焦气躁、急功冒进的人，可以故意拖延时间，以"持久战"应对敌人的"闪电战"，充分掌握战争的主动权，使得他们焦躁不安，逐渐丧失理智和耐心，己方趁机打击；对于那些贪财爱利的将领，可以以钱财去收买或引诱他们；对于那些仁厚犹豫的敌军将领，可以假以仁义之事来困顿他们；对于那些智谋有余而勇气不足的敌军将领，就可以以威猛诡异之事来惊吓他；对于那些善于谋划但行动迟缓的敌军将领，就可以用迅雷不及掩耳之势予以袭击。

责己：曾国藩可以说是"责己"的楷模。《曾国藩日记》中有很多诸如"语不诚"、"心有骄气"、"有狂妄语"、"背议人短"之类自省责己的话。他曾在日记中记载："今日，说了很多的话，其中有一句戏谑的话，虽不是大的过错，却是不对的。"

所谓"责己"，意思是说人要不断地思考自己的错误不足，并不断地自省与改变，自我完善。一个人能否有较好的修为，能否成就事业，坚持自省并勇敢地改正缺点是关键。

曾国藩可以说是"责己"的楷模。《曾国藩日记》中有很多诸如"语不诚"、"心有骄气"、"有狂妄语"、"背议人短"之类自省责己的话。比如，他在道光二十二年（1842 年）十月十三日的日记中记载："今日，说了很多的话，其中有一句戏谑的话，虽不是大的过错，却是不对的。"廿一日日记中记载："今日说话太多，心神疲惫，心中有些许的骄傲，这样小的度量是可耻的。"由此可见他能够毫不留情地自我反思。

十月初九日记最为典型：

如果我平日以忠信对待他人，怎么会不被他人信任？如果我平日里能以礼尊敬地待人，怎么会有人对我说侮慢的话？即使他人存在不对的地方，也不至于破口大骂。如此的愤怒暴戾，几乎忘记了自己和亲信还在此处！这件事情有三个大的过错，第一是平日里不够敬重诚信，导致误会太深；第二是有时一语不合，就忿恨无礼；第三是遇到不愉快的事情后，他人平易，我却依旧强悍不近人情。不说出粗俗、伤人的话，怨愤之言也不会用在自己的身上，这些都不了解，怎还敢奢求其他？要从此谨记，切记，切记。

人不省思，难有自知自明；人不羞愧，无以知耻后勇。常见泼妇骂街，在于其不知省思。如果以为自己无咎无过，那也就关上了成长的大门。人非圣贤，孰能无过，关键是过而能改，方可不断长进。改的关键就是能自知，能自明，能知耻，能后勇。《三国演义》里塑造诸葛亮的形象，并不是说他百战百胜，而是强化他鞠躬尽瘁死而后已，以感动后人；再就是描述他如何错而能改，败而能全，从不会犯同样的错误。

《将苑·自勉》中说：

> 圣人则天，贤者法地，智者则古。骄者招毁，妄者稔祸，多语者寡信，自奉者少恩，赏于无功者离，罚加无罪者怨，喜怒不当者灭。

那些骄横狂妄的人，必然自大躁动难以自持，这样就容易给敌人留下进攻的机会，进而自取灭亡。关羽败走麦城，就是因他平日骄横狂傲所致。而那些言语过多的人往往轻浮不实，这样必然降低他在团队中的威信。

作为一个领导者，要尽量少说一些无关紧要、轻浮琐碎的话。在关键时刻必须要发言的时候，更要斟酌揣摩如何使自己的话简练厚重，一语中的。所谓"言多必有失"，每一个人都应不断地提高自己的修养，使自己说话更加得体、稳重。

作为一个管理者，应该赏罚得当，做到有功必赏，有过必罚，赏不避微，罚必取贵。只有这样，才会在团队中树立起威信，才会博得属下的拥护和爱戴，也只有这样的团队才具有强大的战斗力和凝聚力。

张飞敬爱君子，而厌恶小人。刘备常常告诫他说："你刑杀太重，并且天天拿鞭子鞭打士卒，今天将令在你的手中，是惹祸端的来源啊。"张飞仍不戒慎。果不其然，刘备攻伐吴国的时候，张飞率领士卒万人，从阆中出发，到达江州。发兵的前夕，张飞帐下的将领张达、范强把张飞杀死，砍下张飞的头，顺流投奔孙权去了。张飞性情豪放有余而谦谨不足，最终因此丧命。

关于"自责"修养的论述，《曾胡治兵语录》中也讲道：

> 古人患难忧虞之际，正是德业长进之时。其功在于胸怀坦夷，其效在于身体康健。圣贤之所以为圣贤，佛家之所以成佛，所争皆在大难磨折之日，将此心放得实，养得灵。有活泼泼之胸襟，有坦荡荡之意境，则身体虽有外感，必不至于内伤。

自古雄才多磨难，从来纨绔少伟男。人只有在经历苦难后才能真正地成长，俗话说："吃得苦中苦，方为人上人。"人之所以能够从普通人变成"人上人"，就是因为在"苦中苦"里磨砺锻炼了自己，使得自己的修为与能力都有了质的飞跃。

中国历代王朝似乎都难以摆脱这样的"怪圈"：祖上打天下的时候风餐露宿，马革裹尸，开国之初的几代君王也大多能够励精图治，可王朝中期以后的君王，皆是生于深宫、长于妇人之手，就难免出现那些既无"文治"又无"武功"的亡国昏君了。其关键在于，后代有优裕的物质条件，子孙自幼不必磨炼便可安享国家和社会的优待，以致少年跋扈，在下属的奉承中自以为才学盖世，浪荡浮华，最终毁在不知天高地厚上。这也是中国很多家族企业难以长久发展的原因。

经历磨难的人，往往由难察易，见微知著，胸怀坦荡，既不会因为人生际遇而放弃追求，也不会因事业成败而迷惑失措。举例来说，鲁肃为人方正严格，不在意娱乐玩饰，节俭简约，不迷恋于世俗的喜好，治军严正，发布的命令一定执行，虽在军阵之中，手也不离开书本，思想宏远，有超过一般人的聪慧。周瑜死后，鲁肃作为东吴的大都督，独支危局，虽然无论武功还是韬略都不及周瑜，但他凭借严于律己、做事谨慎而又勤勉力行，使得东吴能够稳定发展。

广远：一要"上接天线"，深入领会上级领导所传达的精神，二要"中接网线"，充分了解和学习身边的人，三要"下接地线"，要与下级或底层人员建立好联系，此为"广"。在把握现在的处境和问题的基础上，科学合理地预测出事情发展的趋势和动态，即为"远"。

"广"即"开阔"，言思虑较全面；"远"即"纵深"，言考量较久远。作战决策的谋划考量，要做到"上接天线、中接网线、下接地线，审时度势，高瞻远瞩"。

所谓"上接天线"，就是说要深入领会上级领导所传达的精神；所谓"中接网线"，就是说要充分了解和学习身边的人；所谓"下接地线"，就是说要与下级或底层人员建立好联系，充分地了解、把握他们的所思所为，此为"广"。

所谓"审时度势，高瞻远瞩"，是要在充分了解、把握现在的处境和问题的基础上，科学合理地预测出事情发展的趋势和动态，即为"远"。《曾胡治兵语录·将材》认为：

> 拣选将材，必求智略深远之人，又须号令严明，能耐劳苦。三者兼全，
> 乃为上选。

为将要智略深远，胸襟开阔。据《史记·萧相国世家》记载，当年刘邦攻下咸阳，各位将领纷纷争夺王府中的金银财宝，将其瓜分带走，只有萧何，最先进入秦国丞相御史令等法令书籍所藏之处，把这些资料收集起来，细致地了解天下各处要塞，户口的多少，各地的强弱，民众所苦恼嫉恨的事物。这就是目光远大，思路缜密。

《将苑·将器》中说：

> 将之器，其用大小不同。若乃察其奸，伺其祸，为众所服，此十
> 夫之将；夙兴夜寐，言词密察，此百夫之将；直而有虑，勇而能斗，此
> 千夫之将；外貌桓桓，中情烈烈，知人勤劳，悉人饥寒，此万夫之将；
> 进贤进能，日慎一日，诚信宽大，闲于理乱，此十万人之将；仁爱洽
> 于下，信义服邻国，上知天文，中察人事，下识地理，四海之内视如
> 家室，此天下之将。

在选拔将领的时候，要根据人不同的格局来任命给他们不同的职权。格局不同，人的层次也不同：

善于监督别人、挑毛病的人，虽可以让大家服从，但这种人只能做最低级的管理者，他的管理方式限制了管理的规模；

工作起来废寝忘食，谨慎入微的人，可以管理一百人的队伍，这种人往往爱岗敬业并且善于沟通和交流；

坦率而有思虑，勇敢而善于作战的人，可以统领一千人的队伍，这种人具有很强的工作能力，同时又坦率果敢，能够以身作则；

相貌堂堂，知人善任，体察冷暖，这样的人可以做万夫之将；

选贤任能，谨言慎行，心胸宽广，善于理事的人可以为十万人之将。"闲于理乱"，有很好的组织协调能力，这一点区别于"十夫之将"。

当管理规模较大的队伍时，那种事无巨细、无不亲力亲为的工作方式是不现实的，只有善于选贤任能，善于协调运作，才能够提纲挈领地把工作做好。韩信带兵"多多益善"，说的就是他能够运筹帷幄，安排手下的人各司其职，很好地调动军队，取得战争的胜利。

天下之将是对军队高级将领格局的描述：对待部下、百姓的时候要秉持仁爱之心，这样就能够内得民心，外交诸侯，能够坚持诚信、秉持道义，在各国间树立威信，赢得他国的赞许与支持。

在这其中，最难的是"上知天文，中察人事，下识地理"，即要求为将者博学多才，具备全面的业务素养。行军打仗，对天气变化、地理形态、人员管理等都有全面的要求。在古代，人们仅能够用肉眼观测到天气变化，若能够预测出未来几天的天气，就可以据此来安排军事计划。如诸葛亮借东风，以今天的眼光来看，似乎是小说作者"欲显孔明之智而近乎妖"，实际上根据星象、历法以及动植物的微妙变化，都可以对气象进行预测。"下识地理"就更容易理解了，《孙子兵法》中用了大量的篇幅讲在行军、作战过程中，针对不同的地理环境，应采取不同的应对措施，对哪些地形有利，哪些地形有害，都进行了细致的论述。

格局宽阔，胸襟博大，四海之内视如家室，方可为天下折服。在古代，地区文化差异较大，能够做到这点其实是很困难的，也正因如此，那些能够摒弃地区和族群之别，拥有博大胸怀的人，才能最终成就大业。

赵武灵王摒除"华夷之辨"的局限，果断推行"胡服骑射"，使得赵国在战国中后期迅速成为七雄之中的强国。秦皇汉武对于开发西南、东南都很积极，促进了这些地区与中原的联系。北魏武帝大力推行汉化政策，率先着汉服、改汉姓，吸收汉族的先进制度和生产方式，极大地促进了北魏的发展壮大和南北民族的融合。唐太宗李世民具有鲜卑血统，这使得他摒弃了南北朝以来的民族偏见，在朝廷上唯才是举，使少数民族将领得到重用，在民间更是鼓励民族交往和通婚，一系列举措不仅为自己获得了"天可汗"的称号，更是成就了大唐王朝的盛世。

能成大事者，不是因为其家业大，资金足，而在于其胸怀博大，眼界开阔，既能目光长远，又能思路缜密；既能担当大事，又能注重细节；既能进行战略规划，又能遂行战斗任务，这才是开合有致、进退有据、宠辱不惊的将帅素养。

四、将材：明得失、用刚柔、晓顺逆、通性情

所谓"将材"，指的是作为一名将领所应具备的能力。《将苑·将材》中把将领分为六种：

一是仁将，这类将领善于用道德去引导属下，以礼制约束属下，能体察属下的饥寒劳苦，以仁爱之心去关爱属下。

二是义将，这类将领有强烈的责任心和使命感，秉持天道大义，不为名利所动，甚至置生死于度外。

三是礼将，这类将领身份高贵却不骄傲，打胜仗而不恃功自大，贤能有为而能屈居下位，刚毅果敢而能忍辱负重。

四是智将，这类将领能出奇制胜、转危为安，一切皆能运筹帷幄。

五是信将，这类将领赏不避微，罚必就大，军纪严明绝无私心，能在军队中树立起很高的威望。

六是大将，这类将领见贤思齐又虚怀若谷，宽宏大量又刚毅果敢，勇冠三军又满腹韬略。

这六种将领，各有不同的特征，不可能一人全部具备，而应作为一种德行方向，成为衡量一个将领才能的参照。这个定性式的参照显得过于笼统，我们可以结合更多兵书，来看一个好的将领应该具备哪些基本才能。

明得失：一个将领，最忌讳不知得失进退，如果说进退是战术问题，得失则是战略问题，这其中不仅是个人得失，更是国家、组织的得失。对个人而言，有时候进不一定是好，所以曹操对劝自己称帝的人说，这是将他架在炉子上烤。

作为一名管理者，要清楚每一次举动的得与失，力求全面地考虑问题，在权衡利弊的基础上决定是否行动。如果利大于弊，就选择行动，并要防止不利局面的出现，或者将不利的结果最小化，这些问题都是应该在行动之前考虑清楚的。对于这点，《将苑·将善》有如下表述：

> 将有五善四欲。五善者，所谓善知敌之形势，善知进退之道，善知国之虚实，善知天时人事，善知山川险阻。四欲者，所谓战欲奇，谋欲密，众欲静，心欲一。

将领首先应该具备的五善，实际是四种指挥能力：

一是善于了解和把握敌情，并做出合理的分析，根据敌我形势的对比和变化，制定相应的作战计划。这就要求将领抓住机会，避实击虚，实现己方利益的最大化。"不谋全局者，不能谋一域；不谋万世者，不能谋一时"，说的就是要有全局观，要深谋远虑。

二是善于把握进退之道。要懂得何时进、何时退，如何进、如何退的道理。所谓"退"，有两层意思：第一层是"自足"，即功成身退，明哲保身；第二层是"以退为进"。"退"的目的在于"进"，一时的退避，实际在为前进一步蓄积力量。

《新唐书·卢藏用传》记载卢藏用想入朝做官，隐居在京城长安附近的终南山，借此得到很大的名声，终于达到了做官的目的。这是以退为进、沽名钓誉的"终南捷径"。古语说"伴君如伴虎"，作为臣下更要懂得功成身退的道理。

《史记》中记载了一个高人蔡泽所论述的"进退盈缩，与时变化"的道理，以告诫功臣要学会退却。他说，商鞅为秦孝公实行变法，统一度量衡，调整赋税，开垦土地，教授民众耕种的方法，操练士兵，使秦国家富足，天下无敌。商鞅功业初步建成，却被处以车裂。

楚国拥有百万的士兵，秦将白起率军作战，一次战争夺去了楚国的鄢地和郢地，再战销毁夷陵，南攻吞并蜀、汉，北攻赵国，坑杀四十万赵军。赵、楚两国慑服于秦，畏惧白起的威猛。可当白起夺下七十多城时，却被赐死在杜邮。

吴起辅助楚悼王变法，罢免无能之辈，废除无用之官，使得楚国政风整齐；楚军南攻下杨越，北吞并陈、蔡，破除诸侯对楚的围攻，在此时，吴起却被肢解了。

越大夫文种为勾践开辟荒野，建立城邑，栽种谷物，集中国力，灭掉强吴，却被勾践杀害。这四个人，都是在成就功业之后，没有及时离开，招致了杀身的祸端。因而，高明的将领能够不恋战，不贪权，不慕荣华富贵。范蠡懂得这个道理，超然远避，成为了富有的陶朱公；韩信不懂此理，直至临死才发出"飞鸟尽良弓藏，狡兔死走狗烹"的感叹，而同朝为官的张良就深识此理，懂得功成身退，得以保全其身。

三是要掌握国家的虚实情况。指挥员不仅要掌握战场上的情况变化，更要关注双方国内情况，因时因地调整作战计划，往往会收到事半功倍的效果。《兵法百言》指出："善用兵者，审国势己力，师武财赋，较于敌以立计。"说的就是这个道理。《吴越春秋·勾践阴谋外传》记载，越国向吴国借贷粟粮，第二年的时候，越国的庄稼成熟了，挑选了精良的粟种，用锅蒸熟，还给吴国。吴王得到越国还回的粮食，对太宰嚭说："越国土地肥沃，粟种很好，可以留着让我国的百姓耕种。"结果粟种不能发芽，吴国发生了严重的饥荒，越国趁此机会讨伐吴国。

四是要上知天文，下察地理，中晓人事。这样才会综合各方面因素，制定作战策略以取得胜利。《明史·朱升传》记载朱升在石门归隐，多次躲避官兵、盗贼的追捕，朱元璋来到徽州，因邓愈推荐，召朱升来询问天下事务。朱升回答说："高筑墙，广积粮，缓称王。"朱元璋正是听从了朱升的建议，低调扩军，不断发展壮大自己实力，最终建立起朱明王朝。

《将苑》在此基础上，还对将领们提出了更高的要求：

一是"战欲奇"。行军打仗要出奇制胜，即《孙子兵法》所讲的"以正合，以奇胜"。《史记·卫将军骠骑列传》记载：大将军卫青姐姐的儿子霍去病，因擅长骑马射箭，两次随从大将军出征，奉皇帝的诏命，分拨壮士给他，并任命他为骠骑校尉。由于卫青为主攻，霍去病率领轻骑八百，直驱敌军指挥部，以奇兵取胜，一战成名，被封为冠军侯。

二是"谋欲密"，指谋划计策要绝对保密。不仅仅要对敌人保密，甚至对己方士兵，也不要轻易让他们知道战略意图，此即《孙子兵法·九地》所言："将军之事，静以幽，正以治，能愚士卒之耳目，使之无知；易其事，革其谋，使人无识；易其居，迂其途，使人不得虑。"这里细致入微地阐述了保守秘密的诸多方面，由此可见保密工作的重要性。孔子也讲"民可使由之，不可使知之"，此处姑且不谈他们愚兵思想的对错，就行军作战而言，这一主张是有其合理性的。

三是"众欲静"。要保证军队内部的稳定团结，肃穆安静，这就要求为将者要善于发现军队中的问题，防患于未然，将可能扰乱军心、分离士卒的因素尽早铲除。《史记·项羽本纪》记载：项王作营垒于垓下，士兵少，并且粮食又将要吃完。汉军和诸侯之兵把楚军层层包围。项王无法突围，夜间居然从四面的汉营中传来了楚国的歌声，项王大惊，说道："难道汉兵已经取得楚地了吗？为什么汉营中有这么多的楚人呢？"项王甚是忧虑，夜间起来，在帐中饮酒。项王有一美人，名叫虞，常常跟从项王。项王有一匹骏马，名叫骓，项王经常乘骑。项王在四面楚歌的情况下百感交集，悲歌慷慨，唱道："力拔山兮气盖世，时不利兮骓不逝。骓不逝兮可奈何，虞兮虞兮奈若何！"项王自己唱了好几遍，美人作了一首和诗："汉兵已略地，四方楚歌声。大王意气尽，贱妾何聊生！"项王感伤，流下数行热泪，项王左右的将领也都感动得流涕，没有谁能够抬头。面对汉军扰乱军心的"四面楚歌"，项羽非但没能及时采取应对措施，反而自己先被其动摇。主帅尚且如此，更不用说那些楚军士卒了。

四是"心欲一"。统一思想、团结一致。《孙子兵法》言"道者，令民与上同意，可与之死，可与之生。""上下同欲者胜"。只有这样，全军才能"当其同舟共济，遇风，其相救也，如左右手"。军队只有上下团结一心，才能同心协力，进退如一。

一个将领，最忌讳不知得失进退，如果说进退是战术问题，得失则是战略问题。这其中不光是个人得失，更是国家、组织的得失。对个人而言，有时候进不一定是好，所以曹操对劝自己称帝的人说，这是将他架在炉子上烤。有时退不一定坏，比如范蠡能够功成身退。对国家而言，有时候胜仗不一定有得，因而有胜之不武的说法；败仗不一定有失，因而有以退为进的说法。因而，战略决策也好，战术指挥也好，需要将军事账、经济账、政治账一并考量，以文韬养武略，以武略辅文韬。

用刚柔：善于作战的人，即使刚强也不会被敌人折断，纵然柔弱也不至于被敌人牵制，看似柔弱的力量也可以牵制甚至战胜看似刚强的力量。如果纯柔纯弱，处处皆守弱不前，则势必被敌人侵凌蚕食；如果纯刚纯强，处处皆轻战冒死，则势必中计伤亡。

《吴子》认为好的将领，要能够"总文武"、"兼刚柔"。《淮南子·兵略训》中讲了个"五行"的概念，说的是将领行事，做到刚柔并济的方法：

柔变却不失刚毅，不至于被敌人牵制摆布；刚强而不失柔和，不至于轻易犯死，为人所害；仁爱却不至于妇人之仁，而被人利用；诚信却不迂腐，不至于被敌人蒙蔽欺骗；勇猛却不鲁莽，不至于被人所诱骗凌辱。

《三略》也说："动为事机，舒之弥四海，卷之不盈怀。柔而能刚，则其国弥光；弱而能强，则其国弥章。"强调的都是战略决策和作战指挥能够刚柔并济、强弱转化。

"并济"的"济"，说的是刚、柔能够相互支撑，彼此呼应，既不可过于刚强，也不能过于柔弱。作战的时候，若过于刚强则容易轻战冒死，造成不必要的伤亡；为人处世若过于刚直，则容易四处碰壁，以至难容于世。《将苑·将刚》说：

善将者，其刚不可折，其柔不可卷，故以弱制强，以柔制刚。纯柔纯弱，其势必削；纯刚纯强，其势必亡；不柔不刚，合道之常。

善于作战的人，即使刚强也不会被敌人折断，纵然柔弱也不至于被敌人牵制，用看似柔弱的力量来牵制，甚至可战胜看似刚强的力量。如果纯柔纯弱，处处皆守弱不前，则势必被敌人侵凌蚕食；如果纯刚纯强，处处皆轻战冒死，则势必中计伤亡。既不至柔亦不全刚，刚中有柔，柔中有刚，视敌情而刚柔变化，这样才符合行军作战的规律。《周易·损卦》说："损刚益柔有时。"要能够待敌我双方刚柔态势发生决定性的转化后，寻机作战。

在作战中，刚与柔的考量，很多时候是出于一种谋略的实施，即"实而虚之，虚而实之"，虚虚实实让敌人难以辨别，呈现给敌人假的形势，让敌人得出错误的结论，制定错误的作战计划，发动错误的进攻，而己方则以实待虚，避实击虚，必将取得胜利。这也就是《淮南子·兵略训》所说："故用兵之道，示之以柔而迎之以刚，示之以弱而乘之以强，为之欲歙而应之以张，将欲西如示之以东。"绵里藏针，看似柔弱，实则刚强。

刚柔并济，不是说没有规矩，管理的弹性很大，尺度很宽，而是说在一定的原则之上，灵活处置。《曾胡治兵语录》说：

> 军事棘手之际，物议指摘之时，惟有数事最宜把持得定：一曰待民不可骚扰；二曰禀报不可讳饰；三曰调度不可散乱。

在曾国藩看来，这三条是不能轻易动摇的基本原则，也是刚柔并济的前提条件。

"待民不可骚扰"，在战争时期不可扰民伤民，才能得到百姓的支持拥护，这也是战争得以进行的基本前提。《宋史·岳飞传》记载岳家军在钟村驻军，军中没有粮食，将士忍受饥寒，不敢打扰百姓。有一个士卒从百姓那里拿来一缕束刍，被下令处斩，以儆效尤。正是岳飞能仁能勇，才迅速在多支抗金军队中脱颖而出。"西汉而下，……求其文武全器、仁智并施如宋岳飞者，一代岂多见哉！"同时他也赢得了史官的高度评价。

"禀报不可讳饰"，在敌情汇报和信息传递中，不能有丝毫增益或者削减，以免引起误判。上下级之间的信息传递，更要保证信息的准确与及时。这是上级部门把握情况、谋划战略战术的前提与基础，要求下属汇报情况时，既不能隐讳过错，也不能夸饰战功。

"调度不可散乱"，无论形势如何变化，为将者管理军队，调度力量不可以散乱无序，要做到"形乱而心不乱，敌乱而我不乱"，时刻要保持清醒和有序。

晓顺逆：用愚钝来应对智慧，这显然是悖逆的；用智慧来应对愚钝，是取胜的最高境界；用智慧来应对智慧，即"棋逢对手"、"高手过招"，敌我双方都是使诈用谋之人；用愚蠢来应对愚蠢，街头打架、斗殴者比比皆是，恐怕就不必细讲吧。

所谓"晓顺逆"，就是要明白自己的判断，是顺从还是悖逆天道、地道与人道，从而制定计划和政策，以上应天道，中合地时，下顺民心。

天道即道义和规律，这就要审查所采取的政策、所制定的计划是否符合道义，是否符合事物发展的趋势。辛亥革命早期，革命党的实力根本无法与清政府及其扶植势力抗衡，却最终取得胜利，原因就在于晚清政局已走向穷途末路，共和乃是中国民心所向，大势所趋。武昌起义一爆发，革命党便以摧枯拉朽的态势，推翻了清政府的统治。同样，当袁世凯倒行逆施复辟称帝时，自然遭到所有心向共和民主者的反抗。天道，就是天下大势，顺之者昌，逆之者亡。

地道，主要是合适的机会，即所采取的计划和政策要在合适、恰当的时机提出并实施，同样也决定着政策能否落实。无论是国家战略还是作战计划，理论的完美和现实的无奈之间，都会存在巨大的差异，如何因地制宜，将理想的决策合理落实在实际工作中，决定了决策的成败，同样也决定着工作的效率。

人道，主要指人心向背。这其中包括两类人：一类是团队内部的人，即军队中的将士们是否拥护将领提出来的策略，为将者要充分了解广大将士的所思所想，并据此谋划和实践具体举措。另一类是团队外部的民众百姓，他们的拥护和支持，直接关系着国家的稳定性与战争的持续性。

天道、地道、人道都能通透，就是《淮南子·兵略训》所说的"三遂"："上知天道，下习地形，中察人情。"《将苑·机形》讲得更清楚：

> 夫以愚克智，逆也；以智克愚，顺也；以智克智，机也。其道有三：一曰事，二曰势，三曰情。事机作而不能应，非智也；势机动而不能制，非贤也；情机发而不能行，非勇也。善将者，必因机而立胜。

这段话实际讨论了智慧和愚钝的关系，由此可以看出什么叫顺逆。

第一，用愚钝来应对智慧，这显然是悖逆的。为将者万不可妄自尊大、目中无人，这是很愚蠢的行为，更会将军队带入危险的处境。这当然不是排斥那种看似"愚钝"实则"睿智"的行为，即给敌人以愚钝无能的假象，是以韬光养晦、运筹帷幄来酝酿等待击败敌人的时机，而是讲真正愚蠢的人来对付智者慧者，那只能被智慧者玩弄于掌心，看看孙悟空如何在如来佛手心翻筋斗就知道了。

第二，用智慧来应对愚钝，是取胜的最高境界。《论语·述而》载子路问孔子："如果您率领军队打仗，找谁与您同行呢？"孔子回答说："空手与老虎搏斗、徒步渡河而死，却不后悔的人，我是不与他共事的。必须是临事谨慎，善于谋划，并且能够完成任务的人，我才与他共事。"孔子反对那种仅凭勇力来奋勇冒死的行为，他认为面对战事要谨慎谋划然后再与敌交战。为人处世也是一样，智慧者最先能看破问题，这是一层境界；看破而不说破，这是第二层境界；看破而不说破，还能陪着他们玩，这才是最上的境界。

第三，用智慧来应对智慧，即"棋逢对手"、"高手过招"。敌我双方都是使诈用谋之人，而最终取得胜利的关键，在于看谁少犯错误，看谁修养更好，看谁能抓住机会。周瑜年轻有为，但为人骄傲自大，嫉妒之心过重，在与诸葛亮的数次交锋中屡屡败下阵来，一国统帅竟因"三气"而亡。周瑜的败亡不是输在他的智慧能力上，而是败在他个人修为的不足。

第四，用愚蠢来应对愚蠢，街头打架、斗殴者比比皆是，恐怕就不必细讲了吧。

通性情：了解将领的缺点，要比知道他的优点更利于预测战果。有的将领逢酒必醉，其缺乏自制力，不可重用；有的将领遇酒从不醉，缺少性情之真，不可大用；有的将领喝酒后把杯使性，则纯粹一介武夫，更不可授以要事。诸葛亮的"七观"另有不少精妙之处。

识人辨才，要懂得依据每个人性情的差异来做出判断、甄别。各人秉性不同，表现出的外化特征也就各式各样，管理者可以通过观察这些外在表象来做出合理的辨别。

《将苑·知人性》就认为人并不都是表里如一的。有的人看似温厚善良，却是伪诈之人；有的人看似恭敬谦和，却是欺上瞒下之徒；有的人看似勇敢刚毅，却是外厉内荏之人；有的人看似竭力做事，却是居心叵测之徒。人的秉性、人的才能、人的胸襟很难洞察。

诸葛亮总结出"七观"，来识人辨才：

一是用是非判断，来观察他的志向和操守。是非善恶的区分是人之为人最基本的前提和基础，通过观察他的是非观、善恶观来审视其人性中最根本的底线是什么。

二是连续发问、质疑、反问，让对方词穷而无以应对，由此来观察他的应变能力、逻辑组织能力。

三是询问计谋策略，来观察其见识。见是他的积累，识是他的新想法。有见识的人能够举一反三，窥一斑而知全豹；无见识的人只能唯唯诺诺，不知体察。

四是以祸患危难来观察他的勇气与定力，要任用那些"没事不惹事，有事不怕事"的人。

五是用醉酒来观察他的品性。有的人逢酒必醉，其缺乏自制力，不可重用；有人遇酒从不醉，缺少性情之真，不可大用；更有人喝酒之后把杯使性，则纯粹一介武夫，更不可授以要事。

六是诱之以名利、美色来观察他是否廉洁自爱。英雄难过美人关，豪杰难过名利关，只有能审时度势，分清何者为可得之名利，何者为不可得之名利，方才能够不被流俗蛊惑，不被别有用心者利用。

七是通过与他约定事情或委以任务，来观察他是否守信践诺。有人答应得痛快，但执行起来推三阻四，或者不了了之，轻信不可小用，寡信不可大用。

"七观"所列出的七个方法，可以大致判断一个将领的优劣。由于知败方可求胜，知道将领的缺点，要比知道他的优点更利于预测战果。《将苑·将弊》还列出了为将之道的八弊，告诫任将选士者要谨防：

一是贪得无厌。"贪"无外乎名利美色，对于这样的将领，孙子提出"以利诱之"的策略，将领尤其要警惕这种"糖衣炮弹"的袭击，更要提高自己"拒腐防变"的能力。

二是妒贤嫉能。对于整个团队而言，将那些有能力、有德行的人吸纳进来，一方面能促进团队人员的不断优化；另一方面能始终保持团队的积极向上，团结一致的风气。反之，必将导致队伍分崩离析，人心各异，使部属一盘散沙，最终丧失战斗力。历代王朝虽然都严防党争，但不绝如缕，唐代的牛李党争、北宋新党和旧党之争、明代厂卫斗争、清初明珠与索额图两派的斗争，虽然起因、性质、影响都各不相同，但大都出于私利而忘公义，假公济私，攻击对手，让朝廷乌烟瘴气。对个人而言，妒贤嫉能只会使心胸变得越来越狭隘，人也很容易故步自封，不思进取，甚至沦为害群之马般的小人，如唐代李林甫、杨国忠等。

三是信谗好佞。听信谗言，就会听风便是雨，毫无主见。宋高宗赵构听信谗言，连发数道圣旨，急召岳飞归京，以"莫须有"的罪名将其处死，不仅使忠臣冤死，更使得抗金的大好形势毁于一旦。亲近小人，就会颠倒是非，不分善恶。明世宗嘉靖皇帝的宠臣严嵩，专擅媚上，招权纳贿，吞没军饷，废弛边防，使得明政权迅速由盛转衰。奸邪伪诈之徒，常以排除异己、唯利是图为特征，若重用这类人，只能是祸国殃民。

四是料彼不自料。临战应敌、谋划策略时，仅仅了解对方还不够，更重要的是要客观地认识自己，清楚己方所长所短，这样才能把短处隐藏起来，做好防范措施，并以长处去进攻敌人的短处，即孙子所说的"避实就虚"。同样，为人处世也是一样，俗话说"人贵自知"，审时度势的人并不少见，但是能够清醒地认识自己的人就不多了。

　　五是犹豫不自决。战场上形势瞬息万变，机会更是稍纵即逝，为将者要果决地确定作战策略和应对方针，这样才不会贻误战机，为人所害。宋襄公没有听公孙固的建议在楚国半渡时果断发动进攻，这就是贻误战机。在丧失机会处于不利态势的时候，却又不撤军而要与敌交战，这就是鲁莽轻战。

　　六是荒淫于酒色。为将者不可贪于酒色，这会使人麻痹而丧失理智，因此耽误战机，遭人设计。吕布正因为好色，才被王允以美人计利用；张飞正因嗜酒丧失理智，才失掉徐州。

　　七是奸诈而自怯。为将者若奸邪伪诈，便难以在军中立信树威，如若再是一个胆小怯懦之人，就更难以担当大任。

　　八是狡言而不以礼。为将者应该光明磊落地管理军营。对待下属应该秉持"道之以德，齐之以礼"的准则，不可自毁军法，狡言惑众。周幽王烽火戏诸侯，把军国大事视为儿戏，其结果必然是威信扫地，引患乱国。

　　那么，哪些人可以重用呢？《将苑·三宾》将人才分为三等：上等能言善辩、博学多才、满腹韬略，如张仪、孔明。中等勇猛刚毅、善于冲锋陷阵，如关羽、张飞。下等则言多而不实用，只会些小技艺，其能力并不优于常人。

　　我们当然不能希望所有的人都是上等人才，那样的话谁来牵马坠镫？我们更不能接受多数人都是下等人，那么谁来号令天下？从组织管理学来说，这三等人各有各的用途，是构成人才结构的先天条件。江山易改本性难移，下等人无论如何培养，还是下等的心性，与其不切实际地改变他们，不如顺其本性，善加利用，把合适的人放在最合适的位置上。从个人发展来说，要尽量改变自己，向优秀者学习，不断拓展自己的格局，格局决定成就，境界决定高度，超越自我，才能不断成长。

第六章
大格局中的团队竞争

　　曾国藩批评绿营和八旗兵"官气太重，心窍太多，漓朴散淳，真意荡然"不仅是对晚清军队习气的描述，也是对历朝没落时期军队情形的概括。一个朝代初兴，文武官员，全军将士皆经过战争淬火而成，其间即便有庸庸无为者，也是能够逢凶化吉存，知道由之可贵，也知道和平之难得。

管理者要善于激发团队成员的工作积极性，使整个团队更具战斗力。激发团队积极性的途径就是"励士"。"励"，包含勉励、奖励、鼓励三层意义。"勉励"是对团队成员提出工作要求；"奖励"是指嘉奖做出杰出贡献的团队成员；"鼓励"是能够随时随地对个别成员给予情感疏导、信念教育和工作帮助，使之能够跟上团队节奏。"士"，既指全军将士，也包括才士、贤士等参谋人员和后勤人员。中国古代兵法中关于"砺士"的阐述，包括选士、抚士、练士、恤士四个方面的内容。

一、选士：湘军如何成为晚清政局的决定性力量

　　选士，说的是如何选拔士卒，组建团队。

　　团队是由不同的个体组合而成的，个体素质的优劣直接关系到整个团队的质量。如果没有选到足够多的优秀将士加入军队，那就会在未来战争中输给敌人。就选士而言，如果所选之人受过专门训练和系统教育，善加组织，整体的力量就会无限倍增，呈现出强大的凝聚力和战斗力。反之，如果个体素质较差，势必会影响整个团队的工作能力，无法在竞争中获胜。《草庐经略·丁壮》中说道：

兵法曰："兵无选锋曰北。"所谓选者，选其人于未教之先而教之，再选其人于既教之后而用之。以材力雄健者为众兵；仍于众兵之中，选其武勇超群，一可当百者为选锋。……未教时之所选者，或以武艺，或以强力，或以胆气，或以雄貌。须用乡野壮人，无取市井游猾。盖野人力作而性朴，力作则素习勤劳，性朴则畏法奉令。易以诚信感之，恩爱联之，不难就我彀中而不测我颠倒之术。市井游猾，不习勤劬，不畏法度。其在军中，巧为规避，潜倡邪说，引诱群辈，故不宜用。

如果所选之人受过严格训练，就可以直接任用他们。其中，身体健壮、力量强劲者可以充当普通士卒；勇猛无比而又精于技艺者可以组成特战人员，以一敌百，承担关键任务，这就是所谓的"锋"，即精锐部队。商周时期的"虎贲"，就是精锐部队。《尚书·牧誓》孔安国序中说："武王戎车三百辆，虎贲三百人，与受战于牧野。"汉孔安国将其解释为："勇士称也。若虎贲兽，言其猛也，皆百夫长。"

在中国兵法中，对选士有着深入而细致的描述。大致说来，可以从武术技艺、勇力强劲、胆量魄力、体态样貌四个方面考量。在这其中，尤其重视选用生长于乡村中的身体健壮者，主张摒弃游走于市井间的泼皮无赖。这是因为生长于乡村中的人多勤劳朴实，勤劳者必坚韧耐苦，朴实者必安分守法，勤劳朴实又容易被诚信感化，变得忠信仁厚。如果这些人没能吸纳进来，必然为敌方所用，反成为己方强大的敌人，这是十分危险的事情。相反，那些游走于市井之间的地痞无赖，看似蛮横勇敢，往往却是些毫无操守、阳奉阴违、唯利是图的小人。这样的人如果进入军中，非但不会增强军队的实力，还会败坏风气，动摇军心。

晚清时期，八旗和绿营之所以丧失战斗力，就是因为当时的八旗子弟多是些游手好闲之徒。他们生于富贵粉黛之中，沾染了市井间荒淫鄙俗的习气，早没有了祖先那样驰骋疆场的体魄与能力。而湘军、淮军之所以能够成为当时最具战斗力的军事组织，其原因就在于，他们绝大多数是来自于湘、淮农村的民间武装，彼此又多为同乡同族，这就使得他们既具有顽强的战斗力，又具有高度的凝聚力，从而成为晚清政局的决定性力量。

一个团队如果皆是能说会道、八面玲珑之徒，则不可同患难。生死存亡之事，需要能同仇敌忾。浮华之徒，皆重虚名，心思浮荡，必不能死心塌地。

所谓"诚朴"，即诚信、朴实，意思是说要将那些诚信、朴实的人选入军营。这样的人对上耿直忠厚，对下仁厚笃实，对己严律修为。《曾胡治兵语录·诚实》中说：

> 军营宜多用朴实少心窍之人，则风气易于纯正。今大难之起，无一兵足供一割之用，实以官气太重，心窍太多，漓朴散醇，真意荡然。湘军之兴，凡官气重、心窍多者，在所必斥。历岁稍久，亦未免沾染习气，应切戒之。

中国古代观人审士，最注重"朴实廉介"，朴实就是淳朴诚信，廉介就是操守分明。由这些人组成的团队，内部关系疏朗亲切，彼此相安无事。现实中当然不可能都是这样的人，那就要竭力重用那些朴实笃厚者，使他们迅速走上领导岗位，成为团队的骨干。少用那些工于算计、心机很重的人。算计者多自私，心机者多阴谋，一个团队内部，若有这类人分布在各个部门，其心机算计不是用于军事权谋和形势分析，而是用于内部争斗，很快就会让朴实笃厚者处于不利地位，甚至逆淘汰那些不善于心术者。久而久之，团队内部相互猜疑，彼此嫉恨，和平时相安无事，作战时则溃不成军。

曾国藩批评绿营和八旗兵"官气太重，心窍太多，漓朴散醇，真意荡然"，不仅是对晚清军队习气的描述，也是对历朝没落时期军队情形的概括。一个朝代初兴，文武官员、全军将士皆经过战争淬火而成，其间即便有庸庸无为者，也是能够逢凶化吉的福将，但多数都是经过无数次出生入死而得以幸存，知道生之可贵，也知道和平之难得，此时的军队，皆是一国的精英，也是一时之选。但到了朝代晚期，承平日久，文官不谨操守，武官忘记使命，军队便成为投机钻营者的目的地，令志士寒心，让勇士失望，战斗力迅速下降。

军队是以战争为准备，若不备战，则久而懈怠；如不临战，则久而自骄。官气、娇气、惰气一旦浸染部队，会变得毫无战斗力。任何一个组织都不可能推倒重来，更何况，军队又是一个讲究资历和注重层级的组织，在其懈怠骄悍之后，就难以再回到当初的团结紧张、严肃活泼的状态，能维持不再沉沦便很难得了。

在曾国藩看来，军队要重用四种人：

一是才堪治民，即有经国纬民之才的人。任何时候，都是平常人多，人才太少。才堪治民，既包括敢于组织，有足够的手段、方法去管理百姓，又包括善于组织，有情怀操守，能够视民同胞，得到百姓的拥护。

二是不怕死，置生死于度外的人。参军打战，本来就是赴汤蹈火，因而士卒要能够做到大义凛然，死不旋踵。有私利者，必不能奉献，何能历危局？

三是不汲汲于名利的人。荣誉和名利是连在一起，军人重视荣誉，这既包括个人的功名，也包括军队的整体荣誉。将个人的价值和军队、国家的价值联系在一起，就树立了正确的荣辱观。汲汲于名利，则是有我而无组织，或者利用组织为自己谋私利，将组织作为跳板，而不是和组织一起成长。

四是耐受艰苦的人。战争到了战略相持阶段，比的是双方的耐受力，谁坚持到最后，谁就取得最终的胜利。日常做事，能够取得成功的，不取决于聪明睿智，也不取决于资金充足，而是取决于能否坚持。每一个登顶成功的人，回头俯视山谷，就会发现在最艰苦的山道旁，几乎密密麻麻全是知难而退的放弃者。任何的成功，都是在他人退却后，自己再坚持一把，才获得了进步和超越。

这些人所组成的团队，看似无欲无求，实则极具侵略性和攻击力。平时各行其职，关系淡如水，一旦遭遇时艰，因信念一致，则能同仇敌忾，纾救国难，解他人危局，雪中送炭。当年秦琼为了救朋友，去登州冒充响马，路过两肋庄的岔道口想起老母妻儿，此时面前一条路去汝南庄，一条路去登州，一条路回家门。但秦琼犹豫片刻，最终还是为了朋友，义无反顾地去了登州。秦琼这一举动所反映的深重义气，被人们传为"两肋岔道，义气千秋"。

朴实诚恳的人，有时看着很木讷，实际是质朴；有时看着有些傻，实际是认真理。一个团队，如果皆是能说会道、八面玲珑之徒，可以同享乐，不可同患难。军队作战，生死存亡之事，需要能同仇敌忾。浮华之徒，皆重虚名，重虚名者，心思浮荡，必不能死心塌地。从现实逢迎消遣需要，可以有此类巧笑谄媚、油嘴滑舌之人在军中，但不能令其成风气，否则必损害军队士气、正气。

对普通的士兵、员工而言，他们是团队行动最直接的执行者，因而工作效率才是首要的，其德行、性情，可由上级管理监督来解决。对中层管理者而言，最重要的却是品行，他们的优缺点，部属清清楚楚，关键时刻的号召力，完全取决于平时对他的信任程度。

所谓"用长"，就是要扬长避短，以实击虚。对于团队而言，要充分发挥每一个人的长处，以此来形成整个团队的优化组合；对于个人而言，则要在客观认识自己的前提下"扬己之长"，即以己之长击敌之短。

做人要尽量"补己之短"，人的失败一定是败在自己的短处上，因为能力不济，防范不严，便很容易犯错误。这就是所谓的"木桶效应"，桶中水一定会从最短的木板处流出。作战，打的就是对方的短处，或在将帅之短，或在组织之短，或在权谋之短，或在形势之短。

《三国志》中，陈寿评价关羽和张飞时说："羽善待卒伍而骄于士大夫，飞爱敬君子而不恤小人。"关羽爱兵如子，不欺下，有仁厚之风，几乎成为兵家典范，但其"骄于士大夫"，使得他不能团结同僚，不能在复杂的作战环境中与友军相处，恰成为他"败走麦城"的根本原因。张飞豪放爽快，每每见到好汉未尝不英雄相惜，因而善于与同僚相处，但其缺点与关羽正好相反，"不恤小人"，导致他身首异处，为小人所害。

作为管理者，一定要对自己、对团队的短处提高认识，尽量补短，如若临战应敌就要"藏己之短"，然后再谈"用长"。

关于用长，《曾胡治兵语录·勇毅》说：

> 大抵任事之人，断不能有毁而无誉，有恩而无怨。自修者但求大闲不逾，不可因讥议而馁沈毅之气。衡人者，但求一长而取，不可因微瑕而弃有用之材。苟于硗硗者过事苛求，则庸庸者反得幸全。

人一旦入职做事，往往诋毁与荣誉并存、恩典与怨恨并至。这就要求我们意识到，要注重大节不损，大德不亏，不要因为那些捕风捉影般的谈论、那些闲言俗语般的议论而气馁，轻易放弃自己的目标，折损了沉毅志气。

金无足赤，人无完人，以此眼光衡量别人，那就是要看大节大德，不要因为细微缺失而放弃有用之才。尤其是对于出类拔萃的人，瑕不掩瑜，要能包容他们的缺点，尊重他们的个性，不要过于苛刻。若因小的毛病而忽略大才，则最终选用的，只能是那些平平庸庸、碌碌无为者。

其实，不同层次、不同岗位的人，对"才"与"德"的要求也不一样。一般说来，普通士卒，关键看他是否有攻城拔寨的本领；基层工作者，重要看他们是否有一技之长，个人的德行、性情倒不是第一位的。这是因为，对于一个团队而言，最普通的士兵、员工是团队行动最直接的执行者，因而工作效率才是首要的，其德行、性情，可由其上司的管理监督来解决。

对于中层管理者而言，重要的则是能力和品行。他们对上是执行者，需要有组织、协调能力，将上级决策、首长意志落实到工作中。对下是指挥者，需要结合部属的工作能力、性情特点，布置战术任务，使得有条不紊、保质保量遂行战斗。中层管理者是否具有号召力，取决于个人品行，这是由于他们平时和基层员工、士卒生活工作在一起，路遥知马力，他的个人喜好、优点缺点，部属清清楚楚，关键时是否听他的话，不是取决于这时的命令是否正确，而是取决于平时对他的信任程度。

在中国，人员管理的单位叫作人事部门，二十四史都是以"列传"、"世家"来叙述人物的关系。这是因为中国式的管理，首先是管人，有了人，有了合适的人，事就好办了。没有合适的人，再宏伟的蓝图，再完美的计划，也只能付诸东流。将合适的人放在合适的位置上，这就是人事管理。

但在西方的组织体系中，人员管理单位叫作人力资源管理部门，把人当成了生产的要素，当成了复杂体系中的一个个环节。按照职位去寻人，更多考核的是人的专业技能和学术背景，是将无数个体组织起来，实现整体的优化。

中国的管理是人员管理，优点是因人而异，便于德治；西方的管理是职务管理，优点是因事而异，便于法治。我们要实现现代管理的有效性，最好还是要在基层实现职务管理，使其能够各安其职；高层使用人员管理，使其能够充分发挥个性优势。

内心仁善的人，长处不在于杀戮斗狠，勉强使用，会使他倦于杀伐而丧失勇气，反而对团队造成不利。比如关羽，在华容道必然会义释曹操。精悍强劲之人，可以负责正面进攻，充当先锋，如北伐战争中的叶挺独立团，所向披靡。冷静稳重而又坚毅顽强的人，可以把守关隘，拒敌断后，如曹操与马超交战败北，而令许褚临河断后。

所谓"任能"，就是要尽量任用那些有超凡才能的人。这样的人必然能够以一敌十，以一敌百，如长坂坡下，张翼德独自一人，喝退十万追兵；赵子龙单凭一骑，杀入曹营救幼主。我们常说：千军易得，一将难求。任能就是要善于因贤授职，因能授职。《草庐经略·任贤》说：

> 一贤可退千里之敌，一士强于十万之师。谁谓任贤而非军中之首务也。天生贤才，自足供一代之用。不患世无人，而患不知人；不患不知人，而患知之而不能用。知而不善用之，与无人等。知人者，先询其言，渐任以事。

人人皆知贤能之士的重要性，但为何贤能之士总是稀缺呢？关键在于：不是世上没有贤能的人，而是缺少能够识别、敢于起用贤能的人。明知贤能而不好好任用，莫不如没有贤能。

韩愈有句著名的话："世有伯乐，然后有千里马；千里马常有，而伯乐不常有。"这个世界从来就不缺少人才，关键是缺少发现人才的伯乐，更缺少能够持之以恒选贤、用贤而不疑的君主。项羽手下的范增，本是难得的人才，几乎刘邦所有的计谋都被他看透看破，智谋不在张良、萧何之下。但项羽虽称其为"亚父"，还是不能善用，最终中了反间计而将范增赶走，刘邦自己也承认："项羽有范增而不能用，此其所以为我擒也。"同样，韩信在项羽手下，不过是个执戟的郎中，多次献计，项羽不予采纳。后离楚归汉，经夏侯婴、萧何推荐，成为刘邦的开国功臣。

贤能不容易得，一是因为贤才很少，而且贤才不得其用，甚至还不如普通百姓善于谋生，当年韩信就曾走投无路，食不能果腹。一漂母（在河边漂洗衣服的老妇人）见其饥饿，便分饭给他吃数十日。韩信岂不如漂母？淮阴屠户侮辱韩信："能死，刺我；不能，出胯下。"韩信受辱良久，忍胯下之辱，而为众人耻笑。韩信岂不如屠户匹夫？皆因为他不当其时，不当其用而已。孟子说："舜发于畎亩之中，傅说举于版筑之间，胶鬲举于鱼盐之中，管夷吾举于士，孙叔敖举于海，百里奚举于市。"（《孟子·告子下》）这些仁人志士，在他们人尽其才之前，都曾困顿没落，沉于下僚。然一旦为仁君明主起用，不仅个人可以建功立业，而且能够铸造一个新的时代。

另一方面，贤能多为孤傲之士，良禽择木而栖，他们既然为贤能，自然能够看清国君能否成就事业。道不同不相为谋，国君若非德才兼备，贤良自然不会轻易屈从。诸葛亮为刘备三顾的恩情所感动，鞠躬尽瘁。燕昭王拜郭隗为师，为其建造宫殿，顿时吸引了一大批以才能自负的志士，一时间"乐毅自魏往，邹衍自齐往，剧辛自赵往，士争凑燕"，燕国顿时人才济济，一度走向繁荣富强。

没有至诚之心，贤良也不能得其为用。秦王嬴政在统一六国的过程中，想尽一切办法延揽他国人才。当时秦国有个名士叫顿弱，长于谋略。嬴政单独召见。顿弱走到秦王面前，直接说："大王允许我不施参拜之礼，我就与大王谈一谈，否则免谈。"顿弱的傲慢无礼，实际是试探秦王是否有胸怀度量。嬴政知道，奇人必有奇行，便同意了。

交谈中，顿弱影射嬴政有名无实，嬴政也没生气，反倒说："先生说得对，怎么才能有名有实呢？"这一句话，顿弱不仅为之感动，而且为之感激，顿时就被折服了，开始认真提出自己的建议：一是收大臣之权，操生杀之柄于国君之手，二是以万金离间各国君臣，三是将六国被国君疏远的贤才搜罗到秦国。这三招，一为秦奠定了帝制基础，二是削弱了六国势力，三为秦延揽了一批人才。

那么，如何使用不同类型的人才，做到人尽其才，才尽其能呢？《草庐经略·选能》中讲：

> 兵家之用人，非一途也。贵在因能而器使之，使智、使勇、使贪、使愚、使才、使艺，惟视其长，尽归擢用。……盖聋者善视，瞽者善听，原无可弃之人，惟用违其才，始有难成之绩。夫梗楠寸蠹，良匠必收，

奇士跅弛，良将必用。故雄才硕彦，推诚礼之，谦恭下之；智能技艺，恩信联之，资给厚之。

即人各有长，管理者要善于量才使用。尤其是普通员工，只要有一技之长便可以引以为用。

内心仁善的人，长处不在于杀戮斗狠，勉强使用，会使他倦于杀伐而丧失勇气，反而对团队造成不利。比如关羽，傲上而不欺下，恃强而不凌弱，在华容道必然会义释曹操。而谨慎保守的人，就不能让他负责进攻，否则会因过于拘谨而贻误战机，使军队陷于被动。比如宋襄公，不击半渡，转胜为败。

精悍强劲、能够以一敌百的人，可以负责正面进攻，充当先锋，如北伐战争中的叶挺独立团，所向披靡。冷静稳重而又坚毅顽强的人，可以把守关隘，拒敌断后，如曹操与马超交战败北，而令许褚临河断后。

贪图小利的人不可以派去管理粮草辎重，因其会中饱私囊，如明武宗宠幸的"八虎"之一张永，九江监军聚敛民财，克扣军饷。满腹韬略而又冷静果断的人，临战应敌的时候可以多听他的意见，比如司马懿在关羽生擒于禁后，献计曹操鼓动孙权北上，逼关羽退兵。

行动轻快迅速的人可以用来充当引诱敌人的伴兵，比如博望坡之战中，孔明任用赵云做伴兵诱敌。刚愎自信的人可以用来当先锋，比如关羽于群雄之中果敢请战，最终温酒斩华雄。

言辞善辩的人可以做游说辩士，比如晏婴、张仪。善于偷窃隐藏的人可以用来打探敌情，如孟尝君任用鸡鸣狗盗之徒。善于辱骂讥讽的人可以用来诋毁、激怒敌军，比如诸葛亮骂死王朗。

在这其中，关键是要知道，用人不是人才为我所用，而是人才帮我建功立业。唯唯诺诺者自然驯服，平平庸庸者容易依附，唯有贤能需要动其心，才能为我服务，帮我助我。《草庐经略》中强调，对于深谋远略的雄才，应该推诚置腹，放下尊贵的架子，真心地恭请人家，这是因为，贤良不会被小恩小惠和花言巧语所蒙蔽。只有以真诚礼遇，取得他们的信任，一旦任用，这些人必定会披肝沥胆，竭尽所能。

二、抚士:"爱兵如子"才是软实力

抚士,即关爱和抚恤士卒,这是增强军队凝聚力、维护上下团结的根本方法。历代兵家都将"爱兵如子"视为将领的基本素养。将领关爱士卒,士卒拥戴将领,军队自然上下一心,达到《司马法·严位》所说的"凡战,三军一人,胜",即"一众",这是抚士的目的。

一个团队是否能劲往一处使,心往一处想,这是古代兵法中判断军队是否有战斗力的重要参数。

一众,就是能够统一思想、增强团队的凝聚力。这个"一",指的是步调一致,是一个团队各个有机体能够同心协力,劲往一处使,心往一处想。这是古代兵法中判断军队是否具有战斗力的重要参数。《三略》记载为"士众欲一",《司马法》说的是"气闲,心一",《孙子兵法》称为"齐勇若一",都是强调三军将士一心,共同作战。

《草庐经略·一众》在总结前人对这一问题的阐述时说:

> 兵法曰:千人同心,则有千人之力;万人异心,则无一人之用。众心不一,则彼此互诿,进退疑二;敌人薄之,前阵数顾,后阵欲走。虽百万之众,竟亦何益! 故一众之说,兵家所同。

团队最忌讳上下不一,左右猜忌,一盘散沙,各自为战。"师克在和,不在多。"一支部队能否经受住挑战和考验,最终赢取胜利,其关键因素不在于人数的多寡,而在于人心是否一致,军队是否团结。一千人的队伍,如果团结一致、众志成城,那么整个团队的力量必然大于一千人的合力;一万人的队伍,如果各怀己私、分崩离析,那么这个团队必然是一群乌合之众,毫无作战能力。

战国晚期,苏秦尽管身佩六国相印,游说东方六国,力主合众弱而攻强秦,六国表面上看似合作,也共同进行了几次联合战争,但是由于诸侯各怀己私,六国联合只能停留在盟誓的竹节和玉版之间,没有多少实际的举动。秦国纵然强大，如果六国同心携手，那么力量之和必然远大于秦国，可他们却貌合神离，各怀鬼胎，使得这种理论上的设想没有成为实践。

号令统一的士兵，即便人数很少，也能同仇敌忾，这就是《六韬》所谓的"独往独来"之兵，《尉缭子》所言的"独出独入"之兵。这里的"独"，不是散兵游勇，而是三军之众，一心同力，齐至死战。

典型的战例，是巨鹿之战中，项羽的破釜沉舟。据《史记·项羽本纪》记载，项羽率领将士渡过漳河，把船沉了，把锅釜凿坏了，把庐舍烧了，仅带三天的粮食，来显示士卒以死相战，没有一个人有生还之打算。此次作战，项羽兵力不足，没有后勤保障，又背水作战，似乎败局已定，但其破釜沉舟的举动，使得士卒以必死之心应战，充分激发了士卒的战斗力，最终以少胜多。

团队的管理中，作为下属，一要坚决服从上级命令，保证完成任务；二要思考问题能从全局和整体出发，必要时不惜做出牺牲，以保证整体计划的实现，保证组织的运转有序。一个国家，如果上至战略决策层，中到行省郡县，下到村社家族，皆能政令畅通，风俗整齐，那么内可以安定和谐，外能够开拓进取。

《草庐经略·一众》总结了历代"一众"的方法：

> 附循欲厚，激劝欲勤，号令欲严，赏罚欲信。俾士卒戴我而乐于一，畏我而不敢不一。又顿兵死地，示之以必死，令不得不致其死而一。所以万人一心，奋勇直前，人莫能御，如《吴子》所称"父子之兵"者是也。

一是"附循欲厚"，即吸纳和安抚属下要厚重，既指物质层面，也指情感层面。也就是说以仁爱之心去爱护士卒。吴起治军，十分注意军队内部的团结，他在魏国担负防守西河的任务时，与普通士卒同衣同食，卧不设席，行不骑乘，与士卒同甘共苦，深得士兵拥戴。据《韩非子·外储说左上》中记载，魏文侯十八年（前408年），吴起协助乐羊进攻中山国时，看到一个士兵创伤化脓，他亲自"跪而自吮其脓"。当这个伤兵的母亲听说了这件事，伤心不已。当年孩子的父亲，就是因被吴起吮伤，心生感激，在泾水之战中，不旋踵而死。现在吴起又为其子吮伤，说不定，孩子在哪场战争中就会奋不顾身地战死。这就是将领的情感攻势。

二是"激劝欲勤",即为将者勤于激励劝勉士卒，使得他们保持良好的精神状态；所谓"号令欲严"，即为将者要严守军法律令，也就是孔子所讲的"齐之以礼"。在建立制度化的管理后，秉持"有法必依，执法必严，违法必究"的原则。蜀建兴六年（228年）春，诸葛亮出斜谷，令赵云、邓芝为疑军，占据箕谷，魏国大将军曹真举众拒之。诸葛亮亲自率军攻祁山，由于准备充足，士气高昂，南安、天水、永安三郡的守将都叛魏呼应蜀军。魏明帝不得已亲自坐镇长安，督令张郃抗拒诸葛亮。诸葛亮让马谡督军在前，与张郃大战于街亭。结果马谡违背诸葛亮当道扎营的决定，临时变动，以致举动失宜，为张郃所破。诸葛亮不得已拔西县千余家，还于汉中，丧失了最有可能成功的机会，最终只能处斩马谡，以平息众怒。

三是"赏罚欲信"，即赏罚严明，一方面要"赏不避微，罚必就大"；另一方面要"言出即行，树威立信"。比如商鞅通过移木赐金的方法树立威信，使得士卒乐于听从上级号令，即使那些不畏惧将领的人也能严格遵守。

总的来说，一众，就是要求将领，一要在平时能够与众同好、与众同恶，寒暑予均，劳逸与齐，饥渴与同，做到上下一心，得到士卒的信任。非独患难时同滋味，平处时亦要同滋味，平时感得动，战时才能调得动。平日得其心，临战才能得其死力。二要在战时，与士兵安危与共、生死与同，遇有危难，则以身先士卒。

> 人才能够为我所用，只有三种可能：一是给他足够的平台，让他实现建功立业的抱负。二是情感投资，但光凭动嘴，久而久之就会显得苍白无力，显得虚伪。三是厚禄。第三种是最立竿见影的，屡试不爽，用得最多。

人才能够为我所用，只有三种可能：一是给他足够的平台，让他实现建功立业的抱负，从而成就他的事业，即使条件艰苦，也会为我所用。二是情感投资，但光凭动嘴，久而久之就会显得苍白无力，显得虚伪。三是厚禄，即丰厚的利禄，泛指以美名、厚禄、高爵来吸引人才。第三种是最立竿见影的，屡试不爽，用得最多。《三略》就引《军谶》说：

> 军无财，则士不来；军无赏，士不往。……香饵之下必有悬鱼，
> 重赏之下必有死夫。故礼者，士之所归也；赏者，士之所死。昭其所归，
> 示其所死。……故礼而后悔者，士不止；赏而后悔者，士不使。礼赏不倦，
> 则士争死。

俗话说：招兵买马。买马当然要用钱，招兵，恐怕至少要提供吃住。平时，军中没有粮草保证，士卒就会流散；军队没有资金支持，就不能吸引人才，很容易造成人才流失。战时，没有赏赐嘉奖，就不能激励士卒杀敌，而重赏之下，必有勇夫。自古都是如此，礼遇能让人才归顺，赏赐能让士卒赴死。如果将领能够始终坚持以礼让、厚赏对待部下，就会人才济济，用之不竭，使之效命疆场，出生入死。

秦国原是边鄙小国，国力原本较弱，但经商鞅变法之后，兵农合一，迅速强大，关键在于其推行军功爵制。

军功爵制的核心，就是不论出身门第，凡立军功，皆可以享受爵禄。而军功是累积的，按照时人的说法，秦制爵二十等，是根据作战获取的首级数量计爵，这就导致秦人作战，以杀伐为主，有些士卒一仗下来，计功赏至万数。秦人平时种地，辛苦做一辈子，顶不上打一场仗获得的赏赐多，因而逐渐养成了好战、能战的传统。

这种高官厚禄封赏，后来被东方六国学习。比如燕昭王被齐国打得一败涂地，想要复国报仇，苦于国内没有人才，便向贤士郭隗请教如何招贤纳士。郭隗给他讲了一个故事：

有个国君想用千金的高价求购千里马，三年也未能求到。他的一个侍从说："这事交给我去办吧！"国君打发他去了。过了三个月，他回来了，只带回一具马骨，对国君说："我见到千里马时，它已经死了，我花了五百金，将马骨买了回来。"国君大怒，说："我所寻求的是活的千里马，要这匹死马有什么用？而且还花费五百金！"侍从说："死马还肯花五百金的高价买下，何况活马呢？天下的人必定以为大王是真心要买好马的人，千里马很快就会来的！"果然，不到一年，先后有人将三匹千里马献给了国君。

讲完这个故事后，郭隗说："大王若想招纳贤士，请先从我开始。我这样的

人都被重用了，更何况那些贤于我的人呢？他们肯定会不远千里而来的！"于是燕昭王便给郭隗建造了一所宏伟华丽的住宅，给予足够的尊敬，并在都城外筑高台，上面放了千两黄金，以招揽天下有才之人。

乐毅就是看到燕昭王有诚意，来到了燕国。最终助燕破齐，被封为昌国君。

各国为了争强，主动或被动推行有功者赏、无功者黜的原则，起用了一大批出身卑微的人，如刑徒孙膑、平民白起、王翦，小吏赵奢、蔺相如、李斯等，以及游士吴起、苏秦、张仪、陈轸、范雎、蔡泽等，内辅国政，外御强敌，各逞其才。

刘邦能够立汉，正在于敢破格提拔人才，而且给予厚赏。当年，韩信打算攻打齐国，就派属下对刘邦说："齐国狡诈多变，反复无常，南邻楚国，不设立君王来镇抚，局势就不能稳定。现在我权不重，不能抚齐，请求允许自立为代理齐王。"此时，楚军正在荥阳围困刘邦，刘邦一看书信，勃然大怒："我们被困在这里，日夜等待救援，韩信却想自立为王！"张良暗暗踩了刘邦一脚，附耳说："我们正处在困境，怎么能禁止韩信自称为王呢？不如趁机册立他，好好地待他，让他为我们镇守齐国。否则可能发生变乱。"刘邦顿时醒悟，就势骂道："大丈夫平定了诸侯，就做真王罢了，何必做个暂时代理的王呢？"于是遣派张良前往册立韩信为齐王，征调他的军队攻打楚军。面对韩信提出的过分要求，刘邦尽管不满而怒骂，但转而听从张良、陈平的劝说，应允了韩信，关键是以此获得了韩信的援兵，解了荥阳之围。

中国历史上能够成就大业者，皆能通过封赏激励部下。建安二十年（215年）后，曹操获得了"承制封拜诸侯守相"之权，立刻直接给部下封侯，任命郡守国相。他设置了六等七十二级爵位，名号侯十八级，关中侯十七级，皆金印紫绶；关外侯十六级，铜印龟纽墨绶；五大夫侯十五级，铜印环纽墨绶，皆不食租，与旧列侯、关内侯凡六等。虽然"虚封"自此开始，但得到了上下官员的热烈拥戴，为曹丕代汉奠定了坚实的基础。

将领树立威严的关键法则：赏小罚大，提倡"以诛大为威"，要敢于惩罚那些权贵；女赏不逾时，罚不迁列，让部属随时随地看到功罪的利害。

论功即论功行赏,如果说厚禄是优待的话,论功则是考核。《将苑·厉士》中说:

> 夫用兵之道,尊之以爵,赡之以财,则士无不至矣;接之以礼,厉之以信,则士无不死矣;畜恩不倦,法若画一,则士无不服矣;先之以身,后之以人,则士无不勇矣;小善必录,小功必赏,则士无不劝矣。

"尊之以爵",就是通过提升官职、授予爵位来嘉奖士兵。秦国在走向强盛的过程中,坚持以军功爵制激励将士,使百姓意识到国强与家富休戚与共。

"赡之以财",就是用财货金钱来激励士卒。战争到了攻坚阶段,常常要组建敢死队之类的精锐部队执行关键任务,厚赏往往成为最为直接的激励方式,尽管士卒可能在任务中牺牲,但这笔钱财足以赡养家人。

"接之以礼,厉之以信",是遵守军队礼仪规则,按照礼仪规范来对待士卒,这样才能上下和睦、各得其所,尤其是要赏罚必信,赏罚做到既不克扣也不枉给。

"畜恩不倦,法若画一,则士无不服",是说若为将者把士卒当成自己的孩子,用心去关爱他们,属下就无不爱戴拥护。

"先之以身,后之以人",是说为将者要身先士卒,起到模范带头作用,这样才会激发士卒的勇气与忠心。

"小善必录,小功必赏",即赏不避微。"微"可以有两层含义:一方面指身份地位卑微,即使团队中身份再低微的人,有了功劳也要去赏赐他;另一方面指的是功劳微小,即使是很微不足道的功劳也要给予鼓励和嘉奖,这样才会充分激发士卒的争功意识,使得整个团队的战斗力得到提升。军队管理如此,管理企业也是一样,做人要乐于帮助那些处于困境中的员工,如果自己有能力,更要去提拔那些年轻有为、德才兼备的属下,如此便会从者如流。

既然是考核,就有赏有罚。《尚书》记载夏启讨伐有扈氏的甘之战时,在誓词里说"用命,赏于祖,弗用命,戮于社。予则孥戮汝"。可见赏罚不仅是激励士气的一种措施，而且也是衡量将士功过的重要方式。《六韬·将威》就说：

> 将以诛大为威，以赏小为明，以罚审为禁止而令行。故杀一人而三军震者，杀之。赏一人而万人悦者，赏之。杀贵大，赏贵小。杀及当路贵重之臣，是刑上极也。赏及牛竖马洗厩养之徒，是赏下通也。刑上极，赏下通，是将威之所行也。

这里列出了将领树立威严的几个关键法则：

一是赏小罚大，提倡"以诛大为威"，要敢于惩罚那些权贵，"以赏小为明"，要奖赏到那些地位低下的士卒，即所谓"刑上极"、"赏下通"。赏罚不是目的，而是为了达成令行禁止的手段，是为了鼓舞将士的斗志，因而要抓住关键人物、事件进行赏罚。

二是不徇私情，要求赏罚不私亲近，亦不避仇，王子犯法，与庶民同罪。因而对罪责深重者，必严加惩处，不能文过饰非，不能避重就轻，否则会紊乱军纪，涣散军心。作为将领，对部属不能有所偏爱偏私，而应该一视同仁，视每一个兵士皆同手足，便可有亲、有属、有威、有信。

三是信赏明罚，要尚贤使能，赏有功，罚有罪。如《韩非子·内储说上》所言，"赏誉薄而谩者，下不用也；赏誉厚而信者，下轻死"，在此基础上奖勤罚懒，赏功惩过，鼓舞部属，使之能够为我所用，前赴后继。

四是赏不逾时，罚不迁列，让部属随时随地看到功罪的利害。《司马法》提出了"罚不迁列"，"迁列"就是移动行列，实施惩罚要就地执行，不但要严明，而且要果断、及时。只有这样，才能收到惩一儆百、及时教育部众的作用，从而达到整肃军纪、提高战斗力的目的。奖赏恰逢其时，能重奖、敢严惩，方可法令如山。奖罚如果滞后，就会令士卒懈怠；奖罚如果过滥，就会削弱威信。

抚士，是指能够安抚部属，使之能够安心工作、努力工作。这就需要建立一个适合部属成长、发展的内部小环境，建设充满亲情、充满友情的军营文化，使军队既有凝聚力，又充满活力，使将士以军人为荣，以责任为荣。

三、练士：名将戚继光招兵的妙招

《吴子》说"教戒为先"，《司马法》也说"士不先教，不可用也"。这里的"教戒"，就是练士，即训练士卒。训练不仅是培养将士所应具备的作战技巧和能力，也包括培养他们的组织性、纪律性、心理素质与人格修为。通过引导将士内外兼修，最大限度地提升他们的作战素质、军人素养，提高部队的业务水平和作战能力。

戚继光无意目睹义乌、永康两地数万矿工打群架的阵势，顿时惊呼："如有此一旅，可抵三军。"他先后亲自招募矿工和农民一万多人，招募原则居然是：一不要城里人，二不要在官府里任过职的，三不要四十岁以上的和长得白净的，四不要胆子特别小和胆子特别大的。胆小怕死，临阵畏缩；胆大不怕死，临阵轻躁，难以驾驭。

勤勉，是要求将士们勤于操练，勤于内务，保持良好的行为习惯和积极向上的精神状态。

《曾胡治兵语录·勤劳》中讲："治军之道，以勤字为先。身勤则强，逸则病。家勤则兴，懒则衰。国勤则治，怠则乱。军勤则胜，惰则败。"小到身体锻炼，中到企业管理，大到治国平天下，勤勉力行都是一切顺利进行的基础和保证。一个人勤于工作，就会身体强健，而安逸就会生病。一个家族勤于生计，就会蒸蒸日上，而懒惰就会衰败。一个国家如果勤于治理，就会安定有序，而怠慢则会动乱。同样，一支军队勤操练，就能胜券在握，而懒惰就会失败。

如果没有勤劳训练，再精锐的部队也会走向没落。曾以十万铁骑横扫天下的八旗兵，入关之后逐渐养尊处优，其子弟多是提笼架鸟、游手好闲之徒，营务废弛，操练荒废，早年的春操、秋狩、冬围等演习，也流于形式，以致作战能力江河日下，在内外交困的政局中不堪重用。曾国藩之所以强调"勤"，在于他认为：

治军以勤字为先，由阅历而知其不可易。未有平日不早起，而临敌忽能早起者；未有平日不习劳，而临敌忽能习劳者；未有平日不能忍饥耐寒，而临敌忽能忍饥耐寒者。

（《曾胡治兵语录·勤劳》）

  兴兵打仗的胜负，取决于平时训练的严格与否。只有平时严格训练士卒，使将士掌握战术战法，熟悉作战号令，才能做到进退有据。这是曾国藩的经验之谈，早在湘军初建时，他曾抽调未经严格训练的湘勇1000人，仓促赶赴江西参战，结果一战而溃，损兵折将。他从中总结教训，意识到军事须从教训将领、屡问操练下手，士卒必须经过勤训精练方能参战。

  中国历史上的匈奴、鲜卑、突厥、蒙古、女真等少数民族，之所以能够与中原王朝争夺天下，甚至入主中原，一方面由于士卒自幼练习骑射，本身具备较高的个人作战素养；另一方面在于他们寓兵于猎、兵猎合一的组织模式和行动习惯，也为团队作战提供了良好基础。《汉书·匈奴传》就描述说：匈奴逐水草而徙，年幼的儿童能骑羊，拉弓射鸟和鼠；少年能射狐狸和兔子，用来食用。健壮的大力士，便都为战士。长期猎杀禽兽，使得匈奴人性格暴躁，英勇好战。远距离作战用弓矢，近距离作战用刀剑，见利而进，无利而退，重利轻义。他们习俗以健壮为尊贵，以老弱为卑小。这种生活方式，养成了他们锻炼体魄、强化作战技能的习惯，因而对汉朝形成了长时间的威胁。

  中原地区很早就进入到农业社会，虽然军事训练往往只能在农闲时进行，但也有按时训练的传统，称之为春蒐、夏苗、秋狝、冬狩，实际即是借助打猎来训练士卒。《周礼·大司马》中记载：

  中春，教阵旅，司马以旗至民，平列陈，如战之阵。……

  中夏，教茇舍，如阵旅之陈。……

  中秋，教治兵，如阵旅之陈。……

  中冬，教大阅。……

  一年四季，要对军队开展不同科目的训练，以检阅其作战能力。

  名将率军，都是从勤于操练开始的。戚继光组建的戚家军，正是通过勤于训练而锻造。

  明嘉靖三十四年（1555年），戚继光被调任浙江，镇守宁波、绍兴、台州等地，在同倭寇作战中，他发现明军将骄兵惰、纪律松弛，作战不力，原因在于疏于训练，便提出练兵建议，但上司一样懒得理会。四年后，戚继光无意目睹义乌、永康两地数万矿工打群架的阵势，顿时惊呼："如有此一旅，可抵三军。"他先后亲自招募矿工和农民一万多人，按年龄和身材配发兵器，进行编组。他的招募原则居然是：

一不要城里人，因为城里人生活舒适，不能吃苦。

二不要在官府里任过职的，因为他们要么官气太足，要么熟悉官僚体制，极会溜须拍马，善于钻营。

三不要四十岁以上的和长得白净的。四十岁以上有家有业，作战就不能全力以赴，更何况体力也开始走下坡路。长得白净，一般为不从事体力劳动者，更不堪战阵之用。

四不要胆子特别小和胆子特别大的。胆小怕死，临阵畏缩；胆大不怕死，临阵轻躁，难以驾驭。

选士之后要严格训练，通过严节制、明恩威、正名分，明确军事纪律，在士卒中开展练伍法、练胆气、练耳目、练手足、练营阵等项目，明确行军队形、行军规则、野营布置、宿营规则、作战纪律。并要设立固定的考选日期，武艺精通者予以奖赏，武艺生疏者予以处分。经过数年努力，终于训练成了阵容整肃、军纪严明、作战精悍的戚家军。

勤勉，一是勤，勤于训练、勤于演习；二是勉，勉力向上，勉力协同。勤，需要以身作则；勉，需要严加督促。这就要求将帅能够做到令行禁止、身体力行、日常督促，随时检查，从严治军，从实战练兵。

最初子路性格粗野，喜欢逞强斗力，性格刚猛爽直，头上插着公鸡的羽毛，身上佩挂着野猪的牙齿。孔子告诫他说，君子好勇而没有义，那么就会一起动乱，小人喜好勇而不好义，则会成为强盗。经过孔子的教诲，子路由一介武夫变成了做事果断、信守诺言的名士。

教战有两个含义，一是指导将士的军事技能，即《将苑·习练》所说的"夫军无习练,百不当一;习而用之,一可当百"。二是培养将士的政治素养,即《吴子》所说的"教之以礼,励之以义,使有耻也"。教战的水平,直接决定着军队的作战能力,决定着战争的走向。孔子曾说:"以不教民战,是谓弃之",用不经教练的民众去应对战阵,就是在轻易抛弃他们的性命。通过训练,可以实现"千人同心,则得千人力,万人异心,则无一人之用。将卒吏民,动静如身,乃可以应敌合战",使得普通百姓成为保家卫国的精兵。

数万士卒,百万精兵又如何训练呢?《将苑·习练》总结《六韬》、《吴子》、《司马法》等策略,提出了一套可用的训练方法:

> 即戎之不可不教,教之以礼义,诲之以忠信,诚之以典刑,威之以赏罚,故人知劝,然后习之,或陈而分之,坐而起之,行而止之,走而却之,别而合之,散而聚之。一人可教十人,十人可教百人,百人可教千人,千人可教万人,可教三军,然后教练而敌可胜矣。

实际是"明耻教战",即先教士卒懂得礼义廉耻,在此基础上教会军事技能。我们逐条分析,看看有没有道理:

一是教之以礼义。义,即士卒应该履行的责任和义务。训练就是要培养士卒严格遵守长幼尊卑之序,也就是俗话所说的"懂规矩,守规矩",保证内务的有序。《史记·仲尼弟子列传》中记载,最初子路性格粗野,喜欢逞强斗力,性格刚猛爽直,头上插着公鸡的羽毛,身上佩挂着野猪的牙齿。一次,子路请教孔子:"君子喜好勇吗?"孔子告诫他说:"以义为最上。君子好勇而没有义,那么就会一起动乱,小人喜好勇而不好义,则会成为强盗。"经过孔子的教诲,子路由一介武夫,变成了做事果断、信守诺言、勇于进取的名士,曾为季氏宰、卫国蒲邑大夫,还做过卫国大夫孔悝的邑宰,成为孔门长于政事的代表。

二要诲之以忠信。忠信,一是指对国家的忠信,二是指对统帅的忠信。这是古代名将普遍具有的政治立场。郭子仪即是这方面的代表。在军队中,他处处做士兵的榜样,领兵打仗从不侵犯百姓,休战时,他和官兵一边训练,一边生产劳动,即使在安史之乱期间,他的驻地也随处可见精耕细作的庄稼。一旦朝廷诏命入朝,从不迟延。被鱼朝恩谗毁而削去兵权后,叛军进逼京师,朝廷恢复他旧职并予以加封，他坚决要求辞去虚职，只保留便于统兵作战的招抚观察使。他是历任四朝的卫国功臣，功盖一代而君主不疑，唐德宗尊之为"尚父"，正在于他的忠肝义胆。

三要诫之以典刑，即要以军法刑罚来警戒将士，使他们有所畏惧而加以约束。军队的日常管理、营务操练、战时进退攻防，都需要严格执行军法军纪。

《吴子·治兵》记载，魏武侯问吴起："军队依靠什么取胜呢？"吴起回答说："依靠严格治理取胜。"魏武侯又问："不在于兵力的多少吗？"吴起说："如果法令不严明，赏罚无信用，鸣金不能收兵，击鼓不能前进，虽然有百万大军，又怎么能用于作战呢？治理好军队，要求驻扎时守纪律，行动时很威武，进攻时锐不可当，撤退时敌人追赶不及，前进后退有秩序，向左向右听指挥，队伍虽然被割断，却阵势不乱，队形虽然被冲散，但能恢复行列。将领和士卒同甘苦，共患难，这样的士卒能团结一致而不分离，能用于作战而不会疲惫。这样的军队不论投入到哪里战斗，任何敌人都无法抵抗，这就叫作'父子兵'。"

四要威之以赏罚。刑重则内畏，内畏则外坚。西汉名将周亚夫就以治军严整著称。汉文帝时，匈奴南犯，汉文帝派军驻屯长安外围，并亲自去巡视、慰劳驻防各军。他到别的军营，车驾、随从都得以顺利入营。唯独到了周亚夫掌管的细柳营，只见戒备森严。先遣官直接就被拿下，虽然以"天子且至"相告，但守门军士说："军中闻将军之令，不闻天子之诏。"即使是汉文帝的车驾，也不得进入军营，直到周亚夫传令才打开营门，而守门军士仍对汉文帝侍从说："将军约军中不得驱驰。"汉文帝只好遵照营规，按辔而行，由此感慨周亚夫"真将军矣"。

具体的教战之法：一要循序渐进，由浅入深。先由下以及中，由中以及上，由单兵到多兵、由小分队到大部队，再由"伍法"到"军校"，再由"军校"到"阵图"，最后通过"大阅"进行合成训练。

二要切合实战。作战要以实践作为检验，垂空言，徒记诵，没有任何意义。中国古代常利用狩猎进行如战之阵的演习。战阵训练，主要是为了训练士卒懂得怎样由圆阵变方阵，由跪姿变立姿，由前进变停止，由分散变收拢，由集结变疏开，如此方能为实战打下基础。

三是逐层推广。古代训练，常采用"一人学战，教成十人，十人学战，教成百人……万人学战，教成三军"的方法，由点到面，层层铺开。

中国兵法专门有练兵之法，讲战阵、营寨、火器、舟楫、水战、陆战、火战、雨战等战法，虽然多是冷兵器时期的教战方法，但其中有不少练兵经验、带兵心得，限于篇幅，不能一一道来。

一支军队只有肃穆庄严，才能气势如虹。治军，与其治其外，不如治其内，内庄重则外凛然；与其治其兵，不如治其将，将庄重而兵容肃。如果将帅吃喝玩乐，即便部属旗帜鲜明、衣甲光鲜，也不能形成真刀实枪的战斗力，只能是锦绣满身的仪仗队。

良好的军容，是整个军队的精神状态与管理情况的直接体现。对内而言，可使军队保持较好的精神风貌和昂扬的士气；对外而言，可以警诫对手"无邀正正之旗，勿击堂堂之阵"。长勺之战中，曹刿观察齐军，"望其旗靡，视其辙乱"，由军容不整判断齐军军心涣散，才下令追击，取得战争的胜利。

军容代表着将士的士气。《尉缭子》说："战在于治气""气实则斗，气夺则走。"合军聚众，务在激气，良好的精神状态决定着军队的胜负成败。这就要求军队能够在作战训练时做到严肃整齐。能节制的士卒，即使遇到无能之将，也不致完败；不能节制的士卒，即使再有能之将，也不可以完胜。凡行兵，若无纪律，断不能成事，肃容，就是军队要有严明的纪律。

没有严明的军纪，一支部队不可能具备顽强的战斗力。

一是政治纪律。中国兵法强调，爱民者强，不爱民者弱，因为士卒来自百姓之中，行军打仗，全赖百姓支持，如果脱离百姓，就难以生存。因而历代皆要求将士不扰民，不杀老弱，不猎禾稼，并严加惩处滥行杀戮，掘冢焚庐，践踏稼穑者。

二是军事纪律。全军将士要能做到令行禁止，居则部伍不乱，行则进退有节。《吴子》就说，"若法令不明，赏罚不信，金之不止，鼓之不进，虽有百万，何益于用"，军队有无战斗力，看的不是多少，而是有无严明的作战纪律。

三是内务纪律。善战之师，衣甲鲜明、军容整肃，平日做到部伍严整，战时才能易于呼名，不致失次。

三国时期的东吴名将吕蒙，利用关羽的麻痹轻敌，袭取了荆州。为了在蜀军长期占据的荆州站稳脚跟，他一边抚慰关羽及蜀军将士家属，使其能够接受东吴的占领；一边要求吴军不得进入百姓家中，不得索取百姓财货。其中，一个士兵擅自拿取百姓的一顶斗笠，遮护作战破损的铠甲。吕蒙认为这是违犯军令，垂泪斩之。顿时军中震惊，吴军得到了荆州百姓的信任，加之他"旦暮使亲近存恤耆老，问所不足，疾病者给医药，饥寒者赐衣粮"（《三国志·吕蒙传》），使得荆州蜀军旧部"吏士无斗心"，从而稳固了吴军在荆州的政治基础。

肃容，并不是简单的严明军纪，而是要恩威并施。威是法令、是军纪、是制度。而恩则体现为同情、怜悯、体恤士卒百姓。两者相互呼应，彼此配合，才能起到良好的效果。《将苑·哀死》说：

> 古之善将者，养人如养己子，有难则以身先之，有功则以身后之；伤者，泣而抚之；死者，哀而葬之；饥者，舍食而食之；寒者，解衣而衣之；智者，礼而禄之；勇者，赏而劝之。将能如此，所向必捷矣。

体恤士卒，一方面要关心他们的衣食冷暖，尤其在艰难时期更要推己及人，像关爱自己的孩子一样去关爱他们，这才能使军队在危难之际仍然团结稳定。另一方面则要善于扶持和提拔部属，关心鼓励他们的成长与发展。这样就可以让他们心怀感恩之心，并且忠于自己，无形中又提升了自己的实力。

吕蒙入荆州，就是奉行了恤民善俘的传统。军队进入敌境，见其老幼，要能奉归勿伤，见到伤员，赠以医药。即便对待俘虏，也严禁去其衣服、淫其妇妾、离异其配偶。特别是对待战犯，元恶不可不诛，胁从不可不抚，对待残余势力，要做到叛而伐之，服而舍之，目的都是在于争取民心，保护百姓，一如所言："卒善而养之，是谓胜敌而益强。"

东晋名将祖逖能够在没有朝廷政府支援的情形下，长期孤军作战，就在于他重视感化百姓，宽待俘虏，对降卒皆厚待遣归，大家为他的生生之德、不杀之恩所感动，因此归附者甚多。他能站在北方大户的立场上，甚至允许庄园主人两面归属，让他们深受感动，遂主动向祖逖报告军情。加之祖逖严以律己，勤俭节约，不畜资产，子弟耕耘，乐善好施，中原百姓感激涕零，才使他的北伐事业得到了强有力的支援。

军队必须是威武之师，威武正是通过军容肃穆体现出来的。一支军队只有肃穆，才能庄严；只有庄严，才能气势如虹，令对手胆战心惊。威武在于心存正气，知道军人的身份；肃穆在于心存大义，知道军队的使命；庄严在于心存敬惧，知道国家的尊严。因而治军，与其治其外，不如治其内，内庄重则外凛然；与其治其兵，不如治其将，将庄重而兵容肃。如果将帅吃喝玩乐，朝臣文恬武嬉，即便部属旗帜鲜明、衣甲光鲜，也不能形成真刀实枪的战斗力，只能是锦绣满身的仪仗队。

后记

兵法是个好东西，学了权谋、明了形势、晓了博弈、懂了组织，可不可以在现实生活中用？

要看具体情况。

兵法是大智慧，是从根本上去解决战略战术问题，有助于我们开阔视野、理清思路、纵观天下，因而从定国安邦、治国理民的角度来看，懂得其中的思维逻辑、理论方法，去指导自己的实践，去观察世界、地区和国家，乃至一事、一地、一时的局势，有助于我们做出合理的判断，去预知诸多事情的结局，因而大有裨益。

兵法是博弈论，是按照"终结者"的思路去解决问题，是竞争环境下的韬略，是对"敌"的策略。因而在和平环境下，在普通人的生活中，这些手段的使用，是要慎之又慎的。比如在友情、亲情、感情的处理上，兵法用得多，恐怕是很悲哀的事。

从这个意义上说，兵法不是教人狡诈、阴险、冷酷，而是充满温情，讲究修养，注重德行，没有这些优秀的品质作为基点，兵法中的策略和手段，便失去了旨归，变成不择手段的巧取豪夺，没有礼义廉耻的残杀，用到最后，只能白白伤了自己，赔上了身家性命。

中国文化有很多学说，儒家的、道家的、法家的、阴阳家的、兵家的等等，都是从不同侧面阐释了生活的意义和人的活法，既能够仁厚诚实，不离不弃去坚持；又要能适时清静无为，逍遥自在去生活；也能够运用法度，循名责实去管理；还能体察天地变化之道，适时保养身体；更能懂点权谋韬略，不至于关键时期迷失自我。

这些学说是知识，需要我们由表及里去体悟，通过深层阅读，逐渐洞悉其根本，了解彼此之间的差异，各自的优长，知道其学说的疆界如何。

这些学说是能力，读书有三乐：知之，用之，化之。学会了知识不能用，那是书呆子；将知识融会贯通，变成观察世界、理解世界的视角和策略，服务于自己的生活和工作，做到身心合一，性命双修，慎思、明辨、笃行三者汇通，那书便不是白读，历代积累的经验才会化成切身的修养和睿智。

所以说，要把知识变成自己的一部分，不要把自己变成知识的一部分。兵书的权谋韬略只是外王之道，而儒家、道家、佛家的修身、养性、炼心之学，则是内圣之道。没有内圣，外王偶然可成，然不能恒久，必然毁于一旦。

陆贾曾告诫刘邦：马上得天下，岂能马上治天下？即便是商汤、周武，也是逆取而顺守。刘邦便让陆贾论秦之得失，开启了汉朝先行黄老、又崇儒术的治国策略，也总结出中国武攻文守、攻守异术的历史经验。

兵法，是逆取，是武攻。对国家而言，单靠权谋、博弈是不能收拾人心的，军事的组织机制可以应急，却不能长期保持安定。治国之道，文武两途，定天下以武，守江山以文，千古兴衰，此为枢机。

对个人而言，学点兵法，不是为了在日常生活中耍些小聪明，而是要拓展视野、开阔思路，能够洞察时势，明晰世道，知道进退，分清优劣，预知成败，少一些无望的奢望，多一些高明的判断，辅之以良好的品行、修养，成就一些于己于人于民皆有利的事。

兵法的内容很多，除了权谋、形势、博弈、用间、组织、管理之外，还有国防、律令、训练、营寨、阵法、技巧、勤务等值得总结，很有意思，也很有教益，限于时间和篇幅，不能一一写出。假我数年，慢慢道来。